全国交通运输职业教育高职汽车运用与维修技术专业规划教材

Qiche Weixiu Yewu Jiedai

汽车维修业务接待

全国交通运输职业教育教学指导委员会 组织编写
邢 茜 主 编
孙建云 杨秀娟 吴冬梅 副主编
韦 峰 主 审

人民交通出版社股份有限公司
China Communications Press Co.,Ltd.

内 容 提 要

本书为全国交通运输职业教育高职汽车运用与维修技术专业规划教材。本书分为七个模块,主要内容包括:汽车维修业务接待岗位认知、服务礼仪、汽车维修业务接待标准流程、汽车维修业务接待软件DMS使用、汽车维修业务接待相关业务知识、沟通技巧和综合练习。

本书可作为高等职业院校汽车运用与维修技术专业、汽车检测与维修技术专业的教学用书,也可作为汽车检测与维修技术人员的培训教材。

图书在版编目(CIP)数据

汽车维修业务接待/全国交通运输职业教育教学指导委员会组织编写;邢茜主编.—北京:人民交通出版社股份有限公司,2019.9(2025.2重印)

ISBN 978-7-114-15699-1

Ⅰ.①汽…　Ⅱ.①全…②邢…　Ⅲ.①汽车维修业—商业服务—高等职业教育—教材　Ⅳ.①U472.31

中国版本图书馆CIP数据核字(2019)第147702号

书　　名: 汽车维修业务接待
著 作 者: 邢　茜
责任编辑: 张一梅
责任校对: 孙国靖　魏佳宁
责任印制: 张　凯
出版发行: 人民交通出版社股份有限公司
地　　址: (100011)北京市朝阳区安定门外外馆斜街3号
网　　址: http://www.ccpcl.com.cn
销售电话: (010)85285911
总 经 销: 人民交通出版社股份有限公司发行部
经　　销: 各地新华书店
印　　刷: 北京建宏印刷有限公司
开　　本: 787×1092　1/16
印　　张: 12.25
字　　数: 288千
版　　次: 2019年9月　第1版
印　　次: 2025年2月　第2次印刷
书　　号: ISBN 978-7-114-15699-1
定　　价: 30.00元
(有印刷、装订质量问题的图书由本公司负责调换)

前　言

为贯彻落实《国务院关于印发＜国家教育事业发展“十三五”规划＞的通知》（国发〔2017〕4号）精神，深化教育教学改革，提高汽车技术人才培养质量，满足创新型、应用型人才培养目标的需要，全国交通运输职业教育教学指导委员会组织来自全国交通职业院校的专业教师，按照教育部发布的《高等职业学校汽车运用与维修技术专业教学标准》的要求，紧密结合高职高专人才培养需求，编写了全国交通运输职业教育高职汽车运用与维修技术专业规划教材。

在本系列教材编写启动之初，全国交通运输职业教育教学指导委员会组织召开了全国交通运输职业教育高职汽车运用与维修技术专业规划教材编写大纲审定会，邀请行业内知名专家对该专业的课程体系和教材编写大纲进行了审定。教材初稿完成后，每种教材由一名资深专业教师进行主审，编写团队根据主审意见修改后定稿，实现了对书稿编写全过程的严格把关。

本系列教材在编写过程中，认真总结了全国交通职业院校的专业建设经验，注意吸收发达国家先进的职业教育理念和方法，形成了以下特色：

1. 与专业教学标准紧密衔接，立足先进的职业教育理念，注重理论与实践相结合，突出实践应用能力的培养，体现“工学结合”的人才培养理念，注重学生技能的提升。

2. 打破了传统教材的章节体例，采用模块式或单元＋任务式编写体例，内容全面、条理清晰、通俗易懂，充分体现理实一体化教学理念。为了突出实用性和针对性，培养学生的实践技能，每个模块后附有技能实训；为了学习方便，每个模块后附有模块小结、思考与练习（每个单元后附有思考与练习）。

3. 在确定教材编写大纲时，充分考虑了课时对教学内容的限制，对教学内容进行优化整合，避免教学冗余。

4. 所有教材配有电子课件，大部分教材的知识点，以二维码链接动画或视频资源，做到教学内容专业化，教材形式立体化，教学形式信息化。

《汽车维修业务接待》是本系列教材之一。全书由四川交通职业技术学院邢茜担任主编,云南交通运输职业学院孙建云、四川交通运输职业学校杨秀娟和四川交通职业技术学院吴冬梅担任副主编,云南交通职业技术学院韦峰担任主审。本教材的编写分工为:模块一由杨秀娟编写;模块二由吴冬梅编写;模块三、模块四由邢茜编写;模块五由孙建云及刘允乾编写;模块六、模块七由孙建云编写。

由于编者水平和经验有限,书中难免存在不足或疏漏之处,恳请广大读者提出宝贵意见,以便进一步修改和完善。

全国交通运输职业教育教学指导委员会
2019 年 2 月

目　录

模块一　汽车维修业务接待岗位认知

学习目标

1. 能客观认识并分析汽车售后服务市场现状及发展趋势；
2. 能清楚售后服务的工作内容、相关规定及服务顾问的工作流程；
3. 能知道汽车维修业务接待的作用及工作职责；
4. 能掌握售后服务的职业道德及从业要求。

建议课时

6 课时。

一、汽车售后服务市场现状及趋势分析

(一)汽车售后服务的内涵

1. 汽车售后服务的定义

汽车售后服务是指消费者自购车之日起至报废之日止,期间在该车上所有花费所引起的商机,包括维修维护、汽车美容、车内装饰(或改装)、金融服务、事故保险、索赔咨询、旧车转让、废车回收、事故救援、市场调查与信息反馈等内容。

2. 汽车售后市场

按照美国汽车售后业协会对汽车售后市场的定义,汽车售后市场是指汽车在售出之后维修和维护所使用的零配件销售和服务,其涉及的企业主要包括汽车零配件的制造商、汽车零配件的销售商和汽车修理服务商三大类。

(二)汽车售后服务的重要性

汽车售后服务为客户提供维修、调试、技术咨询指导等多项服务,客户对汽车售后服务的满意度关系着企业的生死存亡,因此做好、做细售后服务至关重要。

1. 售后服务是厂家和商家参与市场竞争的尖锐武器

目前,汽车品牌竞争差异性越来越小,价格大战使许多 4S 店和汽车经销商筋疲力尽。导入服务战略可有效摆脱这一不利局面,企业可以通过差异化服务来增加自己产品的价值。

在产品同质化日益严重的今天,售后服务作为销售的一部分已经成为众多厂家和商家争夺消费者的重要领地,售后服务是厂家和商家参与市场竞争的尖锐武器。

2. 售后服务是产品质量和客户权益的有力保障

随着科技的进步与发展,汽车的相关产品及维护、维修等售后服务水准不断提高,企业只有向客户提供优质、安全可靠的汽车产品和售后服务,才能满足客户的需求。但是由于企业维修技术人员的疏忽或者技术水平不够等原因,使得汽车可能发生一系列状况,企业也难免会与客户出现纠纷。此时,如果企业能够及时处理,维护客户权益,为客户提供优质的售后服务,便可为实现客户权益提供有力保障。

3. 售后服务是提升客户满意度和忠诚度的有效举措

随着经济水平的提高,社会精神文化日益丰富,人民群众对精神方面的追求不断提升。因此,企业想要长期发展,就需要从各个方面满足客户的精神需求,如创造高档次及温馨的服务环境、高效和谐的服务流程、优质的服务效果及有益的体验活动等,让客户感受到舒适与温馨,从而满足其精神需求。

4. 售后服务是汽车技术进步和科技发展的必然要求

汽车产品走进家庭作为代步工具逐渐普及化,但是大多数客户的汽车专业知识不够,在客观上需要企业为客户提供更多的技术支持和服务咨询,如售前培训专业知识、科普维修知识等。汽车售后服务不仅包括配件、维护、维修等售后服务,还包括附加服务,如为客户提供维修企业地址与联系方式、建立闭环式客户回访模式等,这不仅可为改进产品和服务提供有效借鉴,还能为普及汽车专业知识和提供优质的服务夯实基础。

热情、真诚地为客户着想的企业所提供的服务才能使客户满意。企业要为客户提供竞争对手做不到、想不到、不愿意做的超值服务,并及时予以践诺。

(三)我国汽车售后服务的发展现状

据中国汽车工业协会发布的统计数据显示,2018 年我国车市产销量分别为 2780.9 万辆和 2808.1 万辆,这是继 2009 年以来,我国汽车产销量连续十年蝉联全球第一。我国 2017 年汽车销量达 2940 万辆,车市转为平稳增长。如此庞大的销售量使得汽车售后市场服务的发展空间不断增大。但目前,我国汽车售后服务还存在很大问题。

1. 对售后服务的重视度有所欠缺

相比国际汽车服务业的发展,我国汽车售后服务业务起步晚,在售后服务方面的重视度有所欠缺,对售后服务的关注度不够,同时还存在服务标准、规范、理念、档次不足问题。

不过从目前状况来看,售后服务行业从业者的服务意识已经在不断增强,并有强烈的意愿来制定标准,从而规范和提升行业服务水平,增加自己的服务价值。

2. 组织结构不健全,管理职责分配不清楚

4S 店经常会出现一个人管理很多事情、出现问题时找不出负责人、有时客户找不到解决问题的核心人物等问题。很多企业为节约成本开支,设置的部门是一个“空摆设”,致使企业不能及时为客户提供实质性服务,这势必将影响其他部门发挥相应效率。

3. 厂商关系不协调,消除危机方式不妥

目前我国 4S 店基本是以坐店的方式卖车,企业普遍缺乏必要的销售手段,如未能与客

户建立密切的联系,与客户的关系仅停留在买卖关系上等。4S 店与厂家之间产生不信任,客户与 4S 店之间缺乏信任,让企业背负危机感。

4. 没有明确的组织经营服务理念,缺乏对企业长远目标及方针的思考

我国大部分 4S 店只注重眼前的汽车销量和利润,不会用长远的眼光去为企业的发展制定目标及方针,更不会依据企业自身的发展状况去塑造企业文化。

5. 员工流失率高,素质和技能低

一位优秀的售后服务顾问并不是在短时间内就能培养出来的,而是长时间不断地进行磨炼和积累经验的结果。我国初级汽车服务顾问占汽车服务顾问总数的 3/4,可见我国汽车服务行业人员素质还远远不能满足企业的发展需要。

6. 不重视信息反馈

在技术上,4S 店每天都要接待用户进行检查、维护、维修、索赔等,这些信息具有极大的价值。虽然现在的 4S 店或经销商也知道收集顾客的信息反馈,但顾客的反馈信息大多最终并未得到满意回应或解决。客户回访只是表面的一种形式,真正做到及时回访、认真做回访记录、建立客户档案的并不多。顾客的信息得不到及时的反馈,不仅不能让顾客满意,也不能为公司的竞争及战略决策提供依据。

(四)汽车售后服务的发展趋势

未来的中国汽车市场,将成为汽车企业拼服务质量、拼用户体验的全新时代。因此,我国汽车售后服务市场将会越来越规范。

1. 品牌化

现代社会是一个品牌化的社会,伴随着汽车品牌化,汽车售后服务也会走上品牌化的道路。品牌化的前提是对产品进行品牌定位,它能够帮助企业树立品牌形象,有助于品牌传播。未来汽车服务业发展的趋势是让顾客满意。雄厚的技术力量、专业化的工具设备、完善的服务体系是打造品牌的基础。

2. 规范化

汽车服务行业除了靠市场外,还需要政府的介入。企业并不能完全自律,政府需要制定相应的法律法规来规范市场。

3. 市场化

近两年,VC、PE 通过投资上市公司,大举进入汽车服务市场。2010 年在美国纽交所上市的连拓集团是我国首家上市的汽车服务企业。国机汽车股份有限公司相关人物表示,以成本换市场是行业发展的常见现象。随着经济全球化的不断推进,不难想象会有越来越多的投资企业进入汽车服务市场。

4. 连锁店化

汽车服务企业连锁店模式是未来汽车服务业发展的必然趋势。连锁的发起者是定位于汽车售后市场的集汽配供应、汽车维修、快速养护为一体的综合服务商。连锁店模式采用统一的品牌和服务体系,服务顾问接受统一的专业培训。这种模式专业化程度高、服务能力强,有更好的发展空间。

5. 高技术化

当今社会是一个科技主导的世界,汽车是科技发展的标志。目前,汽车的电子化水平越

来越高，高科技已经渗透到汽车行业。但随之而来的是汽车服务越来越复杂，大批高科技设备将应用于汽车服务行业，计算机诊断系统将会实现全方位检测汽车。

6. 召回机制国际平等化

由于我国市场的国际化和规范化，在我国政府的强大支持下，我国的消费者的权益已经被重视，召回机制的国际平等化必然成为我国汽车售后服务的发展趋势之一，否则企业将会失去极具发展空间的中国市场。

7. 保修范围的扩大化

拼服务、拼质量，是汽车生产商和销售商在争夺汽车市场的重要法宝，而扩大保修范围将是争夺汽车市场的重要手段之一。如果企业还是以零配件和非常备件的过保或者缺少为借口让车主自掏腰包维修爱车，那失去的将不仅仅是消费者对汽车企业的信誉支持度，更多的将是失去消费者的忠诚度和持续消费热度。

8. 维修的快速化和成本的最小化

在城市快节奏的压力下，时间就是金钱，维修的快速化将会为企业争取更多的消费者。同时，成本的最小化也是符合消费者需求的。

二、汽车售后服务制度和工艺流程

汽车售后服务是现代汽车维修企业服务的重要组成部分。做好售后服务，不仅关系到本公司产品的质量、完整性，更关系到客户能否真正、完全地满意。

（一）汽车售后服务工作的内容

1. 整理客户资料、建立客户档案

客户送车进厂维修维护或来公司咨询、商洽有关汽车技术服务，在办完有关手续或商谈完后，业务部应于2日内将客户有关情况整理制表并建立档案，装入档案袋。客户有关情况包括：客户名称、地址、电话、送修或来访日期，送修车辆的车型、车号、车种、维修养护项目，维护周期、下一次维护期，客户希望得到的服务，在本公司的维修、维护记录。

2. 根据客户档案资料，研究客户的需求

业务人员应根据客户档案资料，研究客户对汽车维修维护及其相关方面的服务的需求，找出“下一次”服务的内容，如通知客户按期维护、通知客户参与本公司联谊活动、告知本公司优惠活动、通知客户按时进厂维修或免费检测等。

3. 与客户进行电话、信函联系，开展跟踪服务

服务顾问通过电话或信函联系，可使客户享受以下服务：

(1)询问客户用车情况和对本公司服务有何意见；

(2)询问客户近期有无新的服务需求可使本公司效劳；

(3)告之相关的汽车运用知识和注意事项；

(4)介绍本公司近期为客户提供的各种服务、特别是新的服务内容；

(5)介绍本公司近期为客户安排的各类优惠联谊活动，如免费检测周，优惠服务月，汽车运用新知识晚会等，内容、日期、地址要告知清楚；

(6)咨询服务；

(7)走访客户。

(二)售后服务工作规定

(1)售后服务工作由业务部主管指定专门业务人员——跟踪业务员负责完成。

(2)跟踪业务员在客户车辆送修进场手续办完后,或客户到公司访谈咨询业务完成后,应在2日内建立相应的客户档案。

(3)跟踪业务员在建立客户档案的同时,要充分研究客户的潜在需求,设计拟定"下一次"服务的针对性通话内容、通信时间。

(4)跟踪业务员在客户接车出厂或业务访谈、咨询后3~7日内,应主动电话联系客户,作售后第一次跟踪服务,并就客户感兴趣的话题与之交流。

(5)在"销售"后第一次跟踪服务的一周后的7日内,业务跟踪员应对客户进行第二次跟踪服务的电话联系。电话内容仍要以客户感兴趣的话题为准,内容要避免与第一次重复,要有针对性,仍要体现公司对客户的真诚关心。

(6)在公司决定开展客户联谊活动、优惠服务活动、免费服务活动后,业务跟踪员应提前两周把通知先以电话方式告之客户,然后于2日内视情况需要把通知信函向客户寄出。

(7)每一次跟踪服务电话,包括客户打入本公司的咨询电话或投诉电话、经办业务员都要做好电话记录,登记入表,并将电话记录存于档案,将电话登记表归档保存。

(8)每次发出的跟踪服务信函,包括通知、邀请函、答复函都要登记入表,并归档保存。

(三)维修车间管理规定

(1)接到任务委托书后,先要核对委托书上的车辆号牌是否与所修车辆号牌相符。

(2)简要询问车辆故障,并核对维修项目,如有差错及时报告。

(3)保证完全、正确、及时地进行任务订单上的所有修理项目,确保对客户的车辆能够进行快速、正确的修理。

(4)把任务订单上没有写明的故障记录下来,并及时通报前台。

(5)未经同意不得随便增、减修理项目;维修过程中发现增加项目应及时上报前台,必须得到前台的认可才能进行维修。

(6)更换零配件时,不匹配的零配件不允许安装。备件发放实行以坏换新,丢失、故意损坏要照价赔偿或自行购置补充。

(7)竣工后,应对所维修项目进行详细的质量自检,然后及时将任务委托书交与组长或下一工序人员,全部维修完工的竣工车辆应交检验员检验。

(8)爱护各种仪表、设备、工具,由于未按规定使用损坏的照价赔偿。每次收工后,要将设备、工具擦拭干净。

(9)护车用品、抹布等要整齐折好摆放在工具推车内,每周要清洗一次,平时要"随脏随洗"。

(10)每天上班后要清扫卫生责任区地面,每天下午下班前要清扫卫生责任区地面及擦拭各种设备、设施、工具、管道、线路、窗台。每周要定时清扫墙面、擦净窗户,并随时清扫纸屑及其他脏物。平时要时刻保持地面、墙面、窗台、窗户及各种设备、设施、管道、线路等无积水、无油污、无灰尘、无垃圾、干净整洁。下班时，要关锁好门窗及工具推车，并切断电源。

(11)准时参加服务部的各种培训及会议。

(四)售后服务作业现场规范

(1)作业人员必须正确使用劳动保护用品。

(2)作业平台、支垫、支架等必须牢固，承受物品不得超重。

(3)拆卸下来的总成和大件要清洗干净，原则上放置在大托盘中，不准直接放在地面上。放置时间较长的要予以遮盖，防止落上灰尘。

(4)拆卸油箱及存油存水部位时，要用油盆水盆接漏，防止油、水落在地面上或地沟内。

(5)进行起重吊装作业，必须有专人监护，以防止事故发生。

(6)车外作业时，必须正确使用护车布，而且不得进入车内。

(7)车内作业时，要正确使用座套、脚垫、转向盘把套。

特别提醒：汽车售后各部门应严按"7S"要求执行，即：整理(Seiri)、整顿(Seiton)、清扫(Seiso)、清洁(Seiketsu)、素养(Shitsuke)、安全(Safety)、节约(Saving)。

(五)汽车售后服务流程

(1)为了加强客户服务的管理，提高客户服务水平，一般来说，公司都成立了售后服务管理部门，从4S店的规模、人员、资源配置、管理等方面来讲，不同汽车售后服务公司部门管理框架不尽相同，某品牌经销商售后服务的管理框架如图1-1所示。

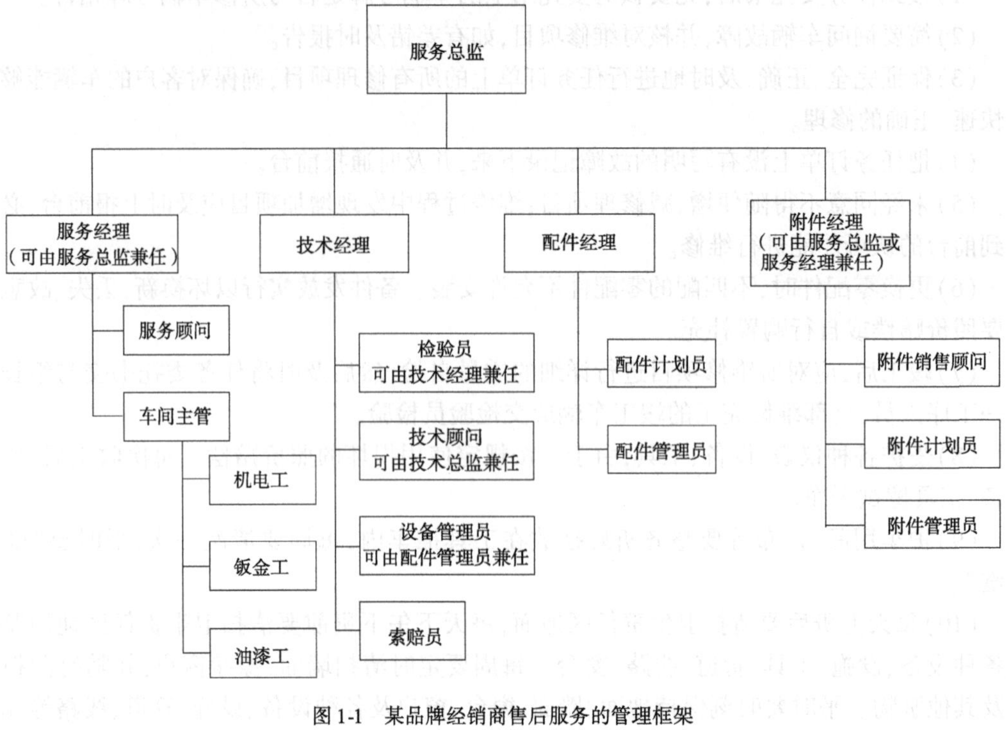

图1-1 某品牌经销商售后服务的管理框架

(2)为规范售后服务工作,满足用户的需求,保证用户在使用公司产品时能发挥最大的效益,同时提高用户对产品的满意度和信任度及产品的市场占有率，每个公司都规定了一定的工作流程。某品牌经销商售后服务的“八步服务”流程如图 1-2 所示。

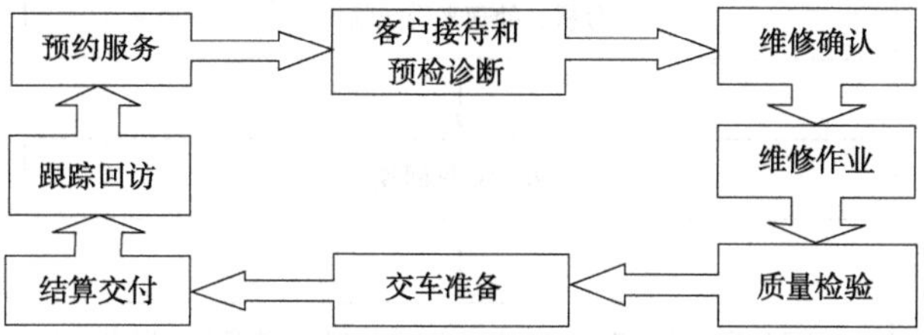

图 1-2　某品牌经销商售后服务的“八步服务”流程

(3)用户售后服务配件更换及发货流程如图 1-3 所示。

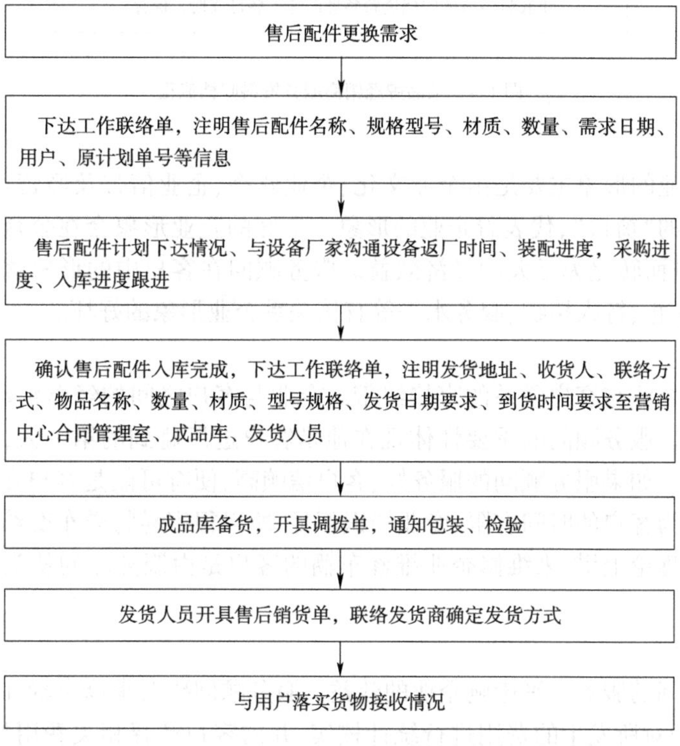

图 1-3　某品牌经销商售后服务配件更换、发货流程

(4)用户服务资料归档流程。某品牌经销商服务资料归档流程如图 1-4 所示。

三、服务顾问的作用、工作职责及基本要求

(一)服务顾问的作用

在汽车维修经营活动中,服务顾问是联系客户的纽带,是企业形象的代表。服务顾问在售后服务中起着非常重要的作用。

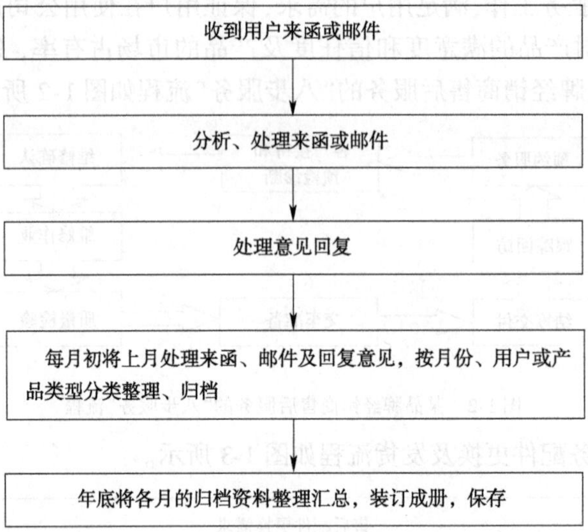
收到用户来函或邮件
分析、处理来函或邮件
处理意见回复
每月初将上月处理来函、邮件及回复意见，按月份、用户或产品类型分类整理、归档
年底将各月的归档资料整理汇总，装订成册，保存

图 1-4 某品牌经销商服务资料归档流程

1. 窗口作用

汽车维修企业的形象主要是由企业文化、企业效率、企业信誉及经营环境等要素组成。服务顾问是企业的“窗口”,代表着企业的形象。良好的企业形象会在公众中产生深刻的认同感和信任感,进而转化为巨大的经济效益。服务顾问在客户中的形象就是企业形象的直接反映,其言谈举止、待人接物、服务水平等直接关系企业形象的好坏。

2. 桥梁作用

服务顾问是企业与客户联系的直接纽带。企业与客户之间的经营活动,主要是通过服务顾问来实现的。服务顾问的重要性体现在他是客户进厂碰到的第一人,是和客户接触时间最多的一个人。如果服务顾问的服务好、客户信赖高,便有可能是客户在维修服务中心唯一接触的人。因为客户的时间有限、专业知识不足,所以很容易将爱车交给服务顾问后就放心等待结果。从理论上讲,来维修企业维修车辆的客户是由服务顾问从头到尾完成接待工作的。

3. 影响效益

汽车服务顾问的服务水平影响企业的效益。服务顾问要对承修车辆在维修前进行预估价,在维修过程中对所发生的费用进行统计核实,并向客户解释相关费用的收取标准,听取客户的意见,在双方完全认同的条件下收取相关费用。维修预估价的合理性、收费结算过程的流畅性、发生费用结算纠纷处理的灵活性,都直接影响着企业的信誉、企业的收入和企业的效益。

4. 反映企业整体的服务、技术和管理水平

维修企业整体素质的高低,无论是有关技术的、管理的,都可以从服务顾问身上反映出来。服务顾问在整个服务过程中表现出解决问题、处理问题的能力以及工作的条理性和周密性都直接体现了企业的技术、服务和管理水平。如果服务顾问表现优秀,就会使客户对企业产生信赖,提高客户满意度,最终提高客户对汽车品牌和汽车维修企业的忠诚度。

相关链接：客户满意度的定义

客户满意度是指一种以客户为核心、以信息技术为基础，客户对为其提供的服务，依据自身的感受，给予综合评价。

客户满意度指数（Customer Satisfaction Index，简称 CSI）是当前国内外通行的质量与经济考核指标。客户满意度可以用如下公式来表示：

$$CSI=\frac{\text{客户评价}}{\text{客户期望值}}\begin{cases}>1, & \text{非常满意}\\=1, & \text{满意}\\<1, & \text{失望}\end{cases}$$

（二）服务顾问的工作职责

服务顾问的工作职责主要有如下几项：

（1）严格执行公司各项规章制度，遵守公司员工手册中的相关规定，在工作中以诚待人、团结协作，主动配合领导和各部门，以达到最佳的工作效果，并对所负责的工作承担相应的责任。

（2）着装要保持专业外表，保持接待区整齐清洁。

（3）主动热情接待顾客，了解顾客的需求及期望，为顾客提供周到、满意的服务。

（4）承接车辆，评估维修要求，开具维修工单。

（5）估计维修费用或征求有关人员意见，并耐心向顾客解释说明收费项目及其依据。

（6）掌握维修进度，在增加维修项目或延迟交车时，第一时间联络顾客。

（7）掌握维修进度，确保完成各项维修项目，按时将状况良好的车辆交给顾客。

（8）妥善保管顾客车辆资料和车辆上顾客的遗留物品。

（9）建立和完善顾客档案资料，并做好维修后服务。

（10）宣传本企业，推销新技术、新产品，解答顾客提出的相关问题。

（11）听取和记录顾客提出的建议、意见和投诉，并及时向上级主管汇报。

（12）不断学习新知识、新政策，努力提高自身素质和业务水平。

（13）认认真真做事，踏踏实实做人，对公司忠诚，维护公司利益，保守商业秘密，不以权谋私，树立良好的职业道德。

如果服务顾问能够积极履行自己的职责，充分发挥“接待、沟通、引导、化解”的作用，就会避免许多维修纠纷的发生。

四、汽车维修职业道德及从业要求

（一）汽车维修业务接待职业道德

服务顾问需要掌握维修技术、顾客服务、顾客沟通等专业知识和技巧，在与顾客的交流过程中能够从技术和服务两个方面为顾客进行解释和劝说，让顾客接受。因此，对服务顾问的基本要求高，不但要学习专业的技术知识和服务技巧，还要求具有良好的社会责任与职业道德，并具有良好的业务知识与能力和稳定的职业信念与良好的个人修养。服务顾问不仅是技术员,也是业务接待人员,更是心理学家和社会工作人员。

1. 汽车维修职业道德的基本特点

汽车维修职业道德的基本特点是具有服务性、公平性、协作性、安全性、时效性和规范性。

2. 汽车维修职业道德的基本内容

汽车维修职业道德的基本内容是爱岗敬业、诚实守信、办事公道、服务群众、奉献社会。

3. 汽车维修职业道德规范

汽车维修职业道德规范包括爱岗敬业、钻研技术;精工细分、优质高效;规范操作、团结协作;勤俭节约、爱护设备。

(二)从业要求

服务顾问必须具备以下条件:

1. 资格条件

根据《机动车维修从业人员从业资格条件》(GB/T 21338—2008)规定,机动车维修业务接待员(服务顾问)应满足以下条件:

(1)具有机动车维修专业中职(含)以上的文化水平;

(2)2 年以上机动车维修工作经验,有机动车驾驶证。

2. 专业知识

服务顾问应掌握以下业务知识:

(1)熟悉国家和汽车维修行业有关价格、法律、法规、政策条件;

(2)熟悉机动车维修工时、收费标准及零配件价格;

(3)掌握机动车构造和工作原理;

(4)了解机动车常见故障及故障诊断的基本方法;

(5)熟悉机动车各工种维修工艺流程及技术要求;

(6)熟悉机动车零配件常识。

3. 专业技能

作为一名合格的服务顾问,必须熟练掌握的专业技能有:

(1)接受过专业业务接待技巧的培训,能制定及实施业务接待流程;

(2)能对车辆进行初步诊断,确定维修项目,估算维修费用,签订维修合同,引导客户正确进行车辆维护和修理;

(3)能协助相关人员对维修过程、维修进度和维修质量进行跟踪;

(4)能协助质量检验员对竣工车辆进行检查验收;

(5)是具备一定的财务知识,熟悉汽车维修价格结算流程;

(6)能熟练操作计算机;

(7)能建立客户档案。

4. 业务能力

(1)优雅的形体语言及其表达技巧。

人的气质通过优雅的形体语言及其表达技巧表现出来。掌握优雅的形体语言及其表达技巧,能体现出服务顾问的专业素质。

(2)思维敏捷,具备对顾客心理的洞察力。

服务顾问要思维敏捷,并具备对顾客的洞察力,能洞察顾客的心理活动。对顾客心理活动的洞察力是处理好顾客投诉工作的关键。

(3)沟通协调能力。

维修业务接待工作虽然体现的是个人的能力,但是缺少不了集体的配合和支持。服务顾问在整个车辆维修业务流程中要主动协调各个部门和各个岗位的关系,如协调维修车间、主动协调各个部门和各个岗位的关系。如果离开了这些部门的配合和协作,就会影响维修业务的开展,也会影响顾客的满意度,从而使顾客对服务顾问失去信任。

技能实训

客户刘女士的车辆已行驶 80000km,需到店做维护。作为一名服务顾问,必须熟悉汽车维修业务接待的整个流程。

1. 准备工作

(1)场地设施:带汽车维修业务接待的模拟实训基地。

(2)设施准备:整车、防护套、电话、接车问诊单及基本车辆检查工具等。

2. 实训过程

(1)由教师或专业人员演示汽车维修业务接待的整个过程。

(2)学生观摩演示过程,记录汽车维修业务接待流程。

(3)分析各环节要点,完成表 1-1。

接待流程观摩表　　表 1-1

序　　号	环　　节	环　节　要　点

模块小结

(1)汽车售后服务是指消费者自购车之日起至报废之日止,期间在该车上所有花费所引起的商机,包括维修、汽车美容、车内装饰(或改装)、金融服务、事故保险、索赔咨询、旧车转让、废车回收、事故救援、市场调查与信息反馈等内容。

(2)汽车售后服务是参与市场竞争的有效武器,是产品质量和客户权益的有力保障,是提升客户满意度和忠诚度的有效举措,是汽车技术进步和科技发展的必然要求。

(3)我国汽车售后服务存在的问题主要有:售后服务重视度有所欠缺;组织结构不健全,管理职责分配不清楚;厂商关系不和,消除危机方式不妥;没有明确的组织经营服务理念,缺乏对企业长远目标及方针的思考;员工流失率高,素质和技能低;不重视信息反馈等。

(4)未来我国汽车市场将成为汽车企业拼服务质量、拼用户体验的全新时代。汽车售后服务的发展将出现品牌化、规范化、市场化、连锁店化、高技术化、召回机制国际平等化、保修范围的扩大化、维修的快速化和成本的最小化等趋势。

(5)售后服务工作的内容主要有:整理客户资料、建立客户档案,根据客户档案资料,研究客户的需求,与客户进行电话、信函联系,开展跟踪服务等。

(6)汽车维修业务接待流程分别是预约服务、客户接待和预检诊断、维修确认、维修作业、质量检验、交车准备、结算交付、跟踪回访。

(7)汽车维修企业的形象主要是由企业文化、企业效率、企业信誉及经营环境等要素组成。汽车维修业务接待是企业的“窗口”,代表着企业的形象。

(8)汽车维修职业道德规范包括爱岗敬业、钻研技术;精工细分、优质高效;规范操作、团结协作;勤俭节约、爱护设备。

思考与练习

(一)填空题

1.“汽车售后市场”是指“汽车在售出之后维修和维护所使用的零配件和服务”,其涉及的企业主要包括________、________和________三大类。

2.售后服务是保持顾客________和________的有效举措。

3.汽车销售4S店中的“4S”是指________、________、________和________四大功能。

4.跟踪业务员在客户接车出厂或业务访谈、咨询后________内,应主动电话联系客户,作售后第一次跟踪服务,并就客户感兴趣的话题与之交流。

5.汽车维修企业的形象主要是由________、________、________及________等要素组成。

(二)判断题

1.良好的售后服务是下一次销售前最好的促销。 ( )

2.售后服务短期看不到收益。因此,要想提高公司收益,主要是让销售人员如何推销,而不是提高售后服务的质量。 ( )

3.服务顾问在接车、估价等环节中所表现出的解决问题和处理问题的能力,直接体现了维修企业技术水平的高低。 ( )

4.机动车维修从业人员职业道德的基本内容包括爱岗敬业、诚实守信、办事公道、服务群众和奉献社会。 ( )

5.在职业活动中一贯地诚实守信会损害企业的利益。 ( )

(三)简答题

1.售后服务的重要性主要表现在哪些方面?

2.目前我国汽车售后服务还存在哪些问题?

3.汽车售后服务工作主要内容有哪些?

4.想一想,如果要成为一名汽车服务顾问,应具备哪些专业知识和专业技能?

模块二 服务礼仪

学习目标

1. 能描述服务顾问仪容、仪表、仪态的具体要求；

2. 能描述服务顾问工作过程中包括鞠躬、握手、名片、介绍、引导、通信及为客户递送餐点需遵循的基本礼仪要求；

3. 能正确使用服务礼仪为客户提供贴心、周到且规范的服务；

4. 能正确运用服务礼仪与客户进行有效沟通，提升客户满意度；

5. 能从注重个人礼仪修养开始，塑造服务顾问良好的职业形象。

建议课时

10 课时。

服务礼仪是服务顾问的基本工作规范，也是服务顾问职业素养的基本体现。作为服务顾问，遵循服务礼仪要求，不仅能塑造自己良好的职业形象，更有利于与顾客建立良好的沟通氛围，赢得顾客的信任，高效地完成岗位工作。日常工作中，服务顾问需要对自己的仪容、仪表、言谈、举止和行为进行规范，在服务的各个环节都要体现对顾客的充分尊重和理解。

一、服务顾问仪容、仪表

作为企业的服务窗口，服务顾问需要注重自己的外在形象，即仪容、仪表，这不仅直接影响顾客对服务顾问专业能力和任职资格的判断，还是维修企业给予顾客良好第一印象的主要因素之一。一般顾客都希望在管理规范的场所消费，也更愿意与那些衣着整齐、精神饱满、彬彬有礼的服务顾问进行沟通。因此，为了给顾客展现出良好的服务形象，服务顾问应高度重视仪容仪表规范。

1. 着装

目前，各品牌经销商对业务接待的着装都有统一的要求，它们大多数选择单色统一的套装，这样可以向顾客展现严谨、专业、沉稳、干练的形象，同时也创造了统一的服务品牌文化。当然，服务顾问在选择着装的时候，还需要注意一些问题，才能达到更好的效果。

(1) 穿着工作装需遵循“三色”原则，即全身上下的衣着应当在三种色彩之内。

(2) 服务顾问需保持工作装整齐、干净，无明显皱褶，衣袖和裤脚不卷、不挽。衬衫所有纽扣都要一一扣好，尤其是系领带时（图 2-1）。男士工作西服纽扣一般是两个，只需要扣上面一个。西装、衬衫外面的口袋原则上不装物品，西裤口袋中也不能多装物品，切不可使其看上去过于饱满。

（3）工作装大小要合身。男士西服不宜过长或过短，一般以盖住臀部为宜。西装裤长以露出脚跟与盖住袜子为佳，以鞋跟到地面处的距离在 0.5 ~ 1 厘米为宜。抬起手臂时，西装外套的袖长应该要比内搭的衬衫短 1.5 厘米左右，如图 2-2 所示。女士的工作装可以是套裙，但上衣或裙子都不宜太过肥大或过于紧身，裙子长度一般以及膝为宜。

图 2-1　领带的标准系法

图 2-2　西装衬衣搭配

（4）注意鞋袜搭配。服务顾问应穿深色皮鞋，且保持皮鞋干净、光亮，男士需注意皮鞋和鞋带颜色协调，同时应搭配深色的袜子，且长度适宜，切不可穿着脏、破的袜子。女士穿鞋要求前不漏脚趾、后不漏脚跟，鞋跟在 5cm 以下为宜，搭配肉色丝袜，如图 2-3 所示。

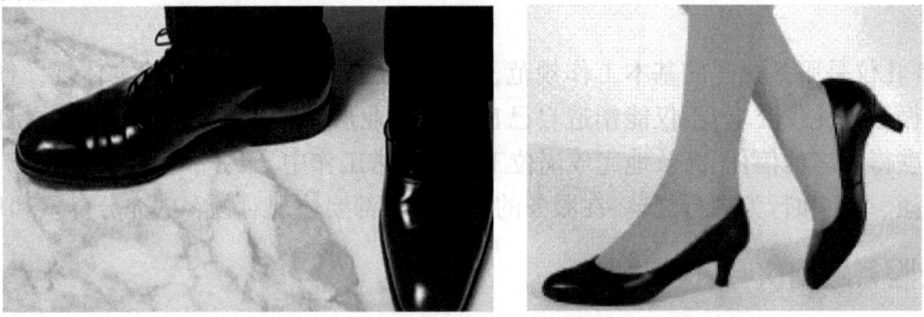

图 2-3　工作装鞋袜搭配

2. 配饰

男士的配饰主要有领带和皮带等，领带要打得挺括、端正，长度应以领带尖盖住皮带为宜。领带夹应放置于在 6 颗扣衬衫从上到下数第 4 颗扣的地方，不要有意把领带夹暴露在他人视野之内。此外，进行业务接待时，服务顾问需选择正装皮带，颜色最好与皮鞋一致。

女士工作装搭配的丝巾应简洁、优雅大方，佩戴整齐。

此外，工牌应佩戴在外套的左上角恰当位置，如图 2-4 所示。

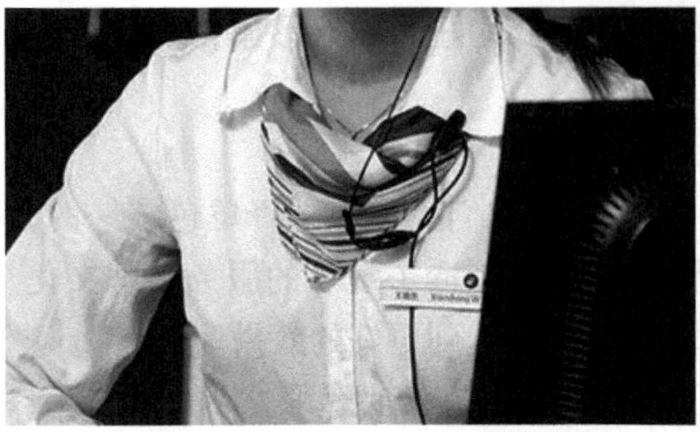

图 2-4　配饰及工作牌佩戴位置

3. 头发

男服务顾问应选择短发，保证头发不能遮住额头，发脚侧不过耳、后不过领，服帖整齐，不可蓬松杂乱。应坚持每天洗头，梳理整齐，没有头皮屑，不染发，如有特殊需要也只能染黑色或棕色。

女服务顾问发型宜选择马尾、短发或盘发，需梳洗干净，没有头皮屑，前额刘海要打理，保持额头洁净。染发不得过于鲜艳、怪异，可选用大小适中的发饰。

4. 面容

仪容在很大程度上是指人的面容，服务顾问应特别注意清洁和修饰自己的面容，给顾客以美丽、健康、整洁、大方的感受，如图2-5所示。其主要要求包括：

(1)眼睛：要做到清洁、无分泌物，避免眼睛布满血丝，无精打采。

(2)面部：应保持干净清爽、无汗渍、油污或其他不洁之物。男士胡须应每日一理，女士则需略施粉黛，职业的工作妆应淡雅、清新、自然，切忌在脸上涂一层厚厚的粉底，不要将嘴唇涂得过于鲜艳。

(3)口腔和牙齿：饭后要及时清洁口腔和牙齿，保证无残留物及异味，保持口气清新。

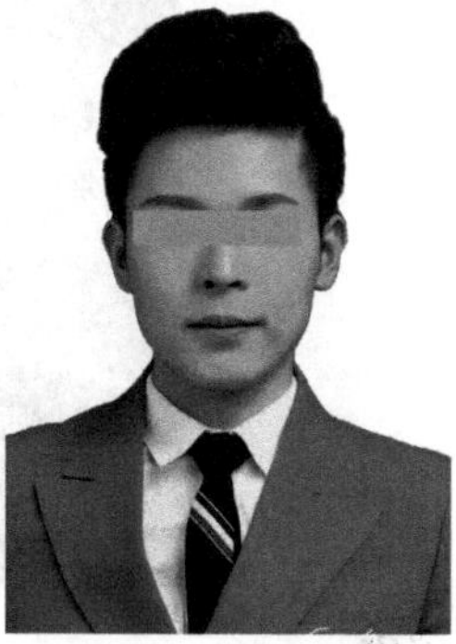

图2-5　面容

5. 手和指甲

服务顾问要表达对顾客的热情和尊重，除了使用语言、表情之外，通过手传递信息也是一条重要途径，例如握手、挥手致意、递交名片等。所以，服务顾问应随时保持手部清洁，不得有油污。指甲应定期修剪，保证指甲长度短于指尖。女士可以使用指甲油，但只限于透明色。

此外，为了展现专业气质，同时避免在检查车辆过程中划伤车辆，服务顾问应避免佩戴戒指、手镯等装饰物品。

二、仪态

服务顾问的仪态规范，主要是要求其身体所呈现的各种姿势，包括举止动作、神态表情等，在服务过程中要向顾客传递出自己饱满的精神状态、良好的文化教养以及专业的服务态度，并让顾客让真实地感受到被理解和尊重。

1. 站姿

站姿，即站立的姿态，服务顾问正确的站姿应能向顾客传递精神饱满、自信的感觉。在商务场合，标准的站姿应是两眼平视，腰背挺直，下颌微收，挺胸收腹，两肩平齐，两臂自然下垂，身体重心落于两腿正中。若没有拿东西，双手则轻握叠放于腹前。男士站立时，两脚可平行分开，略窄于肩宽，要力求表现刚健、潇洒、强壮、阳刚之美。女士可以用小丁字步，即一脚稍微向前，脚跟靠在另一脚内侧，或双腿并拢，脚尖分呈V字形，展现轻盈、娴静、典雅之美(图2-6)。

站立虽有规范的姿态，但在顾客面前也不必要太拘谨，避免造成身体僵直。长时间站立时，手脚可以适当地进行调整和放松。当然，切不可松散，不要弯腰驼背、耸肩等。双手不要放在衣兜里，切不可抱于胸前，腿脚不要不自主地抖动。

图 2-6　服务顾问站姿

2. 行姿

行走的姿态最能展现服务顾问的气质。行姿的动态美需要通过身体各部位的协调实现,一般要求行走时要头部伸直,胸部舒展挺起,肩部平稳,手臂放松并自然摆动,幅度以 30°~35°左右,腹部和臀部适度收缩,手指自然弯曲。两脚的脚跟走在一条直线上,脚尖偏离中心线约 10°。行走时,身体要协调,首先以脚跟着地,膝盖在脚部落地时应伸直。男士要走出稳健、从容的感觉,女士则应展现轻盈和优雅,如图 2-7 所示。

图 2-7　服务顾问行姿

3. 坐姿

坐姿的一般规范是:入座要轻,坐满椅子的 2/3;后背可轻靠椅背,双膝自然并拢(男士可略分开)。入座时,一般要求服务顾问走到座位前,转身后把右脚向后撤半步,轻稳坐下。入座后,上身正直,胸部向前挺,双肩放松平放,躯干等正对前方。如果长时间端坐,两腿不可过于叉开或高跷起二郎腿,可双腿交叉重叠,但要注意将上面的腿向回收,切忌脚尖朝天,腿脚也不能不停地抖动。女士着裙装入座时,应用手将裙装稍稍拢一下,避免坐下后再站起来整理衣服。

服务顾问在与顾客坐下来交谈时,身体应稍向前倾,以表示尊重和谦虚,如图 2-8 所示。

图 2-8 服务顾问坐姿

4. 蹲姿

服务顾问在捡拾或放置地面物品,或须放低身体检查车辆时,通常应采用蹲姿。蹲姿要大方得体,标准动作是保持上身挺立,不能弯曲,一脚在前,一脚在后,两腿向下蹲,前脚全着地,小腿基本垂直于地面,后脚脚跟提起,脚尖着地。女性应靠紧双腿,男性则可适度将其分开,臀部向下,基本上以后腿支撑身体。

在工作过程中,服务顾问身体下蹲时,一定要注意保持脊背挺直,臀部要蹲下去,避免出现弯腰翘臀的姿势。男士两腿间可留有适当的缝隙,女士无论采用哪种蹲姿,都要将腿靠紧,臀部向下,穿短裙时需更加留意,以免尴尬,如图 2-9 所示。

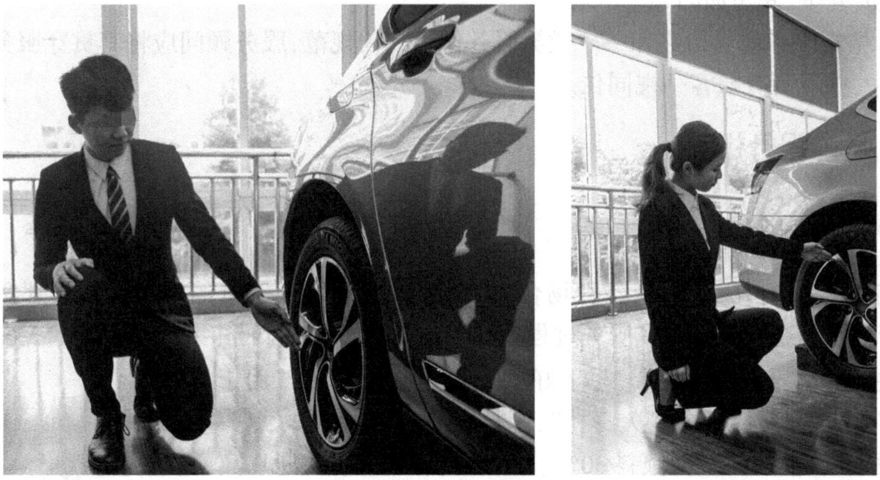

图 2-9 服务顾问蹲姿

5. 微笑

微笑不仅是一个表情,更是一种国际礼仪,能充分体现一个人的热情、自信、修养和魅力。微笑可以有效地缩短服务顾问和顾客的距离,给顾客美好的心理感受,从而制造融洽的沟通氛围。服务顾问真诚的微笑可以感染顾客,使强硬者变得温柔。微笑常常是化解矛盾的有效手段。

微笑的一般动作标准是:面容祥和、双眼明亮并略眯、眉毛上扬、嘴角微微上翘,露出上齿的 6 或 8 颗牙齿。不过,人和人情况不同,笑容也会因人而异,但一定要做到口眼结合,嘴

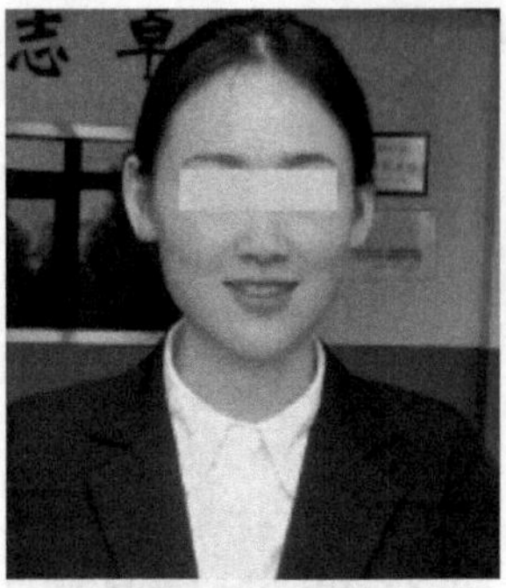

图 2-10 微笑

唇、眼神含笑,如图 2-10 所示。

进行微笑服务时应注意以下几点:

(1)微笑的魅力在于亲切自然、诚恳和发自内心,做到"诚于中而形于外"。有人说:"微笑是服务顾问最正宗的脸谱",这句话很有道理,但是,如果微笑只是一个凝固的、僵化的、没有生气的状态表情,则是不可能打动人心的。所以,对于服务顾问来讲,微笑的前提是保持自身情绪的愉悦、平和以及态度的亲切、友好。用善良、包容的心对待顾客,用敬业奉献的热情对待工作,只有调整好自己的心态才能展现出表里如一的微笑。

(2)微笑要适时、适度。首先,服务顾问什么时候展现出笑容很重要。例如,在欢迎顾客到店时,服务顾问应该在与顾客目光接触的瞬间展现微笑,表达友好;而在顾客伤感、郁闷、紧张、甚至愤怒的时候,服务顾问就不应该流露出笑的表情,而应该与周围气氛保持一致。其次,服务过程中的微笑也要适度,不应为了展现微笑的表情,使笑容过于夸张。微笑服务虽然是服务顾问的工作标准,但需合乎时宜,否则很可能引起顾客的反感和不快,甚至造成误会。

(3)微笑要与语言、仪表举止的美和谐一致,从整体上形成完美统一的效果。所以,服务顾问在微笑的时候要精神饱满,目光要集中注视对方,加上适当的问候和敬语,才能使顾客感到亲切、安全、宾至如归。

(4)微笑服务应当始终如一。微笑服务作为礼仪规范,服务顾问应将其贯穿服务工作的全过程中,并对所有顾客一视同仁。

三、基本服务礼仪

(一)鞠躬礼仪

鞠躬即弯身行礼,适用于各种场合,是最能体现对他人敬重的方式。根据郑重程度不同,弯身的程度也会不同。在服务过程中,服务顾问常用的鞠躬礼大体有三种。一是上身倾斜 15°左右,同时问候"您好" "早上好""欢迎光临"等,一般用于向顾客打招呼和问候,称作"欠身礼",并且行进过程中,可以点头致意(图 2-11)。二是上身倾斜 30°左右,一般用于热情欢迎嘉宾或领导的场合。三是上身倾斜 45°或超过 45°直至 90°,一般用于表达十分的敬意或郑重的拜托、致歉等,以及在其他特殊场合下使用。

图 2-11 鞠躬礼仪

服务顾问在行鞠躬礼时,需立正站好,保持身体端正,面向顾客。男士的双手自然下垂,贴放于身体两侧裤线处,女士的双手下垂搭放在腹前。行鞠躬礼时,应上身挺直并向前倾斜,视线由对方脸上落至自己的脚前 1.5m 处(15°礼)或脚前 1m 处(30°礼)或脚前 0.4m 处(60°礼)。鞠躬礼毕起身时,双目还应该有礼貌地注视对方。值得注意的是,行鞠躬礼,一定要"先语后礼",在迎接顾客时,声音要亲切、热情,同时应该伴有微笑的表情。

(二)握手礼仪

握手礼仪是常用的商务礼仪,服务顾问在工作中通常用来向顾客表达欢迎、送别、致谢等情感。当然,不符合礼仪规范的握手也会有意无意地向对方表示出蔑视与敌意。

握手的动作规范是:在距对方一步左右,上身稍向前倾,伸出右手,四指并拢,拇指张开,双方的手掌与地面垂直,掌心相握,上下轻摇,保持2~3s。

看似简单的两手一握,但是握手的力量、姿势与时间的长短往往能够表达出不同礼遇与态度,向顾客传递出不同的感受,如图2-12所示。

1.握手的顺序

在一般场合,握手顺序遵循“尊者决定”原则,即握手时要等女士、长辈、已婚者、职位高者伸出手来之后,男士、晚辈、未婚者、职位低者方可伸出手去呼应。而朋友和平辈之间则不用计较谁先伸手,一般谁伸手快,谁更为有礼。另外,在祝贺、宽慰对方,或表示谅解对方的场合下,应主动向对方伸手。有客来访时,主人应先伸手,以表示热烈欢迎。告辞时应等顾客先伸手,主人再伸手与之相握,才合乎礼仪,否则便有逐客的嫌疑。

图2-12 握手礼仪

2.握手的时间

与顾客初次见面时,握一下即可,时间一般以1~3s为宜。关系亲密的,时间可长一些,但是异性之间的握手时间不宜过长。

3.握手的力度

握手一定要有力度,否则会让人感觉不热情、不真诚或者敷衍等。当然,握手也不可太用力。尤其是与女士握手,一般只轻握女方的手指部分,不宜握得太紧。

4.握手的注意事项

握手时一定要用右手,且不可佩戴手套或墨镜。握手的同时要微笑注视对方,态度真挚、亲切,切不可东张西望,心不在焉。同时,握手时要伴有相应的语言,如自我介绍、问候等。

在任何情况下,拒绝对方主动要求握手的举动都是无礼的,但手上有水或不干净时,应谢绝握手,同时必须向对方解释并致歉。

(三)名片礼仪

名片是现代商务活动中使用的重要工具之一。名片一般印有工作单位名称、地址、邮政编码以及个人职位、电话、电子邮箱等信息,服务顾问通过它可以更加方便地向顾客介绍自己,也可以帮助自己很快认识和了解顾客。然而,如果不注意礼貌地使用名片,非但起不到应有的作用,还会让人因此而不愿意与你再来往。因此,掌握正确的名片礼仪也是对服务顾问的基本要求之一。

1. 准备名片

服务顾问应在迎接或送别顾客之前事先准备好自己的名片。名片一定要保持清洁、平整，不能有折皱或破损，此外，将经涂改的名片交与对方是不礼貌的行为。名片最好装在专门的名片夹内，然后放在容易拿的上衣内口袋中。服务顾问也可以将其放在接待用的文件夹内或名片盒内，切记不可随意装在自己钱包、衬衣口袋、裤袋内。

2. 递送名片

在通常的社交场合，交换名片的顺序一般是："先客后主，先低后高"，即下级或访问者先递名片，在相互介绍时应由先被介绍的一方首先递名片，年少者先递给年长者，位阶低者先递给位阶高者。当与多人交换名片时，应依照职位高低的顺序，或是由近及远，依次进行，避免产生厚此薄彼的误会。服务顾问通常是在向顾客介绍自己或顾客离店时主动向顾客递交名片。

递交名片时，应将名片文字正对顾客，向下倾斜30°，用双手的大拇指和食指握住名片上沿，注意不要压到名片内容，身体微向前倾，同时眼睛应注视对方，面带微笑，并大方地说："这是我的名片，有需要您可以联系我"等，如图2-13所示。

图2-13 递交名片

3. 接受名片

接受名片时应起身，面带微笑注视对方。接过名片时应说"谢谢"，随后应有一个微笑阅读名片的过程，并抬头称呼并问候对方。若对方职位较高，阅读时可将对方的姓名职位念出声来，使对方产生受重视的满足感。然后，回敬一张本人名片。如未带名片，应向对方说明并表示歉意。接过别人名片后切不可随意摆弄或扔在桌子上，也不要随便地塞在口袋里或丢在包里，应将名片放在西服左胸的内衣袋或名片夹里，对名片的重视亦是对他人的尊重。

(四)介绍礼仪

1. 介绍自己

服务顾问与顾客初次见面时，应在问候结束后主动向顾客介绍自己。自我介绍的内容中应包括公司名称、职位和姓名。需要注意的是，为展示自己的坦诚和专业形象，介绍自己姓名时应介绍全名，以表达自己谦逊的态度，并在后面加一句，如"您可以叫我小×。"向顾客介绍自己时，需注意语速不可过快，确保顾客能听清楚。

如果服务顾问被别人介绍，应面带微笑，注视对方，待介绍完毕后，双手递上自己的名片，并按照礼仪要求敬礼或握手。整个过程中，应表现出自己的自信、谦和和友好，做到不卑不亢。

2. 介绍他人

在工作场合，介绍他人需遵循"尊者优先"的原则，即把年少者介绍给年长者，把位阶低者先介绍给位阶高者，若两人年龄、职业相当，则"女士优先"，即将男士先介绍给女士。在介绍他人之前,需要征得双方允许或打个招呼,以免尴尬。

(五)引导礼仪

在每天的工作中,服务顾问随时都需要陪同或引导顾客,例如引导并陪同顾客预检车辆、验收车辆,引导并陪同顾客前往接待台、休息室或结算处等。引导的动作和语言所表现出来的是个人的气质与风度,不正确的行为可能会招致顾客反感。

1. 引导礼仪基本规范

引导礼仪要讲究亲切、热情和大方。引导时应使用手掌,保持五指并拢,掌心向上,不能用手指来指引。手势的幅度、速度要适度,一般来讲以肘关节为轴,手势应在自己的胸前或右方进行,手势的上界不要超过对方的视线,下界不要低于胸区,左右摆幅不要太宽,如图 2-14 所示。

2. 行走的引导礼仪

在引导顾客前往某处时,服务顾问应走在顾客 2 ~ 3 步之前,遵循现代商务礼仪的"以右为尊"原则,让顾客走在右侧。请顾客开始行走时,要面向对方,稍微欠身。在行进中可以与对方交谈或进行介绍,但需将头部、上身转向对方,如图 2-15 所示。

图 2-14 引导手势

图 2-15 行走的引导

3. 上下楼梯的引导礼仪

在引导顾客上楼时,服务顾问应让顾客走在前面。但如果顾客是位女士,服务顾问就应走在女士的前面,因为此时让女士先请,走在后面的男士的视线会正好落在女士的臀部,这会让女士感到不舒服。下楼时,服务顾问应走在前面,顾客在后面,这样可以保证顾客的安全。

4. 进出电梯的引导礼仪

引导顾客乘坐电梯时,服务顾问应先进入电梯,再请顾客进入,待顾客进入后关闭电梯门。到达时,服务顾问需按住"开门"按钮,让顾客先行走出电梯。

5. 进入休息室的引导礼仪

如顾客需在店等待,服务顾问需将顾客引领至休息室休息。引导顾客进出各大厅的门时,都应遵循"顾客优先"的原则,由服务接待主动为其开门。当顾客走进休息室后,服务顾问应用手势指示,请顾客先行坐下,再向顾客指引并介绍休息室功能,安排好茶水,然后向顾客行点头礼离开。

6. 指示手势

在接待顾客过程中,服务顾问常常会为客户指示某人、某物体或方向(图2-16),例如介绍某人、车身某位置、某部件、文件某部分时。一般情况下,以手掌来指示能够更显庄重和优雅。特别需注意,用手指指向人的行为是非常不礼貌的。

图2-16 指示手势

(六)通信礼仪

1. 电话礼仪

在服务工作中,电话是服务顾问联系顾客常用的通信工具,电话礼仪是服务顾问不容忽视的行为规范,它会通过电波传递给顾客,让顾客"看到"服务顾问的个人专业素养和公司的形象。

(1)通话礼仪。

第一,电话里虽然看不到对方,但是任何的情绪和表情都有可能被"听到",所以,在处理电话前,服务顾问先要处理好自己的情绪,保持高度热情与专注。使对方感到轻松愉快的通话一定有微笑的元素。

第二,要注意说话的礼貌。服务顾问要礼貌称呼顾客,并常说"请""谢谢""对不起""抱歉""我能为您服务吗""是""了解"等语言。

第三,服务顾问要对自己的声音进行专业设计。在与顾客通话时,说话声音不要太大也不要太小。语气太轻或语调太低,会使对方感到无精打采或冷淡;语气太重或语调太高则会使对方感到生硬、不耐烦。所以,要做到发音准确,语速适中,语音和语调自然、自信,亲切又专业的声音将传播无穷魅力。

第四,认真倾听顾客的电话内容。多听少言,在听电话时,善用"是""好"之类的话语,让对方感到你在认真地听。不要轻易打断顾客说话。遇有重要电话或复杂事项需作好电话记录,切勿边吃东西边谈话。

第五,结束通话时,需等长辈、顾客、领导先挂电话或者来电者先挂,若有急事或忙接他线电话,可请示对方后结束电话,切忌对方话音没落,就挂断电话。同时,挂电话的声音不要太响,以免让人产生粗鲁无礼之感。

(2)接听电话礼仪。

服务顾问每天要接听大量电话,并处理电话中的所有问题。顾客主动打电话,要么是咨询,要么是寻求帮助,当然也可能是抱怨或投诉,但无论哪一种情况,都体现了顾客对维修站的信任。所以,要认真接听每一通电话,不能因为忙而忽视了电话礼仪。服务顾问的接听电话礼仪主要有以下几点:

第一,电话铃声响起三声左右接起最佳。如果电话铃响了五声后才拿起话筒,应该先向对方道歉。

第二,电话接起后的第一句话非常重要。服务顾问应热情问候,并用清晰的声音介绍公司名字、个人岗位和姓名,例如"您好!这里是××4S店,我是服务顾问××,请问有什么可以帮您?"这样做一方面可以让顾客确认他的电话是否打对,另一方面也使顾客知道他的电话被得到重视。

第三,若对方打错电话,服务顾问也要有礼貌,以充分展现公司文化和形象。

(3)拨打电话礼仪。

在维修服务流程中,尤其是预约和质量跟踪环节,服务顾问都需要主动给顾客打电话。若要尽量避免顾客对来电的反感,服务顾问在给顾客拨打电话时应注意以下礼仪规范:

第一,不论与顾客有多熟,也最好不要在顾客休息时(如用餐时间、午休时间、晚上的睡觉时间)打电话。

第二,如给顾客打手机电话,应先询问对方是否有时间或方便讲话,以免给顾客造成不便,同时最好先告知顾客预计的通话时长。

第三,给顾客打电话,最好先梳理好通话的大致内容,如果内容较多,可先列个提纲。

第四,电话拨通后,应先说一声"您好!"然后自报家门,如"我是××4S店的服务顾问××",再确认对方是否是你找的人,"请问您是××先生(女士)吗?"

(4)转接电话礼仪。

服务顾问经常会接到需要转接的电话,切不可因为顾客不是找你的而随便慢待,正确的做法如下。

第一,转接电话时,应提示顾客稍等,马上会为其转接。不能不做提示就操作电话进行转接。同时,需及时帮其找人或转接电话。如找不到听电话的人,应该征询顾客意见,如:"对不起,他现在不在这里,我可以帮您转告吗?"或"请问您需要留言吗?"

第二,转接电话需注意转到正确的受话人,需确认对方接到电话。

第三,顾客讨厌一再重复说明同样的事情,特别是不愉快的事。所以,服务顾问在将顾客问题交由指定人处理前,应先说明顾客姓名并转述顾客问题,再交由指定人接听处理,但不宜让顾客等太久。

第四,电话留言应运用"5W2H"法则或"人、事、时、地、物"要则,记录后需复诵与确认。当然,一定记得及时转达留言,提醒处理。

2. 邮件礼仪

在商务活动中,电子邮件是重要的沟通工具。根据顾客实际情况,服务顾问在预约、质量回访或服务推广等服务过程中常常会用到邮件。对应此类顾客的特点,服务顾问在收发电子邮件应注意以下问题:

第一,邮件一定要有一个简洁明了的主题,该主题要能概括邮件内容,让顾客一看就清楚是什么事情,没有主题的邮件很容易被忽略或当垃圾邮件处理。

第二,恰当地称呼收件者,一般来讲,服务顾问对顾客所用的称呼是"先生"或"女士",前面冠以顾客的姓氏。如果对方有高级职称或高级学位,冠之以职衔、学位来称呼更显尊敬。邮件中,称呼对方最好使用"您",并恰当问候。

第三,邮件正文应简明扼要,行文通顺,做一个主题一条信息。切忌让内容显得冗长、繁杂,即便是服务活动推广,也不可长篇大论。同时,要注意用语规范,慎用表情符号。

第四,邮件结尾应有服务顾问签名,方便顾客清楚地知道发件人信息。签名信息不宜过多,有姓名、职务、公司、电话、地址即可,当然,末尾应有发件时间。

(七)递送饮料或餐点礼仪

接待顾客时,茶水等饮料是必备的。服务顾问或其他相关服务顾问在顾客进入休息室入座后,应主动送上饮料,这也是最基本的待客之道。

第一,在条件允许的情况下,为了照顾顾客的习惯或喜好,最好在递送饮料前询问顾客的需要,例如询问顾客是喜欢茶还是咖啡,是冷饮还是热饮等。贴心、周到的服务将会提高顾客对服务顾问的满意度,如图2-17所示。

第二,盛装饮料、餐点的杯盘应及时清洁、消毒。特别应注意,一次性纸杯看似卫生,但不健康,不建议使用,尤其不要用来装40℃以上的饮料(图2-18)。

图2-17 递送饮料

图2-18 递送热饮

第三,饮料不可装得太满,以防止不小心溢出造成人员烫伤或污染桌面或沙发、地板等。要注意及时添加饮料,添加时不要把壶提得过高,以免饮料溅出。

第四,递送饮料或餐点应双手端上。可以先将饮料或餐点放置在茶盘内端至顾客茶几上,再双手将其一一取出,放置在顾客面前,或者左手托盘,右手摆放。使用有柄的杯子时应将柄转至顾客右侧,杯盘摆放完毕后,应微笑并热情地示意顾客:“请喝水”或者“请慢用”,如是热饮应提示顾客“小心烫”。端放杯盘一般从顾客右侧送上、右侧撤下,不可从顾客头上越过。

技能实训

(一)基本礼仪训练

1. 准备工作

(1)场地准备。

(2)工作装准备。

2. 实训过程

(1)人员穿着工作装,整理个人仪容仪表。

(2)比照所学的仪容仪表知识,自省自查,查找问题并进行纠正,小组间相互点评,评选优秀小组。

(3)分小组练习服务顾问站姿、走姿、坐姿、蹲姿,要求保持微笑。

(4)分小组展示、评价,并评选出优秀小组。

(二)服务礼仪训练

1. 准备工作
(1)场地设施:车辆及场地。
(2)设备设施:电话、名片、文件夹、桌椅、茶具、录像设备。
2. 实训过程
(1)穿着工作装,整理个人仪容仪表。
(2)分小组设计接待场景,分别练习鞠躬、握手、名片、介绍、引导、递送饮料或餐点礼仪。
(3)分小组设计情境,练习电话礼仪。
(4)在各小组间开展接待礼仪竞赛。

模块小结

(1)服务顾问需要首先调整自己的心态,提高服务意识,在自己的生活和工作中注重礼仪习惯的点滴养成,修炼出专业的气质。

(2)在服务顾问的工作中,给客户展示良好的外在形象和第一印象非常重要。因此,服务顾问要坚持打理好自己的仪表,如头发、面部、手等。同时,服务顾问应穿着统一的工作装,工作装遵循"三色"原则,保持整齐、干净、合身,无明显皱褶,扣好衣服纽扣,并注意领带、丝巾、皮带、鞋袜等配饰的颜色、款式的协调搭配。

(3)服务顾问应塑造稳重、端庄、干练的职业形象,要注重自己的举止仪态。工作过程中,对于基本的站、行、坐、蹲等身体姿态,男士应有稳健的气质,女士需展现优雅之美。更重要的是,作为服务行业的基本语言,服务顾问需通过微笑向客户传达自己的热情、自信和真诚,创造与客户之间融洽的沟通氛围。

(4)服务顾问在顾客面前的一言一行、一举一动都代表着公司的形象。因此,在面对面接待顾客时,应主动敬礼、问候和介绍自己,而且动作语言要规范。与顾客握手、递送自己名片时,从眼神到手,包括语言,都要展示出热情、真诚和谦逊。需要陪同、引导顾客,或者给顾客递送物品时,不仅要求动作要亲切、大方,还需要充分考虑到顾客的需求和感受。

(5)服务顾问常常需要与顾客进行电话沟通。通过这种不见面的方式与顾客沟通,更需要服务顾问遵循服务礼仪要求,才能确保带给顾客被理解、被尊重的愉悦体验。

思考与练习

(一)填空题

1. 穿着工作装,颜色选择需遵循________原则。
2. 在一般场合,握手顺序遵循________原则。
3. 介绍自己时,一般需要介绍自己的________、________、________。
4. 服务顾问在向顾客打招呼和问候时的鞠躬礼,一般称作________。
5. 服务顾问的________,主要是指其身体所呈现的各种姿势,包括举止动作、神态表情等。

(二)判断题

1. 与顾客握手时，如果右手较脏，可以使用左手握手。 ( )

2. 男士工作西服纽扣一般是两个，只需要扣下面一个。 ( )

3. 坐姿的一般规范是：入座要轻，坐满椅子的2/3，后背可轻靠椅背，双膝自然并拢(男士可略分开)。 ( )

4. 业务接待的接听电话时，电话铃声响起一声接起最佳。 ( )

5. 业务接待应穿深色皮鞋，且保持皮鞋干净、光亮，男士需注意皮鞋和鞋带颜色协调，应搭配白色的袜子。 ( )

6. 给顾客发邮件不需要写主题。 ( )

7. 结束通话时，需等长辈、顾客、领导先挂电话或者来电者先挂。 ( )

8. 微笑的一般动作标准是：面容祥和、双眼明亮并略眯、眉毛上扬、嘴角微微上翘，露出上齿的6或8颗牙齿。 ( )

9. 引导应该使用手掌，五指并拢，掌心向上，不能用手指来指引，尤其用手指指向人的行为非常不礼貌。 ( )

10. 引导顾客乘坐电梯时，服务顾问应请顾客先进入电梯，到达时，业务接待需按住“开门”按钮，让顾客先走出电梯。 ( )

(三)简答题

1. 简述服务顾问的仪容要求。

2. 简述拨打顾客电话时的注意事项。

3. 简述服务顾问向顾客递送饮料时的注意事项。

4. 简述服务顾问与顾客初次见面时要注意哪些礼仪。

模块三　汽车维修业务接待标准流程

学习目标

1. 能按照流程系统规范地完成汽车维修业务接待；
2. 能规范地为客户提供汽车售后服务，提升品牌形象。

建议课时

24 课时。

汽车维修业务接待是一项相对复杂且专业的服务工作，要对此服务进行现代化管理，首先就要使服务流程标准化。制定和遵循标准化服务流程，能很好地解决因企业管理程序和工作方法因人而异、共识不足、沟通缺乏所产生的工作环节不能很好衔接的问题，提升工作效率。同时，有了标准和规范，就能有效地对服务质量和维修质量进行检查和评估，促进服务质量不断提高。流程是经验的总结，在保证了服务质量稳定和服务工作高效的同时，还避免了人才流动造成的技术、经验流失，并能时刻指引服务顾问的工作和培训新人。因此，各汽车品牌都为自己制订了独具特色的标准化维修服务流程。

此外，服务流程也是售后服务品牌形象的一部分，统一的流程能帮助品牌树立良好的形象。售后服务流程的设计，充分考虑了客户对售后维修质量和服务质量的要求和期望，力求最大限度地满足客户的要求和期望，从而获得较高的客户满意度。不同品牌的服务流程虽然不尽相同，但核心环节都一样，即体现了“以客户为中心”的服务理念。本模块以某品牌经销商售后服务“八步服务”流程预约服务、客户接待和预检诊断、维修确认、维修作业、质量检验、交车准备、结算交付、跟踪回访为例进行讲述。

一、预约服务

客户在进店维修车辆之前，有时会主动向服务顾问打电话，初步了解有关业务实情，例如维护咨询、配件查询、费用及时间了解等项目的基本情况。预约客户是指通过电话或网络等渠道进行服务预约的客户。服务顾问要利用每一次与客户沟通的机会，以专业、热情、耐心的态度应对处理，从而实现客户服务成功的第一步。

（一）预约服务的重要性

预约服务是汽车维修服务发展的一大趋势，近年来已经在各品牌售后服务中积极推广。

对汽车维修企业来讲,预约服务一方面可让自身的生产资源如工具、人员、配件、工位等得以高效利用,降低成本,提高工作效率和设备利用率;另一方面,也可以有效地分流客户,削峰填谷,提高工作效率及服务产能,减少客户对等待维修时间的抱怨,避免出现服务瓶颈,从而提高客户满意度。而对客户来讲,预约服务不仅可以节省自己进店等待的时间,也会因为与维修企业经过事先沟通,使维修企业可以提前做好准备而降低突发状况发生的概率,保障维修服务质量,甚至享受维修服务工时折扣等优惠。

(二)预约服务的形式

预约服务的渠道有多种,如打电话发短信,或者邮件、QQ、微信等网上在线预约方式及现场预约等,但在实际操作过程中运用最多的还是电话预约。

电话预约可以分为主动预约和被动预约。主动预约,即服务顾问主动给客户打电话,提醒客户来店维护车辆。根据企业系统里掌握的客户信息,主动预约近期内需要维护的客户、来店维修缺件待料的客户、存在疑难故障,需要进一步观察再进行维修的客户。被动预约,是指由客户在驾驶过程中感觉车辆有问题,或者客户有较高的用车意识,能够按照《维护手册》的要求主动向汽车维修企业进行预约,或者需要进行紧急救援等。

(三)预约服务流程

主动预约和被动预约的服务流程分别如图 3-1、图 3-2 所示。

(四)执行方法

电话预约的主要流程分为预约前准备、预约客户、填写预约文件、预约作业安排、预约作业确认五个要点。

1. 预约前准备

(1)心理准备。

为带给客户良好的服务体验,服务顾问应在给客户拨打电话前,请调整好自己的工作状态,让自己保持轻松愉快的心情,由此带来的微笑表情是可以被客户“听见”的。

(2)客户资料准备。

服务顾问需通过维修系统熟悉客户及车辆信息,包括客户姓名、性别、爱好、联系方式、车牌号、车型、车龄、行驶里程以及以往维修和维护历史等。

(3)维修车间生产情况等信息资料准备。

服务顾问只有在对工位、技师、专用工具、配件等维修车间生产状况比较清楚的情况下,才能确保为客户提供恰当的预约选择。

(4)工作用具准备。

工作用具包括电话、笔、记录本、预约登记表等。

2. 预约客户

电话接通后,服务顾问应按电话礼仪向客户问候并介绍自己,同时确认客户信息。然后向客户说明来电目的,并征询客户是否方便接听电话。话语使用应当规范,如:“您好！我是××4S 店服务接待××,请问您是车牌号为××. ×××××的车主张先生吗?”“请问我可以就××问题打扰您5min时间吗？”等。如果客户方便接听电话，服务顾问应先核实车辆信息及车辆目前的行驶里程，确认客户维修需求，并据此给客户提出维修建议并估时估价，再与客户协商合适的进店时间，最后向客户复述预约内容，并告知客户相关注意事项。

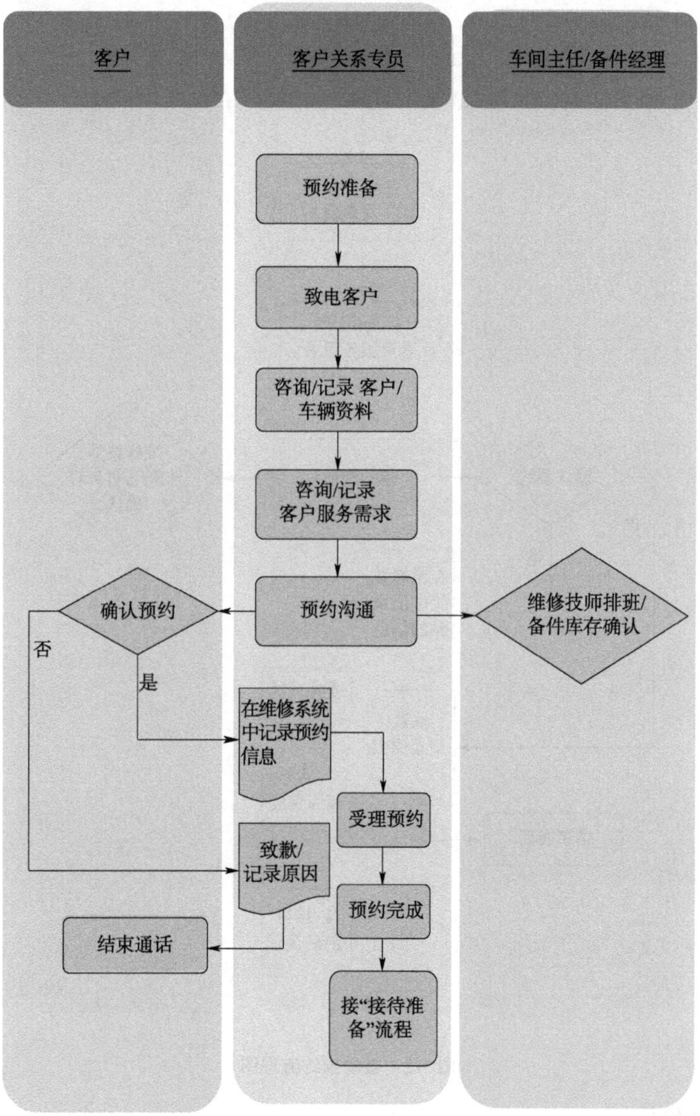

图3-1　主动预约流程图

3. 填写预约文件

与客户确定预约项目和时间后，服务顾问应及时将预约信息记录在经销商数据库系统里。

4. 预约作业安排

电话预约完成后，服务顾问需将预约信息以联络单等形式交与配件库管员及车间主管确认，以便配件库备件和车间安排预留维修工位及维修技师。确认完毕后，服务顾问应在维修车辆预约欢迎看板上，登记车牌及预约来店时间等信息。

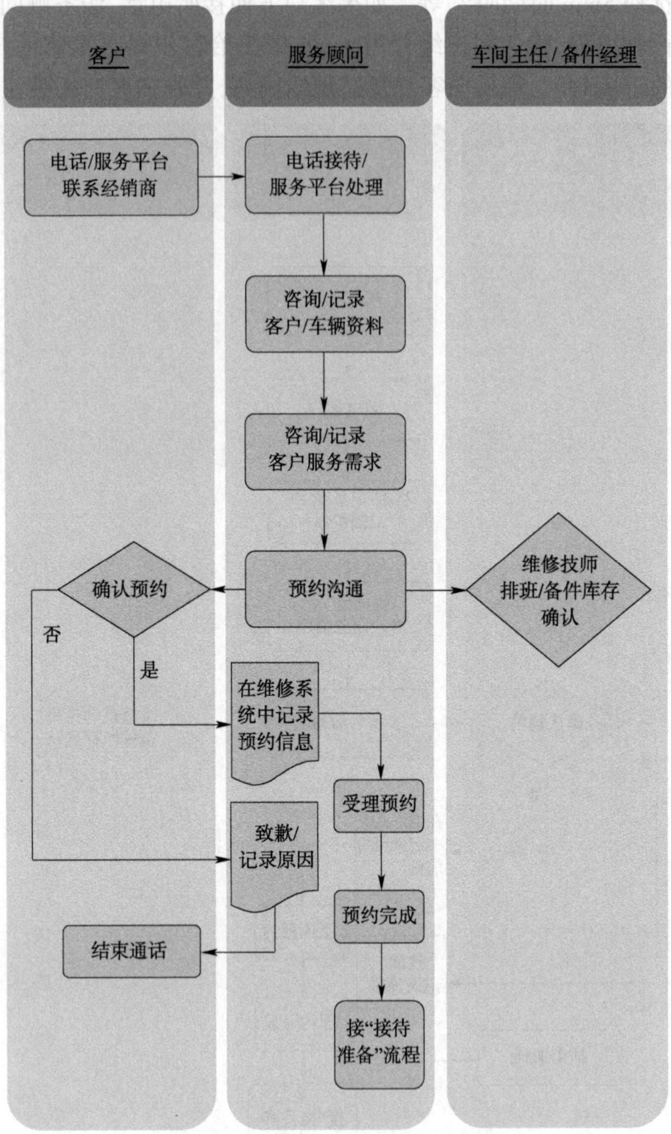

图 3-2　被动预约流程图

5. 预约作业确认

为确保预约成功，在客户约定来店时间的前一天，服务顾问可以通过短信等方式按照预登记表上的信息与客户确认预约状况。客户不能按时到店需做登记、预约更改的也需及时进行调整。

约定来店时间前一小时，服务顾问通过电话与客户再次确认，提醒客户准点到达以及要携带的相关资料，并做好迎接客户的准备。

(五)预约注意事项

(1)预约时间前后各保留 15min，过时预约应取消。

(2)预约服务应提前1个工作日进行,维修预约等待时间不超过3个工作日。

(3)服务顾问应提前1个工作日短信提醒预约客户,提前1小时电话提醒预约客户。

(4)设置预约欢迎看板,以便直观地方式管理预约,同时也达到积极宣传预约的目的。

二、客户接待和预检诊断

客户接待是服务顾问与客户接触“关键瞬间”的开始,也是服务顾问工作的核心任务。快速、热情、友好、专业的接待能力体现了服务顾问对客户的尊重和关心,能给客户留下深刻的印象,赢得客户的信任。当服务顾问对客户的车辆进行问诊与预检时,优秀的接待能力可促使服务顾问更好地获取客户车辆的信息,与客户建立良好的互动关系,为正确制定维修方案奠定基础,从而提升客户的满意度。客户接待的标准流程如图3-3所示。

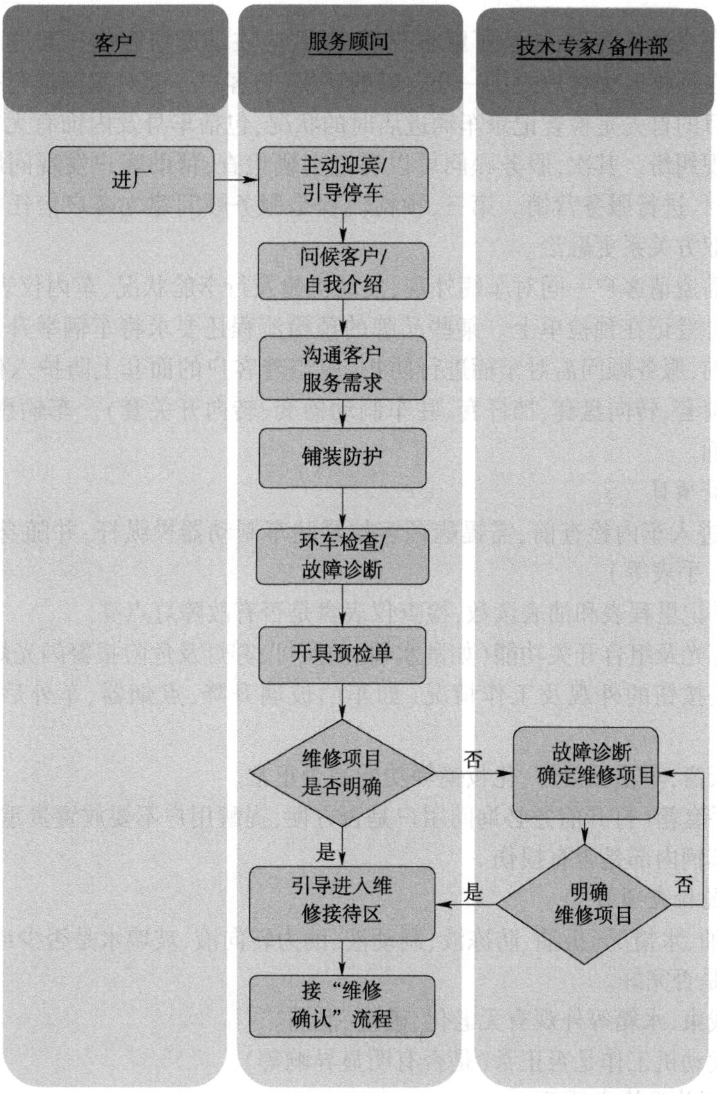

图3-3　客户接待流程

(一)接待客户

对客户的接待始于客户进门的瞬间,当客户达到接待区,服务顾问应在一分钟内接待客户,引导客户停车并主动迎接客户下车。如果是预约客户,应由预约的服务顾问亲自在预约到达时间准时迎接,并提前准备好工单等资料。对于普通客户,服务顾问应在致以问候后,将自己介绍给客户,并获取客户信息。所有服务顾问都应及时、主动、热情地向客户打招呼,微笑服务。同时,服务顾问要认真了解客户的需求及来店的目的。如果需要对客户进行服务,要明确服务的类型。如果客户来店是其他目的,服务顾问应尽可能提供相应的帮助。此外,服务顾问在服务过程中要特别注意服务礼仪及服务技巧。

(二)车辆预检

服务顾问完成迎接客户,初步了解客户需求后,应主动邀请客户一起进行车辆预检。在预检区为客户提供一个友好的环境,与客户一起对车辆进行彻底、系统的检查。车辆预检目的首先是检查记录车辆进店时的状况,包括车身及内饰有无损坏等,防止在服务过程中出现纠纷。其次,服务顾问可以通过车辆检查,帮助客户发现问题,确认需要维修及维护的项目,进行服务营销。第三,预检流程是服务顾问建立客户信任的开始,优秀的预检工作会使双方关系更融洽。

服务顾问需邀请客户一同对车辆外观、发动机舱及行李舱状况、车内仪表、开关、内饰等进行检查确认并登记在预检单上。某些品牌的预检流程还要求将车辆举升进行底盘预检。进行车辆预检前,服务顾问需对车辆进行防护,应当着客户的面套上防护六件套(正副驾驶位置脚垫及座椅套、转向盘套、挡杆套、驻车制动器套、转向开关套)。车辆预检的具体项目包括以下六方面。

1. 车内检查项目

服务顾问进入车内检查前,需提醒顾客拉紧驻车制动器操纵杆,并随身携带贵重物品(如手机、现金、手表等)。

(1)检查登记里程表和油表读数,检查仪表盘是否有故障灯点亮。

(2)检查灯光及组合开关功能(如刮水器、前照灯、雾灯及危险报警闪光灯等)。

(3)各开关按钮的外观及工作情况(如车门玻璃升降、点烟器、车外后视镜调解检查等)。

(4)检查天窗,车顶阅读灯、化妆镜等功能是否正常。

(5)检查手套箱(打开前务必询问用户是否方便,提醒用户不要放置贵重物品)。

(6)检查车辆内部是否有损伤。

2. 发动机舱检查项目

(1) 检查油、水情况(机油、防冻液、制动液、助力转向液、玻璃水是否少或脏),检查插头卡扣及固定胶是否完好。

(2)检查线束、水箱等外观有无老化、破损、泄漏。

(3)检查发动机工作是否正常(是否有明显异响等)。

3. 车辆右侧外观检查项目

(1)检查车辆右侧外表油漆有无损伤。

(2)检查四个车轮(轮毂、轮胎、气嘴等)是否完好。

(3)检查各灯罩、车窗玻璃是否完好。

(4)检查右侧车顶及天线是否完好。

4. 行李舱检查项目

(1)打开行李舱前务必询问用户是否方便打开,并提醒用户不要放置贵重物品。

(2)检查随车工具是否齐全,提醒客户应配置灭火器及急救包。

(3)检查三角警示牌等物品是否齐全。

(4)检查备胎是否正常。

5. 车辆左侧外观检查项目

(1)检查车辆左侧外表油漆有无损伤。

(2)四个车轮(轮毂、轮胎、气嘴等)是否完好。

(3)检查各灯罩、车窗玻璃是否完好。

(4)检查左侧车顶及天线是否完好。

6. 上举升机检查项目

(1)检查各球头、轮胎及制动是否功能完好,底盘是否有泄漏或刮伤。

(2)检查四个减振器及缓冲胶是否功能完好。

最后,服务顾问还要征询用户有无其他要求,做好记录,并请客户签字确认。当然,不同品牌车辆的检查项目会有一些不同,但是执行流程时均要注意:为了体现服务工作的专业和高效,所有预检项目需在环车一周内完成。在预检过程中服务顾问要与客户保持交流,向客户告知检查结果,并及时记录。如客户有异议,服务顾问需要将客户的异议及时、准确地记录在检查表中。在上述内容均检查完毕后,填写售后预检单。某品牌的售后预检单如图 3-4 所示。

(三)车辆问诊

服务顾问通常是根据客户报修的内容填写派工单,而维修技师则按照工单的描述进行维修操作,如果服务顾问没有问询清楚客户的真正需求,或者没有听明白客户对车辆故障的描述,将造成很大的麻烦,同时也会引起客户的不满。因此,服务顾问需要倾听客户诉愿,清楚理解顾客需求。对故障车辆,服务顾问还需要通过有针对性地提问确认客户车辆故障内容,并进行清晰、有效的记录。

车辆问诊不仅能明确客户需求或车辆故障现象,也有利于派工、维修和质检,还能初步判断车辆是否属于返修、保修等,以便做好相关处理工作。所以,车辆问诊是接待流程中非常重要的环节。在问诊环节,服务顾问要注意倾听客户描述,运用提问技巧和专业知识帮助客户确认故障描述。对故障的判断,服务顾问切不可轻易下结论,在问题没有找准之前,不可轻易承诺客户。

服务顾问可使用“5W2H”问诊技巧:When(时间)、Where(地点)、Who(人员)、Why(原因)、What(情况)、How(怎么处理)、How Much(多少费用)进行车辆问诊。

1. When(时间):询问客户是在什么时间发现的问题/故障

例如:您是什么时候发现这种现象的?(开放式提问)“是驻车的时候,还是起步的时候发现的?”(封闭式提问)“您说的问题持续多长时间了?”(封闭式提问)

东风雪铁龙　　CITROËN

预检单

报修人:	联系电话:	报修日期:
牌照号:	行驶里程:	VIN号:

客户需求描述

....

....

....

外观/内饰/附件检查

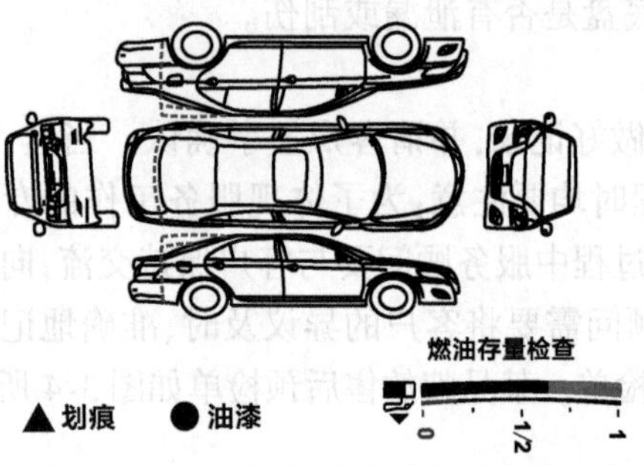

灯光 □	机油 □	空调 □
刮水器 □	冷却液 □	音响 □
玻璃 □	制动液 □	天窗 □
轮胎 □	转向液 □	电动窗 □
备胎 □	玻璃清洗液 □	电动后视镜 □
电瓶 □	随车工具包 □	仪表指示灯 □

好：√　有故障，需维修：○

维修项目费用/时间预估

维修项目		预估费用	
预估合计金额		预估交车时间	
建议维修项目			

温馨提醒

①现金及贵重物品请随身携带，本店不负责保管；
②此单所含维修费用、时间预估不做结算依据，最终结算以《结算单》为准；
③检查出故障在本店维修则检查费包含在维修费内，如不在本店维修，请支付检查费______________元

客户联

客户签名：　　　　　　服务顾问签名：

图3-4　某品牌售后预检单

2. Where(地点)：询问客户问题/故障是在哪里发生的

例如：请问您说的问题是在什么路况发生的？(开放式提问)“这种情况是上坡，还是下坡，还是坑洼地带呢？”(封闭式提问)

3. Who(人员)：询问驾驶员以及发现人是谁

例如：这个问题是您发现的吗？(封闭式提问)“平时这车都是谁来开呢？”(开放式提问)

4. Why(原因)：询问问题或故障具体的描述

例如：您能给我描述下故障具体的表现吗？(开放式提问)“您说的这种声音是嘟嘟嘟？还是咚咚咚的声音？”(封闭式提问)“这种故障具体的位置是哪里呢？”(开放式提问)

5. What(情况)：询问车辆问题或故障产生外因

例如：出现故障时，车辆行驶时速多少？(封闭式提问)“当时有没有开空调呢？”(封闭式提问)“您对其他车辆有过了解吗？”(封闭式提问)

6. How(处理)：告知如何处理，解决此问题

例如：我们会先检查一下火花塞、高压导线和点火线圈的工作状况，检查火花塞是否积炭过多，再来考虑更换火花塞。

7. How Much(费用)：告知解决问题所需花费

例如：本次维修费用，材料费1200元，工时费460元，合计1660元。

为了高效、准确地确认故障现象，并帮助自己作出初步判断，针对不同的报修问题，服务顾问应有不同的基本问诊表达。下面是一个关于车辆异响问题的简单问诊样例：

客户：“我车子有点响，请帮我仔细检查下吧。”

服务顾问：“张先生，为了能帮您更快更准确地检查和修复故障，您能向我详细描述一下车辆异响的具体情况吗？”

客户：“哦，以前没有太注意，最近就感觉底盘有点响了，声音不大，‘吱吱吱’的。”

服务顾问：“您能听出声音大概在哪个位置吗？”

客户：“好像是后面吧。”

服务顾问：“响声随时都能听到呢，还是偶尔能听到？”

客户：“一上路就有！”

服务顾问：“哦，有没有注意响声的频率会随车速发生变化呢？”

客户：“好像听不出来。”

服务顾问：“响声从什么时候开始出现的呢？”

客户：“前几天出去玩了，回来上班后就听到了。”

服务顾问：“那几天车辆在行驶路途中有没有遇到什么特殊情况呢？”

客户：“没有！”

服务顾问：“好的，谢谢您！张先生，您说的情况我都已经记下了，我们的维修技师会根据您反映的问题为您的车辆做进一步检查。”

三、维修确认

在车辆预检结束后，服务顾问应将所做服务项目的费用逐项向客户解释清楚并告知客户维修所需时间，展现出服务顾问专业、诚信、负责的态度，同时履行对客户的承诺，培养客

户对企业的信赖感。此时,服务顾问应对客户做一些提前告知,如"维修技师会对车辆进行更进一步的检查,若有增加项目我们会及时通知您",为后续流程的顺利执行奠定基础。

当环车预检结束后,服务顾问需引导客户进入接待前台,对车辆预检情况进行总结,并根据自己的专业知识向客户提出合理的维修项目,向客户解释委托维修条例,估算修理工时费、材料费及其他费用,并告知客户预计完工时间等。待客户确认后,服务顾问便可打印维修合同,并与客户分别在维修合同上签字。维修确认流程如图3-5所示。

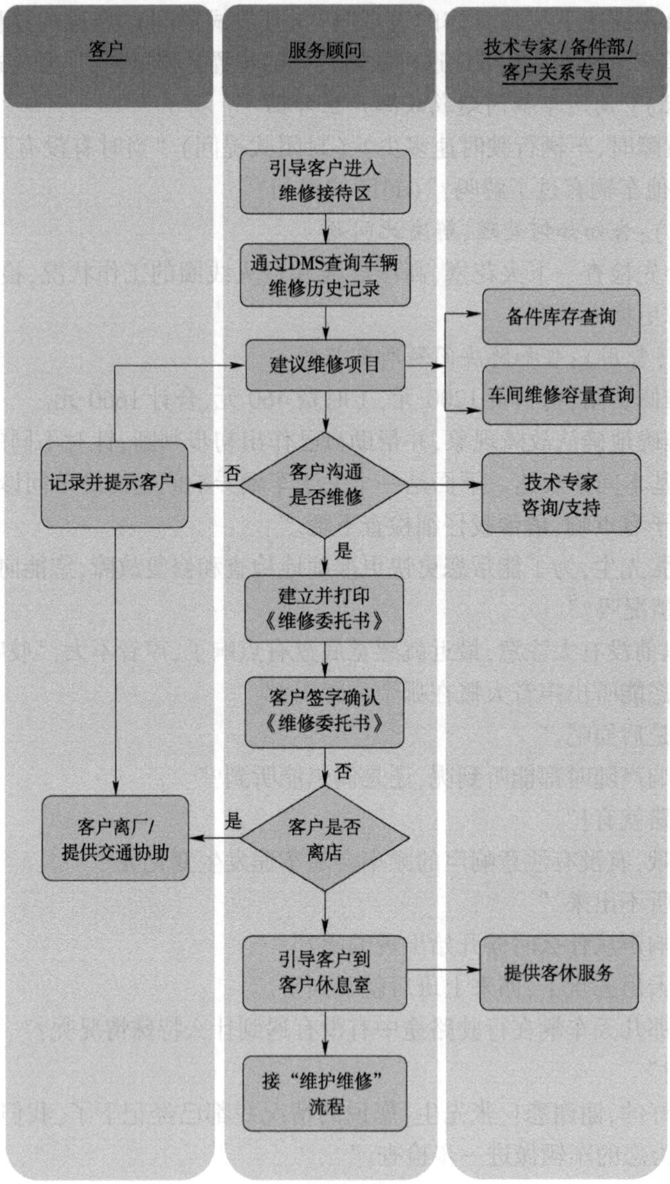

图3-5 维修确认流程

(一)维修确认执行内容

(1)引导客户到售后前台入座。

(2)打开维修系统,查询客户资料,若资料不齐全则需修改完善。

(3)根据预检记录及客户描述录入维修信息。

(4)主动向用户解释维修及维护所做的项目,包括维修方案、更换配件和检查项目等。尤其是维护或检查套餐,则需要服务顾问将其中详细内容作出情况介绍,并确保客户能够理解。

(5)透过明示的价目表,向客户解释维修费用的构成,包括工时费、备件费等,进而有效地避免客户可能产生的一些疑惑。

(6)根据预检中新发现的问题,向客户提出维修建议,并需提供维修方案以及费用和时间的预估,征询客户意见,确定是否进行修理。如客户不同意维修某些项目,应将这些维修项目作为维修建议记录到系统中;如客户同意维修,应再与客户确认项目及费用后将相关信息录入系统。

(7)为客户预估车辆交付时间。

(8)征询客户对其车上更换下来旧件的处理意见,并在维修合同上注明。

(9)就车辆维修完毕后是否需要清洗征询客户意见,并在维修合同上注明。

(10)服务顾问要询问客户付款方式,客户可能选择的付款方式有现金、刷卡、微信支付、支付宝支付、支票、汇款等。如果客户不采用现金支付,服务顾问要告知客户公司有关付款方式的规定,以免作业完成后由于付款方式的问题产生争议。

(11)打印维修合同,请客户确认内容并双方签字。

(12)将维修合同之用户联交给客户,提醒客户该单为取车凭据,要妥善保存。

(13)合同签订后,客户若要离开,需送客户离店,并留给客户能够随时联络到的联系方式,在客户离开后应随时与其保持联系。若客户在店等待,服务顾问应陪同客户到休息室休息,并向客户介绍休息室功能。

某品牌的售后维修委托书如图 3-6 所示。

(二)维修委托书填写

在填写售后维修委托书时,应注意如下几点:

(1)维修委托书应在维修确认环节填写,填写维修委托书相当于与客户签订了一份维修协议。

(2)正面的内容通过经销商管理系统(DMS)维修委托书打印模块打印出来。

(3)车间联背面要体现维修过程的三级质检,并由相关人员签字确认。

(4)维修委托书客户及车辆主要内容由客户档案信息带出。

(5)服务顾问根据预检单的客户需求或检查结果,在 DMS 中制作维修项目。

(6)所有车辆进店均须通过 DMS 中查询客户车辆的维修历史及预防行动,并以此为依据,完善此次维修内容,如涉及三包责任故障或重复维修应提前让技术专家介入。

(7)如果开具维修委托书后,如有新增维修项目,且项目不多,可直接在委托书上手工填写,无须重新打印。

(8)新增项目必须要求客户认可,并添加到 DMS 中。

(9)服务顾问应将进货渠道告诉客户,若涉及非原厂件,应向客户说明可能遇到的问题。

东风雪铁龙　　CITROËN

维修委托书

网点编码：　　　　网点名称：

车主		联系地址		报修人	
联系电话				报修人电话	
委托书号	购车日期	车牌号	车型	颜色	
VIN号	发动机号	行驶里程	送修时间	预计交车时间	

维修内容	工时	单价	工时费	维修项目类型	备注

备件编码	备件名称	数量	单价	备件费	进货渠道	备注

新增维修项目	
服务顾问签名：	客户签名：

客户意见	维修费用预估		友情提示：
本次维修的旧件您希望：带走 □　不带走 □		工时费	在本次维修中，如报修人认可承修方使用非东风雪铁龙原厂备件，则使用非东风雪铁龙原厂备件产生的质量问题（包括非原厂备件本身质量问题/或因非原厂备件造成的相关零件质量问题），东风雪铁龙对此不承担质量担保责任。
您的车辆是否需要清洗：清洗 □　不清洗 □		备件费	
您希望的回访时间/电话：		其他	
		总计	签字表示：同意________

本单据一式三份，客户、财务、车间各执一份。维修前请客户仔细阅读维修须知（见客户联背面），双方签字后，维修委托书上所记录的内容均要被遵守。

编号：BD-006-31/17/03

第一联　客户联

服务顾问签名：　　　　客户签名：

东风雪铁龙客户服务热线：400-886-6688

图 3-6　某品牌的售后维修委托书

四、维修作业

维修服务是指以生产作业的派工为依据，合理组织企业的日常生产活动。等客户签字确认维修委托书后,服务顾问应将维修委托书交给维修车间。车间维修技师根据维修委托书(或称维修派工单)的要求,正确使用工具和维修资料,对所有车辆机械装置和车身各部件执行高质量的维修和维护,使车辆恢复出厂时的参数,达到质量要求,确保客户满意。要想使客户对维修服务满意,不仅要保证服务质量,更要保证维修质量。在汽车的维修及维护过程中,有时还会发现新的维修项目,这就是服务顾问常说的增项处理。增项处理考验汽车售后服务顾问对车间和客户之间的协调能力。在维修作业时,服务顾问要随时注意维修进度和客户需求,适时进行服务产品销售。处理好维修增项,有助于满足客户需求,同时提高企业运营效率。

车辆维修及维护工作由维修技师来完成,但并不意味着服务顾问在这个阶段就没有任务了。在此环节,服务顾问要准确地掌握维修作业状态,对维修进度进行监控。维修作业的具体工作流程如图 3-7 所示。

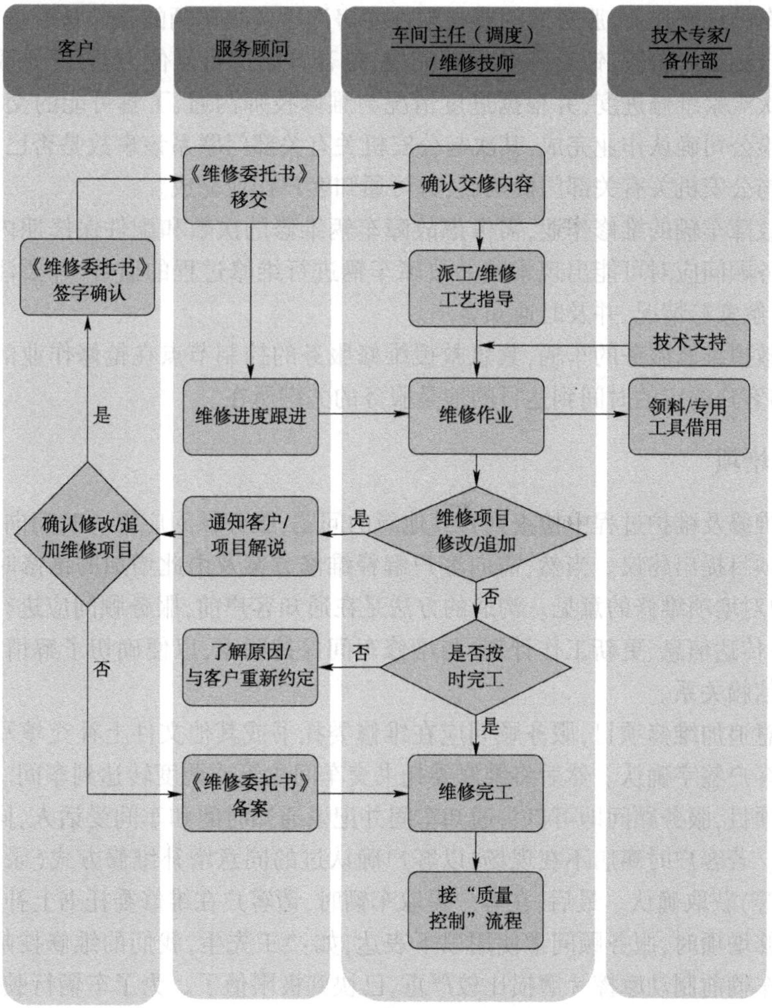

图 3-7　维修作业流程图

(一)维修进度监控

车辆进入车间维修或维护后,服务顾问应定时关注维修或维护进度和有无异常情况。

如有异常情况，服务顾问应立即采取应急措施，尽可能不拖延工期。在维修及维护过程管理中，应有专人负责及时更新放置在客户休息区及售后接待前台电子维修进度管理看板。服务顾问应使用对讲机等有效的通信手段随时掌握车间的维修动态。若因特殊原因不能按约定时间交车，应及时向客户解释并取得客户的谅解。

某品牌售后定期维护单如图3-8所示。

针对车辆日常维修及维护作业，通常应在作业时间的2/3处关注进展情况。同时，服务顾问应每隔一小时(视维修及维护内容而定)向客户通报一次维修进度。客户车辆在维修过程中，服务顾问要对客户进行过程关怀，告知客户车辆目前的维修进度、维修状况，可以采用以下表达："××先生/女士，您在这里休息的好吗？您的车辆维修时间都正常，预计可准时完成，请您稍等。"

对于事故车的维修作业，服务顾问要与配件库房沟通事故车辆的备件是否均已到位，关注维修过程进行到哪一阶段，钣金作业是否完成，是否开始进行复位，是否开始喷涂等。每日应不少于4次观察维修进度，并根据进度情况与维修技师沟通、了解可能的交工时间；完工后首先与保险公司确认作业完成，其次与公安机关有关部门联系该事故是否已经结案，最后经保险公司与公安机关有关部门确认后，方可通知客户作业完成。

对于品牌故障车辆的维修作业，需考虑故障车辆维修的次数和配件保修期内索赔件的鉴定情况。服务顾问应对可能出现索赔的故障车辆进行维修过程的监督，并要注意与索赔员保持沟通，了解索赔情况，并及时通知客户。

对于紧急救援维修服务的车辆，紧急救援维修服务的控制节点在抢修作业的前期安排上，能否按照与客户约定的时间到达目的地是服务的关键所在。

(二)维修增项

若车辆在维修及维护过程中检查到有其他新的问题，服务顾问应第一时间向客户通报，并就增加维修项目提出建议。当然，需向客户解释维修方案及由此增加的维修时间和维修费用，征求客户对增项维修的意见。沟通的方法是在通知客户前，服务顾问应进行充分的准备，包括向客户传达信息、更新工作计划、与维修车间保持联系，以便确切了解情况，从而与客户建立一种信赖关系。

若客户同意追加维修项目，服务顾问应在维修委托书或其他文件上补充填写追加维修项目内容并交客户签字确认。然后将维修委托书交车间主管或调度转达到车间。如客户不同意追加维修项目，服务顾问即可口头通知车间并记录通知时间和车间受话人，同时将客户意见记录备查。若客户时离店不在现场，以客户确认过的同意增补维修方式(录音电话、短信、传真、邮件等)获取确认。最后，在客户提取车辆时，请客户在维修委托书上补充签字。

在处理维修增项时，服务顾问常使用以下表达，如："王先生，我们的维修技师在维修过程中发现您的车辆前制动摩擦片磨损比较严重，已快到极限值了。为了车辆行驶的安全，建议您更换。另外，交车时间要比我们之前预计的交车时间延长30min，我们会抓紧时间尽快完成车辆的维修工作。如果没有其他问题的话，请您在这里签字确认。""没关系，您这次不同意更换，那麻烦您在这里签字。不过，为了保证车辆的安全性和耐用性，我们建议您尽快更换。"

东风雪铁龙

首次维护 / 定期维护表

□ 首次维护　□ A 类定期维护　□ B 类定期维护

车牌号：　　　　里程：

服务顾问签字：________　维修技师签字：________　日期：________

操作

首保	A保	B保	车辆底部操作	操作	核查
			更换		
○	○	○	发动机机油	□	□
○	○	○	机油滤清器	□	□
		○	汽油滤清器	□	□
			检查		
○	○	○	发动机、变速器有无渗漏	□	□
○	○	○	管路和壳体的密封及状况	□	□
○	○	○	转向机构和传动轴防尘套的密封及状况	□	□
○	○	○	三角臂和连接杆球头的密封及状况	□	□
○	○	○	前后减震器的状况	□	□
○	○	○	排气管和车身底部	□	□

首保	A保	B保	发动机罩下操作		操作	核查
			更换			
		○	空气滤清器滤芯		□	□
		○	火花塞（CNGES9A 车型除外）		□	□
		○	制动液		□	□
		○	冷却液		□	□
			检查液面或添加		添加	
○	○		冷却液面（包括检查冰点）	□上限　□中间　□下限	□	
○	○		制动液面（包括检查含水率）	□上限　□中间　□下限	□	
○	○	○	助力液面（依车型而定）	□上限　□中间　□下限	□	
			检查			
○	○	○	蓄电池电压______V		□	□
○	○	○	蓄电池健康状况______%		□	□
○	○	○	风窗洗涤机构和液面		□	□
		○	附件皮带张力和状况		□	□
		○	气门间隙（依车型而定）		□	□
			清洁			
○	○		空气滤清器滤芯		□	□
○	○		座舱空气过滤器		□	□
○	○	○	检查节气门，必要时清洁		□	□
○	○		油箱炭罐灰尘滤清器		□	□

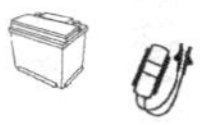

注：操作或检查后，在相应图标下的方框内打“×”表示确认。
* 对于出租汽车等在苛刻条件下运行的车辆，首次保养 / 定期保养在 5000 km 或 3 个月（以先达到者为限）后进行。
· 首次维护：新车行驶 7500 km 或 6 个月（以先达到者为限）执行的操作。
· A 类定期维护：首次保养后，车辆每行驶 7500 km 或 6 个月（以先达到者为限）执行的操作。
· B 类定期维护：车辆每行驶 30000 km 或 24 个月（以先达到者为限）执行的操作。

2017 年 12 月

首保	A保	B保	车辆内部操作		操作	核查
			检查			
○	○	○	各种灯光和喇叭、刮水器		□	□
○	○	○	离合器踏板行程		□	□
○	○	○	驻车制动状况		□	□
○	○	○	自诊断内存		□	□
○	○	○	维护指示器复位		□	□
			车辆外部操作			
			检查			
	○	○	前制动盘厚度	左　mm / 右　mm	□	□
	○	○	后制动盘厚度	左　mm / 右　mm	□	□
	○	○	前制动片厚度	□红　□黄　□绿	□	□
	○	○	后制动片厚度	□红　□黄　□绿	□	□
		○	后制动摩擦片磨损，包括制动鼓的检查（依车型而定）		□	□
			拆下车轮检查	制动蹄 左　mm / 右　mm 制动鼓 左　mm / 右　mm		
○	○	○	前轮胎气压	左　bar/ 右　bar/ 备胎　bar	□	□
○	○	○	后轮胎气压	左　bar/ 右　bar/ 备胎　bar	□	□
○	○	○	胎压监控系统标定（依车型而定）		□	□
	○	○	前胎磨损状况	左　mm / 右　mm	□	□
	○	○	后胎磨损状况	左　mm / 右　mm	□	□
○	○	○	整车目视检查		□	□
○	○	○	排放检查		□	□
○	○	○	使用燃油添加剂（仅自然吸气发动机）		□	□
			车辆路试			
○	○	○	检查结果及维修建议		□	□
			其它类型操作			
		○	座舱空气过滤器	每行驶 15000 km 或 12 个月必须更换。	□	□
		○	油箱碳罐灰尘滤清器	每行驶 15000 km 或 12 个月必须更换。	□	□
			手动变速器油	每行驶 60000 km 或 48 个月必须更换。	□	□
			火花塞（ES9A 车型）	每 60000 km 或 48 个月更换。	□	□
			正时皮带	非出租汽车每行驶 90000 km或 72 个月必须更换，出租车 60000 km。（依车型而定）	□	□
			附件皮带	每行驶 90000 km或 72 个月必须更换。	□	□
			自动变速器油	恶劣条件下，每 90000 km或 72 个月必须更换。	□	□
			气囊和预紧式安全带	每行驶 120个月必须更换。	□	□
			CNG 系统			
			检查			
○	○	○	CNG 系统管路密封性		□	□
○	○	○	CNG 系统各部件紧固性		□	□
○	○	○	燃气报警系统		□	□
○	○	○	热机检查及调整：怠速检查；系统工作参数检查		□	□
			更换			
		○	火花塞	每 15000 km 或 12 个月	□	□
		○	高频电磁阀组维修包	每 30000 km 或 12 个月	□	□
		○	减压器滤网，过滤芯	每 30000 km 或 24 个月	□	□
		○	高压电磁阀修理包	每 30000 km 或 24 个月	□	□
		○	燃气报警前、后探头	每 30000 km 或 24 个月	□	□
			低压气管组件	每 60000 km 或 24 个月	□	□
			减压器修理包	每 60000 km 或 24 个月	□	□

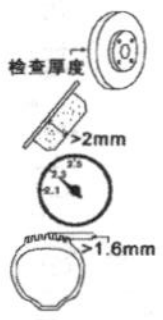

第一联 档案联

图 3-8　某品牌售后定期维护单

此外,对维修增项的处理,服务顾问要特别注意以下四点:

(1)征询客户意见时,服务顾问要有礼有节,说明追加项目时,要从技术上做好解释工作,在可能的情况下可以向客户展示故障。事关安全时要特别强调利害关系,强调在本店维修的优越性。服务顾问要冷静对待客户的抱怨,不可强求客户,应当尊重客户选择。

(2)对车辆存在安全隐患而客户不同意维修的情况,服务顾问应做好相应记录,并采取恰当的方式请客户签字确认,以免除公司对此事的责任。

(3)若客户不在店内,需用其他方式与客户沟通和确认时,对客户的意见(即修与不修)都应留下事后可以查询的记录与凭证。

(4)增项不仅包括维修检查中增加的项目,也包括顾客自己追加的项目和向顾客建议额外的项目,无论哪项,即便是属于质量担保范围的维修,都应规范地完成相应的流程和手续。

五、质量检验

服务质量是一个综合概念,由有形的维修车辆产品质量、服务设备设施质量、服务环境质量和无形的劳务质量四部分组成。维修车辆产品质量在服务质量构成中处于基础地位,这是由它们的基本职能所决定的,客户到店的主要目的是为了对车辆进行日常维护以及故障排除,以使车辆能够很好地被使用,维修企业应满足客户对车辆性能或使用上的质量要求。

为了保障车辆维修及维护质量,车辆在车间维修及维护完成后,要经过维修技师严格的自检、班组的互检和质量检验员的终检。只有经过质量检验员的检验合格后,才是真正完成车辆维修及维护工作。当涉及转向系统、制动系统、传动系统、悬挂系统等有关行车安全的维修项目和异响类的专项维修项目时,必须交由试车员进行试车并填写试车记录。为了确保在车辆交付时兑现对客户的服务承诺,服务顾问还应该对车辆及相关事项进行严格检查,掌握车辆的详细维修及维护信息和车辆状态,确保能让客户满意。

车辆质量检验的标准流程如图3-9所示。

服务顾问对车辆竣工后的质量检验主要包括以下三个方面。

(一)对维修资料的检查

服务顾问应根据维修委托书所列的维修项目,检查是否所有的维修工作都已经按照客户的要求进行了处理,防止交车时仍存在未处理的维修项目。同时,还要检查《维修委托书》上的维修人员及检验人员签字是否齐全,检查应该更换的配件是否已确认更换,以及维修及维护结果是否已记录完整。

(二)对车辆的静态检查

在车辆静态检查中,除了对维修部位重点检查,还需对车辆外观进行环检,检查车身外观漆面并核实《预检单》列明的外观检查记录,检查是否有未洗净处,尤其检查四车门胶条处及后视镜是否吹干。对发动机舱、行李舱及车内也要进行检查,确保不出现漆面划伤、外力压陷等情况。检查中,服务顾问应特别注意检查车辆是否清洁,此外,还应检查有无客户的车内装备或物品丢失。确认里程、油量,并核实《预检单》的检查记录。仔细检查烟灰缸、脚垫已清洗干净,确认脚垫固定牢靠。服务顾问依据《维修委托书》列明的交修项目及客户特别关照事项进行最终确认,如不合格则返工。

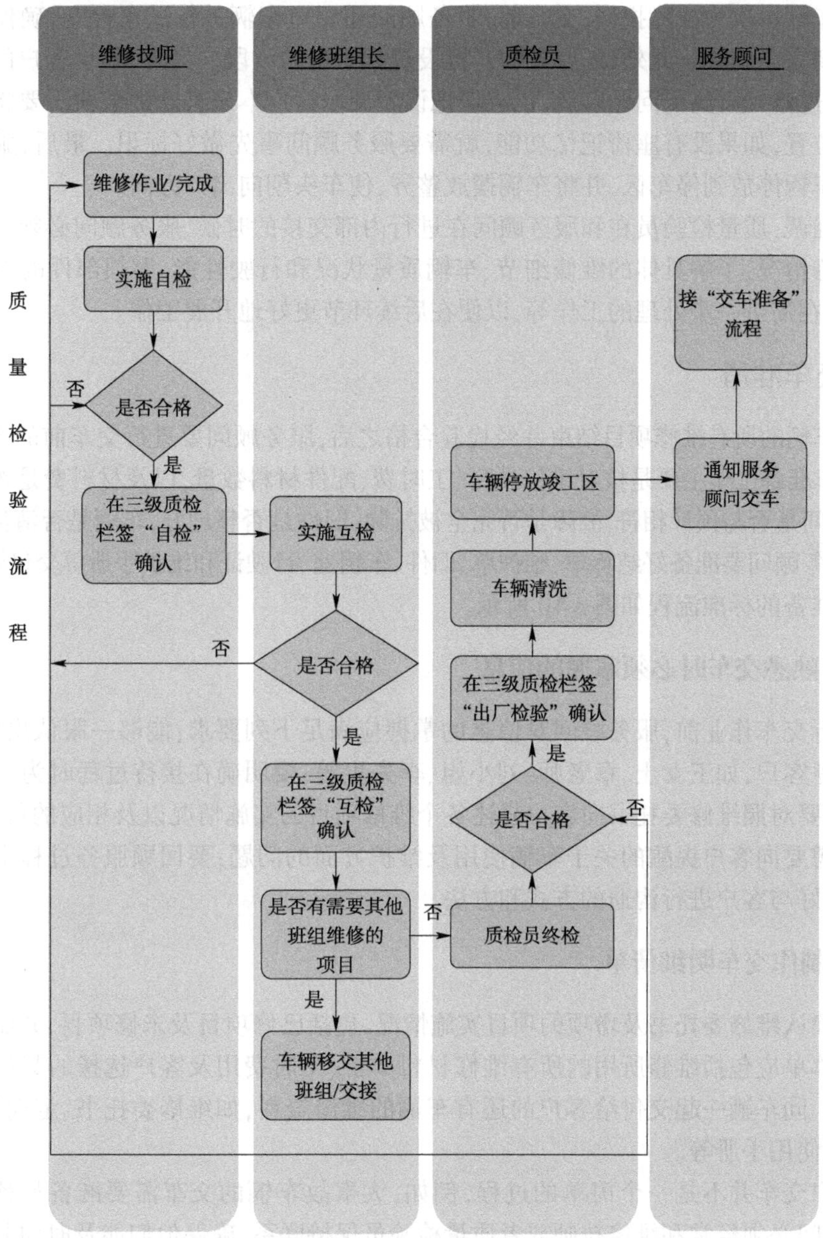

图 3-9　质量检验流程

服务顾问应将旧、废件整齐放置于旧件展示区,以便向客户展示。如有大型旧、废件应安排地点放置,并向车间主管确认存放位置,如有必要引导客户查看实物。如果客户要求保留更换旧件,服务顾问应检查确认更换下来的旧件是否已擦拭干净包装好,放置车内或指定的位置。

此外,服务顾问还要注意检查是否有维修技师将工具、零件遗留在车内。一旦有这些物品遗留,客户对维修及维护质量的信任度将大打折扣。

(三)对车辆的动态检查

如果车辆本次为故障报修,交车前,服务顾问还要对车辆进行试车检查,确保客户反映的故障得到完全解决。此外,还要把收音机设置到原来的波段。另外,如果客户的收音机有问题,而通过修理解决了问题以后,也应该把设置调回客户本来喜欢的波段。要将座位恢复到原来的位置,如果没有座椅记忆功能,就需要服务顾问事先做好标识。最后,服务顾问将清洗后的车辆停放到停车区,并将车辆摆放整齐,使车头朝向出口方向。

特别强调,质量检验员在和服务顾问在进行内部交接的时候,服务顾问必须要掌握客户车辆的维修情况,了解具体的维修细节、车辆质量状况和行驶性能、磨损部件的剩余使用寿命、是否存在需进一步处理的工作等,以便在后续环节更好地开展工作。

六、交车准备

待修车辆的所有维修项目结束并经检验合格之后,服务顾问要进行交车前的准备。服务顾问的交车准备工作主要是核对维修项目、工时费、配件材料数量,以及材料费是否与估算相符,完工时间是否与预计相符,故障是否完全被排除,旧件是否整理好,车辆是否清洁等。核对完成后,服务顾问要准备好结算单、维护单、旧件、车钥匙、行驶证和维护手册等交付资料。

交车准备的标准流程如图 3-10 所示。

(一) 熟悉交车时必须掌握的信息

在进行交车作业前,服务顾问对信息的掌握应满足下列要求:能够一眼认出客户,可以准确地称呼客户,如王女士、章老师、刘小姐、李先生等;要明确在接待过程时为客户作出的服务承诺;要对照维修委托书向客户复述各个维修项目的实施情况以及相应的价格;准备好在交车时需要向客户提醒的关于车辆使用及维护方面的问题;要回顾服务过程中有无不足之处,考虑好与客户进行沟通的方式和方法。

(二)制作交车明细清单

再次确认维修委托书及增项的项目实施情况,包括已修项目及未修项目,并制作交车结算单。结算单应包括维修所用的所有维修材料单价、工时费用及客户选择的其他关联服务所需费用。同车辆一起交付给客户的还有车辆的维修资料,如维修委托书、定期维护单、零件出库单、使用手册等。

向客户交车并不是一个简单的过程,例如,大事故车辆的交车需要准备整整一天。所以,服务顾问必须经常和维修技师或者质量检验员保持联系,确保他们能及时向服务顾问通报任何会影响维修费用或者交车时间的因素,此外在日常的客户管理记录和维修委托书上,还要记录有关变动的情况(图 3-11)。

(三)通知客户来取车

以上环节都完成后,服务顾问应亲自去客户休息区请客户前往交车。对于已离店的客户,要电话联系交车的时间。

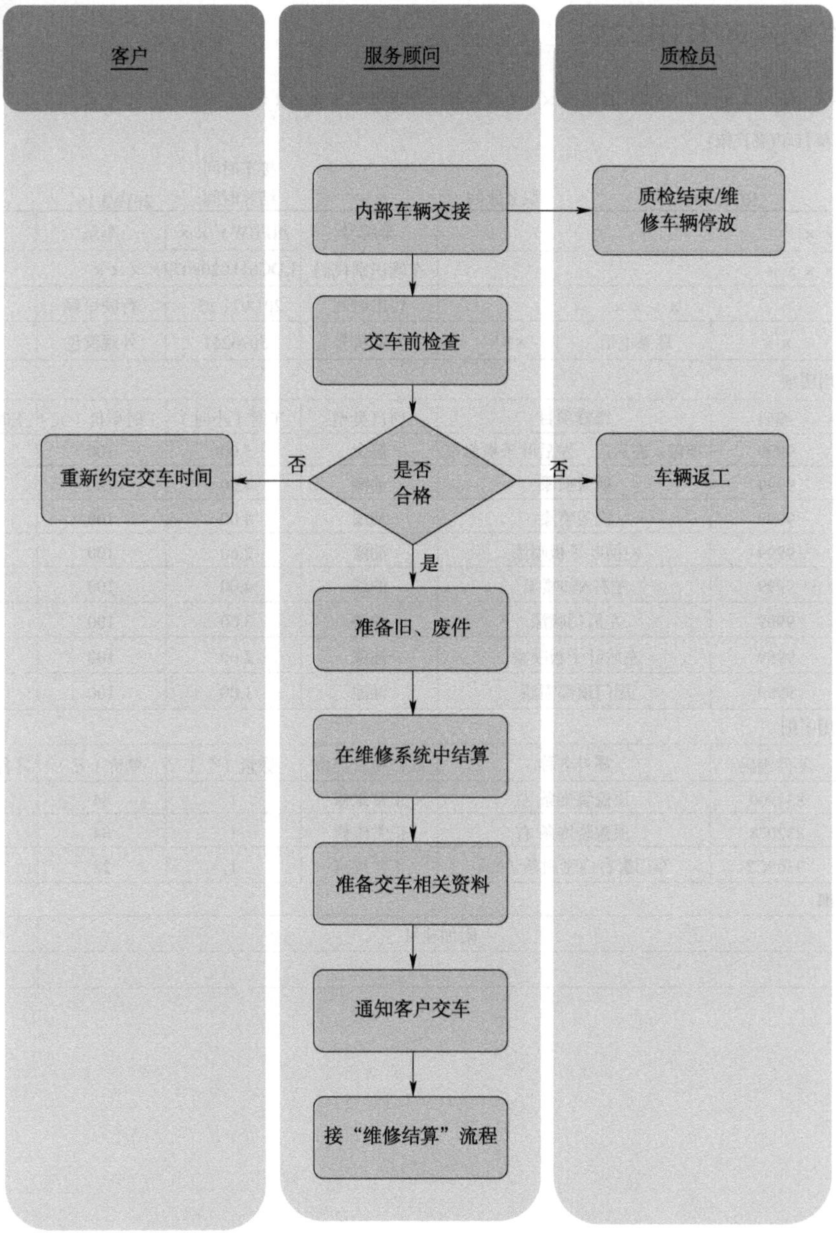

图 3-10　交车准备流程

七、结算交付

向客户交付修竣车辆和陪同客户结算是服务顾问在店为客户服务的最后一个环节，它将兑现服务顾问在接待客户时对客户关于维修质量、价格和时间的承诺，并决定客户对其所付出费用是否值得的总体评价。这是一个“用事实来说话”的时刻，服务顾问应该集中精力来提高这次与客户见面的质量，抓住最后的时间努力创造客户满意。服务顾问在整个接待过程中所表现出的专业精神，将会为维修企业赢得客户对品牌及经销商的忠诚。

德阳××××有限公司

地址：××××

电话：0838-××××××× 传真：0838-××××××× 邮编：××××××

维修结算单打印(客户帐)

NO. RO13100425 服务顾问：×× 接车时间：

结算时间：2019/3/16

客户名称	××			车牌号	川FBW×××	车系	T11
客户电话	××××			车辆识别代码	LDC611L208079××××		
地址	××××			售出时间	2018/11/15	行驶里程	55264
联系人	××	联系电话	××××	发动机号	5096261	外观颜色	珠光黑

维修项目费用明细

序号	编码	维修项目	项目类型	工时（小时）	工时单价（元）	工时费用（元）
1	9999	顶盖，左后门，左后叶子板修复	钣金	5.00	100	500
2	9999	顶盖喷漆	油漆	4.00	100	400
3	9999	机盖喷漆	油漆	4.00	100	400
4	9999	左前叶子板喷漆	油漆	2.60	100	260
5	9999	左右A轴喷漆	油漆	4.00	100	400
6	9999	左后门喷漆	油漆	3.00	100	300
7	9999	左后叶子板喷漆	油漆	2.60	100	260
8	9999	尾门顶部喷漆	油漆	1.00	100	100

维修零件费用明细

序号	零件编码	零件名称	维修项目类型	数量（个）	单价（元）	零件费用（元）
1	831900	顶盖装饰条 左	正常维修	1	84	84
2	832078	顶盖装饰条 右	正常维修	1	84	84
3	9309C7	车门窗台内密封条 左/后	正常维修	1	28	28

附加费用明细

序号	附加项目	附加费用

维修结算费用（元）		工时费用	2620.00	下次保养提醒	
		零件费用	196.00	建议维修项目	
		附加费用	0.00		
		费用合计	2816.00		
折扣金额（元）	0	实收金额（元）	2800.00	客户签名	服务顾问签名

一式三联：客户、服务顾问、财务各一联

图 3-11 某品牌某 4S 店维修结算单

交车是下次客户到店的开始,交付客户一辆洁净、修复完成的车辆非常重要。在整个维修接待的最后一步中,特别要注意一些细节,如何与客户进行沟通,圆满地完成车辆结算交付,使客户满意而去是汽车维修业务接待进行交车作业的主要目的。

服务顾问要做好结算和交付的规划工作。有条理地对结算、交付进行安排,可以使客户对企业提供的整体服务感到满意。对于不在休息室等候的客户,服务顾问可以借助手写的入厂检验单和车间工作表(或信息化计划日程表)来对结算、交付事宜进行规划、安排,并通过电话与客户联系。与预约一样,服务顾问和客户都按照约定的取车时间来进行结算与交付。遵守时间才能使客户享受高质量的服务。在与客户约定取车时间的同时,服务顾问还应该告诉客户本次维修所需的费用,询问客户选择的付款的方式(现金、刷卡或支票等),告诉客户所需携带的资料(如维修委托书的客户联),这样便于服务接待做好各种准备,减少和避免客户在取车时的麻烦和等待,使结算过程更顺畅。对于在客户休息室等待的客户,在确认各项交车准备工作完成之后,服务顾问应立即通知客户结算,进行车辆交付。

各汽车品牌车辆交付时的具体环节不尽相同,但步骤大体一致。客户接到通知来店取车,服务顾问是先带客户验车还是先陪同客户结算?不同品牌的流程设计略有差别。普遍的做法是征询客户意见,但不论先完成哪一个,流程中的核心环节都不能被省略。

结算交付的标准流程如图 3-12 所示。

在结算交付流程中,需要服务顾问完成的重点工作内容有四项。

(一)邀请客户到交车区一同验车

首先,服务顾问要向客户展示维修清洗后的实车,包括外观和内饰的清洁和完整。根据《维修委托书》上报修内容及入厂检验单向客户展示维修成果,即每个维修及维护项目的工作结果,需向客户说明故障原因、维修方法、更换的零件。如有必要,还需与客户一同进行路试。维修成果展示不仅是要让客户看看有没有修或有没有修好,还要让客户看到维修的专业性。例如,维修企业对其发动机舱进行了清洁等。

此外,为表达维修企业对客户的关怀,以及维修企业专业和负责任的态度,服务顾问也应对相应的增值服务进行充分展示。例如,向客户展示更换下来的旧零件或部件(保修件除外,旧件一般放置于行李舱或副驾驶座位下),并询问处理方法。

最后,服务顾问向客户总结说明检查结果,询问其对维修质量和服务是否满意,如有问题及时处理。提醒客户近期要做的维修及维护项目,尤其是服务顾问建议维修但客户不愿维修的,要再次说明,并给出必要的提醒和使用建议。此外,要提醒客户维修企业将在 3 日内对其进行服务跟踪,借此询问客户方便的方式和时间。

从表面上看交车是向客户交付完工车辆,但实际是向客户交付之前的承诺,客户会据此判断其缴付的费用是否物有所值,也会在自己心中给出对维修站的整体评价,从而影响客户的满意程度。因此,不论服务顾问前面做的工作有多完美,这一流程都不能轻描淡写。做得好应该展示出来,增加客户对本店的信心。如果验车过程有问题,这也是主动检查和补救的最后机会。

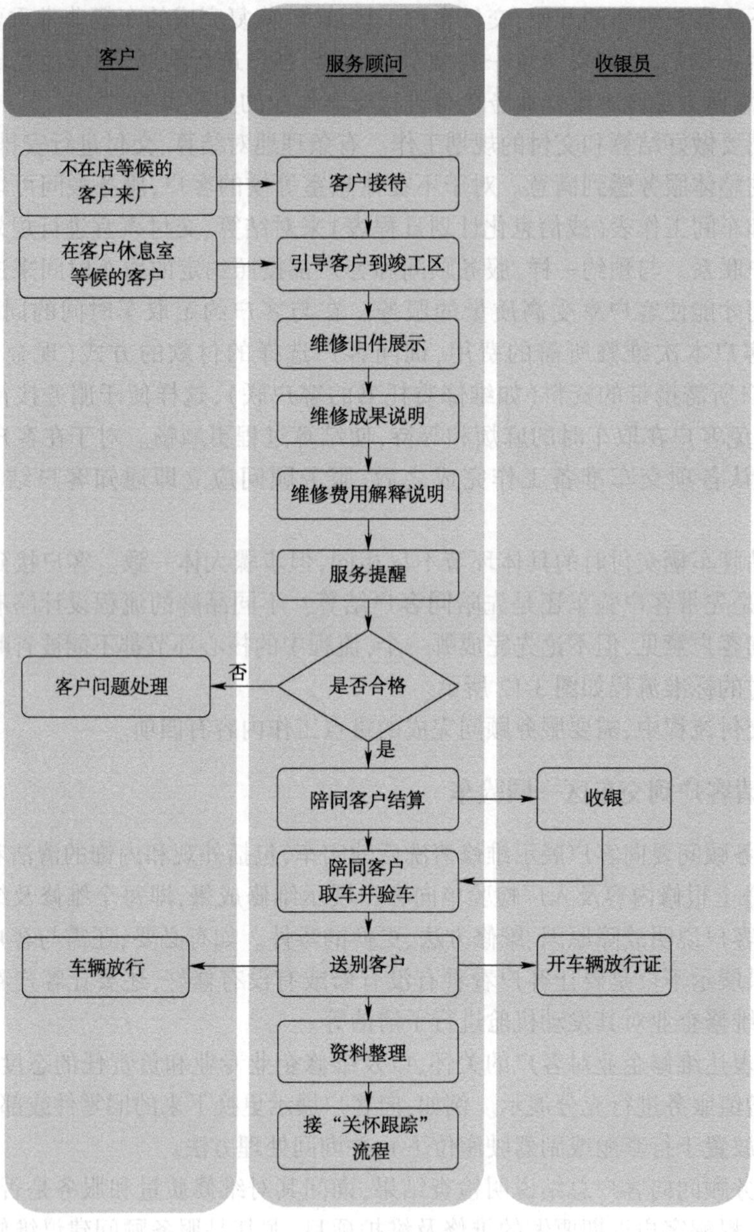

图 3-12　结算交付流程

(二)解释维修项目及费用

(1)在陪同客户去收银台结算前,服务顾问应引导客户至接待前台,向客户展示已打印好的结算单,并结合验车结果向客户逐项解释维修内容和费用。向客户展示所有的问题都已经处理完毕,并且费用完全是根据所进行的维修操作结算的。费用往往是客户较为关心及敏感的话题,服务顾问要做好费用组成的解释工作。服务工作要做到让客户清晰、放心消费。

(2)列出哪些维修操作是免费的,包括时间、对汽车的测试、零部件的拆洗、保修等。向客户解释报价中与最初估价有出入的地方,提醒客户关于补充协议的事宜,向客户证明其付出的费用是合理的。

(3)对于首次来店车辆的客户,服务顾问需向其介绍该车的定期维护规范和重要性,告知该车辆的质量担保规定,并递送服务电话卡等。

(4)对于做维护检测的车辆,还需向客户解释定期维护单上记录的结果。在此过程中,清晰详尽的解释能消除顾客疑虑,对避免客户抱怨意义重大。

(5)提醒客户其车辆的下次维护时间非常重要,可以采用记录在结算单或《维护手册》上的方法,也可以利用维护提醒卡等,同时给客户介绍本店的维护提醒和预约服务。

(6)向客户解释结算单上的每一项内容,但不要涉及一些技术性的细节内容。如果有必要向客户解释这些技术性的细节内容,可以请技术专家来帮助解释。对于那些没有开具发票的操作,可以把维修操作清单交给客户。

(7)请客户在结算单上签字确认。在此环节中,服务顾问应耐心、积极地解释客户的疑问,切忌不能表现出任何不屑或不关心的态度。

(三)陪同客户结算

(1)服务顾问备齐文件后,应亲自陪同客户去收银台进行结算。

(2)结算员将结算单、发票等叠好,注意收费金额页朝外。

(3)询问客户付款方式。如果是使用现金支付,服务顾问应将找回的零钱及出门条放在叠好的发票等上面,双手递给客户。

(4)付款后,要确认客户手续交接是否完成。

(5)收银员应感谢客户的光临,并与客户道别。

(四)送别客户

服务顾问需将客户送至车旁,亲自交还其车辆钥匙,行驶证、维护手册等相关物品,并当着用户的面,取下车辆防护六件套,并询问客户是否需要其他帮助,如有,将能够随时与服务接待取得联系的方式(电话号码、微信号、QQ 号等)告诉客户,并递上自己的名片。如有条件,也可在车内放置小礼品和印有服务电话的服务卡等。

送别客户前,服务顾问需向客户微笑挥手致意,目送客户离开。特别要注意,送别客户也是一个新预约的建立过程。服务顾问可以适时地对客户提出维修及维护建议,并与客户建立新的预约。

八、服务跟踪

服务跟踪是维修服务流程的最后一道环节,一般以电话访问的方式进行。良好的服务跟踪一方面能够掌握维修业务存在的不足,另一方面又能够更好地了解客户的期望和需求,接受客户和社会监督,增强客户的信任度。服务跟踪是一项整体行为,高层管理人员应将其作为增强员工服务意识、改进工作作风、提高服务质量和水平的一项重要举措,要确保落实后续服务中所反映出来的问题的改进工作及事后改进的督促和检查,使其真正发挥跟踪服务的作用,促进服务和维修工作水平登上新的台阶。

(一)服务跟踪内容

作为专业汽车服务商,每一次服务遵循的服务流程始终是以客户满意为中心。为确保能提升客户满意度,增加客户忠诚度,在客户离店后,服务顾问还需对客户进行服务跟踪。

服务跟踪也称质量回访,是在客户车辆离店后,服务顾问或客服专员定期通过电话等方式对客户进行访问,以确认客户对本次服务是否满意,查找服务过程中的失误和问题,并分析其产生的过程。服务跟踪一方面可以减少或消除客户的误解或抱怨,使客户感受到被关心和尊重,对服务缺陷及时补救,从而维系与客户的关系,增强客户对维修企业的信任;另一方面也便于维修企业及时发现自身的不足,及时采取改进措施,不断完善和提高自身服务质量和水平。

(二)服务跟踪流程

目前,4S店的服务跟踪有3日回访、7日回访、30日回访以及流失客户回访等,回访的形式包括电话、邮件、信件等。客户接到最多的是3日回访电话,即在车辆维修完成之后3日之内,服务顾问或客服专员通过电话对客户进行回访。

服务跟踪的标准流程如图3-13所示。

(三)服务跟踪工作要点

1. 回访前准备

回访前应进行整理并熟悉客户的维修信息。服务顾问通常可以借助维修系统筛选出需要回访客户信息,备好客户的维修档案、维修资料,以及回访表达等。

2. 电话回访

首先,拨打回访电话要避开客户休息、用餐或者工作繁忙的时段,需选择在恰当的时间段或按照预约时间拨打客户电话。其次,电话回访需遵循电话礼仪和专业表达要求,如接通电话后,应首先向客户亲切问候,然后介绍公司名称及自己的岗位和姓名,再确认客户信息。服务顾问需通过简洁的语言说明来电目的,并询问客户是否愿意或有时间接听电话。如果客户不方便接听电话,应中断访问并另外约定时间。

电话回访的内容要点包括:对客户惠顾再次致谢;征询客户对车辆维修及维护质量和服务的满意程度。可采用让客户选择不满意、较满意、满意和非常满意的方式,也可以让客户分别对维修及维护质量和服务质量进行评分。如果客户选择不满意或比较满意,服务顾问一定要表示歉意,请客户说出不满意的原因,并告知客户自己的处理方案。回访中,还可以有针对性地就某些具体服务情况进行调查。回访结束,应告知客户服务电话,便于客户联系。

3. 回访信息处理

服务顾问或客户专员应对服务跟踪过程中收集到的信息及时记录和处理。对客户反映的需要解决的问题、客户抱怨或者投诉,应及时填写记录,并交有关部门处理,同时追踪处理结果。

4. 统计分析

服务顾问或客户专员每周或每月需要对跟踪回访信息进行整理、统计和分析,找出近期的突出问题,提出改进方案,并报主管领导审批实施。

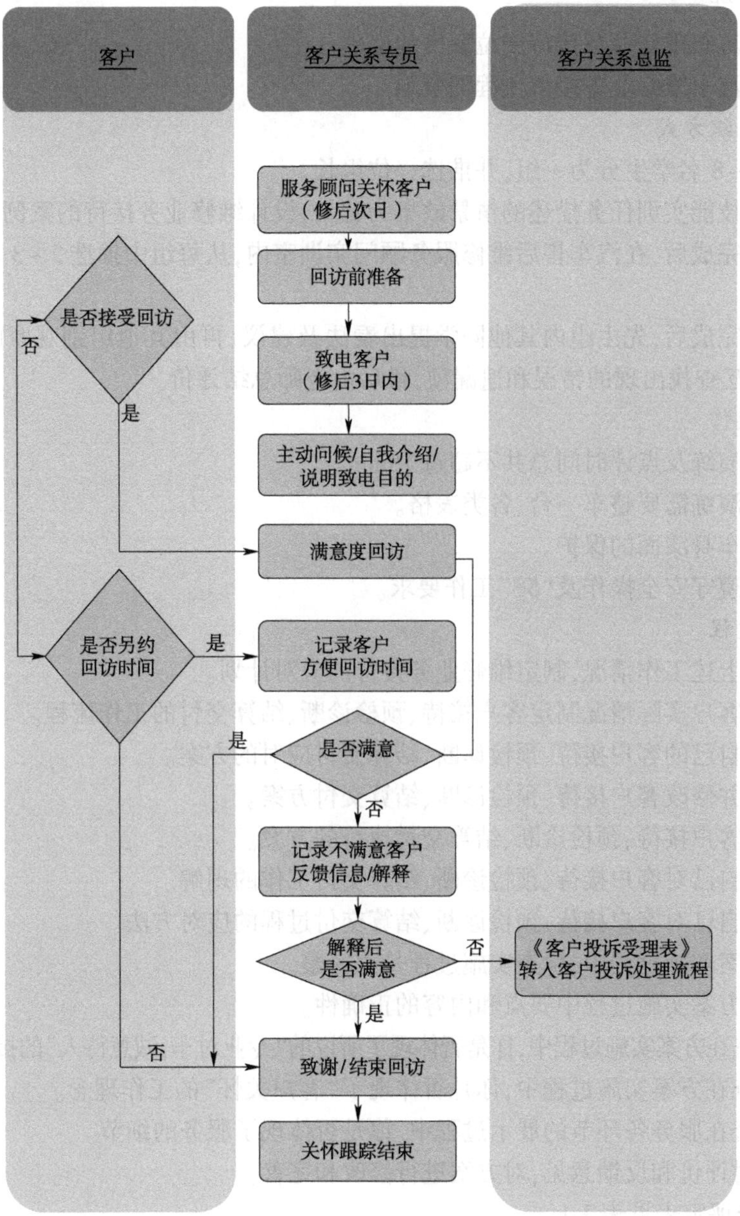

图 3-13　服务跟踪流程

技能实训

王女士，公司职员，本店购车，车龄 3.5 年，一直在店进行维修及维护，现已行驶 3.38 万公里，预约来店做定期维护。预约时，她曾反映在颠簸路面行驶时车辆有异响。现王女士要求服务顾问查询车辆历史维修记录，了解车辆信息，并与车间确认工位、备件，特别强调要为其提供个性化服务。

1. 准备工作

(1)收集汽车维修业务接待岗位职责的资料。

(2)收集汽车维修业务接待流程的资料。

2. 实训组织方式

(1)将6~8名学生分为一组,并推选一位组长。

(2)以本技能实训任务描述的情景故事为背景,设计维修业务接待的案例。

(3)设计完成后,在汽车售后维修服务顾问实训室内,从每组中抽选2~3名学生进行角色扮演。

(4)演练完成后,先由组内其他同学提出看法及建议,再由其他组别观摩的同学提出看法及建议,相互查找出现的错误和遗漏项,最后由老师总结评价。

3. 实训操作

(1)每组演练及点评时间总共不超过15min。

(2)情景演练需要整车一台、各类表格。

(3)注意车身漆面的保护。

(4)自觉遵守安全操作及"5S"工作要求。

4. 实训过程

(1)结合上述工作情况,制定维修业务接待的应对计划。

(2)根据客户实际情况制定客户接待、预检诊断、结算交付的工作流程。

(3)展示自己的客户接待、预检诊断、结算交付应对的方案。

(4)讨论并修改客户接待、预检诊断、结算交付方案。

(5)确定客户接待、预检诊断、结算交付执行的方案。

(6)展示自己对客户接待、预检诊断、结算交付工作的理解。

(7)展示自己对客户接待、预检诊断、结算交付过程的应对方法。

(8)在方案实施过程中,检查实施过程是否完整。

(9)检查方案实施过程中要点和内容的正确性。

(10)检查在方案实施过程中,你是否体现了所说的"专业对车,诚意待人"的接待工作定位。

(11)检查在方案实施过程中,你是否体现了"客户关怀"的工作理念。

(12)检查在服务各环节的展示过程中,你是否体现了服务的细节。

(13)针对评价和反馈意见,对方案进行修改和完善。

实训综合评定表见表3-1。

实训综合评定表 表3-1

综合评定		完成		没有完成
		良好	有待提高	
礼仪规范	1. 服饰整洁、精神饱满			
	2. 微笑、语调和清晰度满足要求			
	3. 主动、迅速、仪态稳重			
	4. 用语礼貌、语速适中			

续上表

<table>
<tr><td colspan="2" rowspan="2">综 合 评 定</td><td colspan="2">完成</td><td rowspan="2">没有完成</td></tr>
<tr><td>良好</td><td>有待提高</td></tr>
<tr><td rowspan="4">沟通技巧</td><td>5. 耐心倾听,不打断客户谈话</td><td></td><td></td><td></td></tr>
<tr><td>6. 提问并使用浅显易懂的语言</td><td></td><td></td><td></td></tr>
<tr><td>7. 有书面记录,且总结归纳客户提问</td><td></td><td></td><td></td></tr>
<tr><td>8. 自我介绍完整</td><td></td><td></td><td></td></tr>
<tr><td colspan="5">活 动 检 查 单</td></tr>
<tr><td colspan="2">1. 服务顾问应提前迎接预约客户到来</td><td></td><td></td><td></td></tr>
<tr><td colspan="2">2. 携带工作夹板及六件套到接车区,记录客户的信息</td><td></td><td></td><td></td></tr>
<tr><td colspan="2">3. 主动为客户拉开车门,提醒客户当心</td><td></td><td></td><td></td></tr>
<tr><td colspan="2">4. 仔细倾听并确认其服务需求</td><td></td><td></td><td></td></tr>
<tr><td colspan="2">5. 确认《维护手册》填写完整</td><td></td><td></td><td></td></tr>
<tr><td colspan="2">6. 环车检查,共同确认车辆状况</td><td></td><td></td><td></td></tr>
<tr><td colspan="2">7. 了解故障原因</td><td></td><td></td><td></td></tr>
<tr><td colspan="2">8. 使用问题或示例确认你的理解</td><td></td><td></td><td></td></tr>
<tr><td colspan="2">9. 询问客户是否还有其他疑虑/问题</td><td></td><td></td><td></td></tr>
<tr><td colspan="2">10. 记录;还原客户语言且书写清晰</td><td></td><td></td><td></td></tr>
<tr><td colspan="2">11. 与客户协商解决问题,制定解决方案</td><td></td><td></td><td></td></tr>
<tr><td colspan="2">12. 请客户到前台办理维修手续</td><td></td><td></td><td></td></tr>
<tr><td colspan="2">13. 请客户落座并递送茶水</td><td></td><td></td><td></td></tr>
<tr><td colspan="2">14. 确认维修项目</td><td></td><td></td><td></td></tr>
<tr><td colspan="2">15. 告知费用及作业时长</td><td></td><td></td><td></td></tr>
<tr><td colspan="2">16. 可能的追加作业提醒</td><td></td><td></td><td></td></tr>
<tr><td colspan="2">17. 制作《维修委托书》,并请双方签字</td><td></td><td></td><td></td></tr>
<tr><td colspan="2">18. 请客户再次确认作业项目、费用及时长</td><td></td><td></td><td></td></tr>
<tr><td colspan="2">19. 打印维修委托书并请客户签字</td><td></td><td></td><td></td></tr>
<tr><td colspan="2">20. 安排客户休息</td><td></td><td></td><td></td></tr>
<tr><td colspan="2">21. 进度汇报</td><td></td><td></td><td></td></tr>
<tr><td colspan="2">22. 与质量检验员进行车辆交接</td><td></td><td></td><td></td></tr>
<tr><td colspan="2">23. 检查维修作业是否有遗漏</td><td></td><td></td><td></td></tr>
<tr><td colspan="2">24. 检查所有维修项目的书面记录及质量检验员签字</td><td></td><td></td><td></td></tr>
<tr><td colspan="2">25. 检查清洗车辆外观,确保不出现漆面划伤、外力压陷等情况</td><td></td><td></td><td></td></tr>
<tr><td colspan="2">26. 确认车辆更换下来的旧件情况</td><td></td><td></td><td></td></tr>
<tr><td colspan="2">27. 将清洗后的车辆停放到停车区,并将车辆摆放整齐,使车头朝向出口方向</td><td></td><td></td><td></td></tr>
</table>

续上表

活动检查单			
28. 所有检查完成后，填写维护提示卡			
29. 准备好所有相关的交车资料			
30. 检查预估报价与最后的结算是否一致			
31. 打印结算单			
32. 检查完成后，立即与客户取得联系，告知车辆已完成维修或维护			
33. 服务顾问陪同客户查看车辆的维修及维护情况，依据维修委托书，据实向客户说明			
34. 向客户说明维修情况，展示车辆内外已清洁干净并展示更换下来的旧件			
35. 提醒客户下次维护的时间和里程			
36. 对维护手册上的记录进行说明			
37. 向客户解释本次维修维护所做的全部工作，并列出哪些维修操作是免费的			
38. 向客户详细解释费用组成、发票的内容和收费情况			
39. 服务顾问陪同客户到收银台结账			
40. 服务顾问将车钥匙、行驶证、《维护手册》等相关物品交还给客户			
41. 询问客户是否还需要其他服务			
42. 询问客户的感受，并欢迎客户提出改进措施			
43. 为客户取下六件防护套，向客户交付车辆维修的资料			
44. 与客户告别，目送客户离开			
其他评语：			

模块小结

（1）预约服务是整个汽车售后服务流程的起始环节，在售后服务流程中具有举足轻重的地位。

（2）有效的预约服务可以简化后期服务的工作量，使工作井然有序。

（3）与客户约定维修及维护时间时，一定要充分考虑车间生产状况以及客户要求。

（4）电话预约结束后，后续工作需按照流程一步步落实与跟进，否则预约就将失去实际意义。

（5）客户接待服务水平的高低不仅影响客户对服务顾问的评价，也直接反映了服务顾问的服务能力。

（6）要做好服务顾问工作，必须了解客户心理，学会换位思考，做好细节服务。

（7）对于客户描述的故障，可通过查看维修记录、试车、会诊、请求技术支持等一系列手段进行。如需试车，必须保证客户在场。

(8)制定《维修委托书》是整个维修流程中最核心的工作,制作过程应该严谨有序。

(9)《维修委托书》具有一定的法律效力,因此必须建立在与客户充分沟通基础之上,征得客户同意并签字后才能正式生效。

(10)《维修委托书》一式三联。一联用于客户提车,一联由前台保存备份,一联用于随车车间作业。

(11)当遇到需要拆解后才能给客户准确报价的维修项目,服务顾问应根据客户描述对拆解后的维修项目及费用进行预估,并向客户进行充分说明,待客户同意后方可进行拆解。

(12)价格的估算要根据车辆的实际情况来确定,同时要考虑客户的可承受能力。

(13)在签订《维修委托书》过程中,维修估价误差应控制在10%以内,估时误差控制不超过30分钟。

(14)服务顾问要随时掌握维修车间的工作进度,预计可能出现的变数,以便在客户追问时能够准确地给出答复。

(15)服务顾问在车辆维修及维护过程中要合理调配资源,保证工作进度,让客户放心。

(16)在处理维修增项时,服务顾问要具有一定的沟通能力和营销技巧,通过讲事实、讲利益的方法与客户沟通,并且作好维修增项的解释工作。

(17)维修增项的维修内容要求客户签字确认后才能进行,从而取得客户的信任,增项的部分完成后一定要向客户进行展示,给客户提供最贴心的服务。

(18)质检、互检、终检三级检验应按照维修合同逐项检核,确保所有要求的工作全部完成。

(19)对于检验不合格的车辆应按照程序进行处理并及时通知服务顾问,待进行评估后内部返修。

(20)任何需维修但未执行的工作都应记录在维修合同上。

(21)在此过程中,服务顾问实际上承担着双重角色,即站在客户的立场检查车辆维修及维护是否达到要求,同时又代表公司检验交付的服务是否合格。

(22)大修车辆、事故车辆等需要进行特殊维修的不要安排在高峰时间交车。

(23)应制作精美的维护提示卡,以体现较高的增值服务。

(24)服务顾问应熟练使用DMS,并在DMS中制作维修结算单,且交车准备必须细致、准确。

(25)进行电话回访时,为避免客户认为其车辆有问题,建议使用规范语言,发音要自然、友善。

(26)对客户的不合理要求要进行恰当解释。

(27)进行回访电话的服务顾问要懂基本维修常识与沟通技巧。

(28)进行电话回访时,不要讲话太快,较慢的表达一方面可给没有准备的客户时间和机会回忆细节,另一方面也能避免客户觉得你很敷衍。

(29)不要打断客户的讲话,要记下客户的评语(批评、表扬)。

(30)服务跟踪流程是服务流程中的最后环节,该流程的设置体现了维修企业的专业态度,服务顾问要通过自己的努力,将可靠、贴心的服务特质展现出来,才能完全达到该流程的目的。

思考与练习

(一)填空题

1. 电话预约可以分为主动预约和________。

2. 要加强预约管理的宣传力度,可制作________看板、设置预约电话专线,方便客户预约。

3. 在预约执行要点中,要了解客户需求,确认________信息,包括车型、车牌号码、行驶里程、车架号等。

4. 行李舱检查的项目有三角警示牌、灭火器、________、拖钩、千斤顶及确认是否有贵重物品遗漏。

5. 接车是________的核心任务,接车作业完成的优劣直接反映企业的服务水平。

6. 在检查车辆底盘时,需用________举起车辆。

7. ________检查时,要检查各种油位、液位以及发动机和水箱状况等。

8.《维修委托书》一式三联,一联是________,二联是服务顾问联,三联是车间联。

9. ________的估算要根据车辆的实际情况来确定,同时要考虑客户的可承受能力。

10. 预估费用与实际发生费用相差不要________10%。

11. ________看板是企业现场管理的重要手段之一。

12. ________对于维修增项,在客户同意维修后,服务顾问应在《维修委托书》"项目增项"栏记录后请________签字确认,并在 DMS 上更新。

13. 对于维修技师新发现的故障或新增项目,经车间主管或技术专家认可后,服务顾问应立即反馈给________。

14. 车辆在维修完成后,应由________对车辆进行质量检查,以彻底消除车辆维修隐患。

15. 对于检验不合格的车辆应按照程序进行处理并及时通知________。

16. 任何需维修但未执行的维修工作都应记录在________上。

17. 服务顾问要将旧、废件整齐放置于________区,以便向客户展示。

18. 完成最终检查后,服务顾问填写并放置经销商自行制作的________,温馨提醒客户,做好增值服务。

19. 服务顾问要将旧、废件整齐放置于________区,以便向客户展示。

20. 完成最终检查后,服务接待填写并放置经销商自行制作的________,温馨提醒,做好增值服务。

21. 维修企业将在 3 日内对________进行服务跟踪电话回访,询问客户方便接听电话的时间。

22. 服务顾问要把下次维护的时间和里程记录在________,并提醒客户留意。

23. 车辆进行维修及维护后,服务跟踪必须在客户取车________日内对维修质量和服务质量进行电话回访。

24. 服务顾问要及时将跟踪结果向经理汇报,这样从________开始到服务跟踪结束便可形成一个闭环。

25. 维修企业将在________日后对客户进行服务跟踪电话回访,因此要提前询问客户方便接听电话的时间。

(二)判断题

1. 如果客户在约定时段准时来店,服务顾问要在第一时间与客户打招呼,并按照接车流程接车。（　）

2. 如果是客户主动来电,服务顾问必须在铃响四声之内接听。（　）

3. 预约维修的工作时间一般不超过维修技师全部可用时间的80%,以便留有足够的时间来服务未预约的客户。（　）

4. 当客户开车来店时,保安人员应礼貌问候并指挥客户停车,同时使用对讲机等通信工具通知服务顾问。（　）

5. 环车检查需检查车内、车辆外观、轮胎、发动机舱等。（　）

6. 所有服务顾问都要及时、主动、热情地向客户打招呼,但不需要微笑服务。（　）

7. 接车时,服务顾问应尽量记住本车座椅、后视镜等的位置及角度。（　）

8.《维修委托书》打印完成后,服务顾问要向客户逐项解释维修项目,并告知客户预估费用。（　）

9. 如果客户要求离店,则服务顾问不需要为客户离店提供便利,也不需要与客户约定维修作业完成后的联系方式。（　）

10.《维修委托书》具有一定的法律效力,制单(估价与估时)是整个维修流程中最核心的工作。（　）

11. 服务顾问发现维修增项后联系不上客户,就暂且不管它。（　）

12. 服务顾问要主动与车间主管、维修技师、索赔员进行沟通,了解维修进度,巡查车辆维修情况。（　）

13. 如客户有不维修项目或维修未完成客户要求先走的情况,服务顾问需将未维修的项目记录在定期维护单上。（　）

14. 服务顾问在质量检验时不需要掌握车辆的详细维修细节和车辆状态,也能确保让客户满意。（　）

15. 若在维修委托书上注明客户要将旧件带走,服务顾问要检查旧件是否擦拭干净且包装好,并放在车内或指定的位置。（　）

16. 服务顾问有必要了解车辆部分配件的剩余使用寿命。（　）

17. 在约请客户取车前的准备工作,最基本的一项就是打印结算单,准备好相关的维修资料。（　）

18. 如果DMS出现故障,服务顾问可以手工填写结算单。（　）

19. 服务顾问在交车准备中的工作就是打印结算单。（　）

20. 约请客户取车前的准备工作中,最基本的一项就是打印结算单及准备好相关的维修资料。（　）

21. 服务顾问要向客户确认更换下来的旧零件或者部件(保修件除外),并询问处理方法。（　）

22. 如果客户有抱怨,不要找借口搪塞,而应告诉客户你已记下其意见,有关人员会与联系并解决问题。（　）

23. 进行电话回访时,要避开客户的休息时间、会议高峰及活动高峰。（ ）

24. 服务顾问要尽量满足客户的不合理要求。（ ）

(三)简答题

1. 简述预约服务的优点。
2. 简述主动预约客户流程。
3. 简述客户在接车环节的期望。
4. 描述环车检查的操作步骤及要点。
5. 客户车辆存在冒黑烟现象,请运用“5W2H”法进行问诊。
6. 简述估时和估价的注意事项。
7. 描述制定《维修委托书》的操作步骤及要点。
8. 简述维修进度管理的工作要素。
9. 描述维修增项处理的操作步骤及要点。
10. 简述三级质量检验内容。
11. 描述服务顾问在质量检验环节的工作流程及内容。
12. 简述服务顾问交车准备的工作内容。
13. 描述服务顾问在交车准备环节的注意事项。
14. 简述服务顾问结算交付的内容及注意事项。
15. 简述服务顾问服务跟踪的内容及注意事项。

模块四　汽车维修业务接待软件——DMS使用

学习目标

1. 能使用DMS建立或更新客户档案及车辆维修信息；
2. 能熟练操作DMS制作预约工单，使用预约看板等进行预约管理；
3. 能熟练操作DMS制作维修工单；
4. 能熟练操作DMS制作结算单。

建议课时

24课时。

本模块以神龙汽车有限公司东风标致使用的经销商管理系统（以下简称“DMS”）为例，讲解此系统中售后服务模块的功能。售后服务模块采用流程化管理，包括预约服务、客户接待和预检诊断、维修确认、维修作业、质量检验、交车准备、结算交付、服务跟踪8个步骤。运行DMS后，出现登录框如图4-1所示，操作人员输入用户名和密码，点击【登录】即可进入。

图4-1　DMS登录界面

系统会根据员工的不同权限进行设置，并分配不同的代码。进入系统后，屏幕将显示软件的主菜单。本系统的主界面如图 4-2 所示。

图 4-2　DMS 主界面

一、客户管理

1. 功能介绍

当进店维修的车辆为非本店销售车辆时，需要在 DMS 中手工输入该车辆和客户的基本资料。在进行维修时，服务接待可提取该车辆信息并对其进行维修服务。

2. 操作对象

服务顾问、信息员或有此操作权限的相关人员。

3. 使用该功能的时间与条件

当进店维修的车辆为非本店销售的车辆时。

4. 操作步骤

(1)建立客户档案。

进入【客户管理】模块，点击【客户资料维护】菜单项，在选项卡中输入客户的信息，如客户名称、客户类别、性别、移动电话、证件类型、证件号码、通信地址等，如图 4-3 所示。当所有资料都输入完成后，点击【保存】，则刚输入的信息便可保存到 DMS 中。随后，系统自动显示新增用户资料，客户档案建立的操作就完成了。

(2)查询客户档案。

进入【客户管理】模块，先点击【客户资料查询】，然后点击【查询】按钮，系统便自动罗列出服务店所有客户资料信息，如图 4-4 所示。

在客户资料查询窗口中输入查询条件(如客户名称)，点击【查询】按钮，便可查出指定的客户信息，再点击【客户 360 度查询】按钮，便可获取客户的全方位信息(图 4-5)。

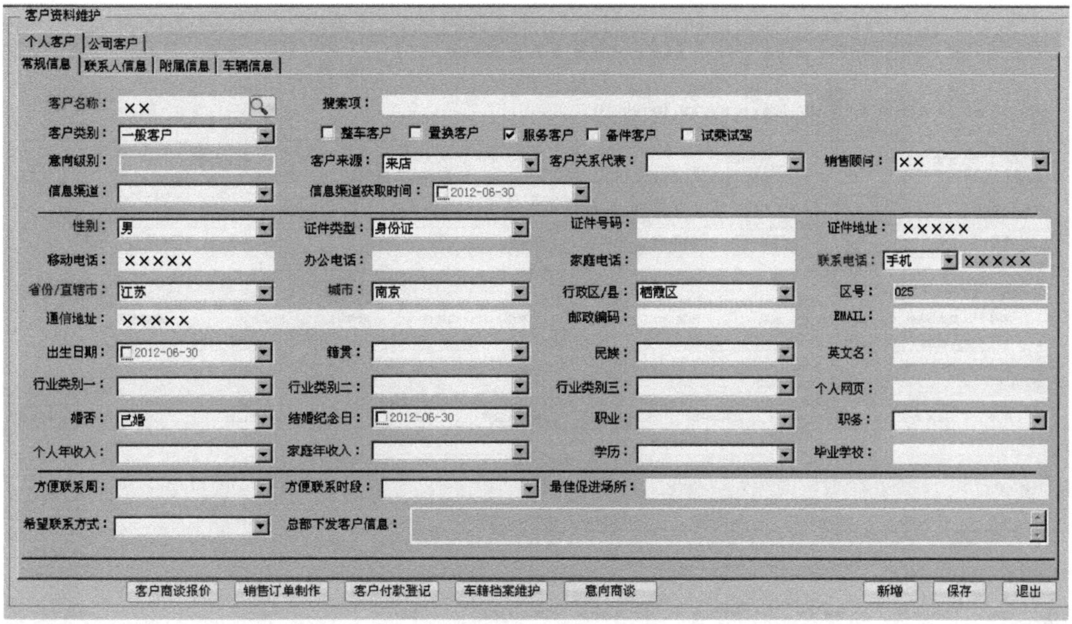

图4-3　客户资料维护界面

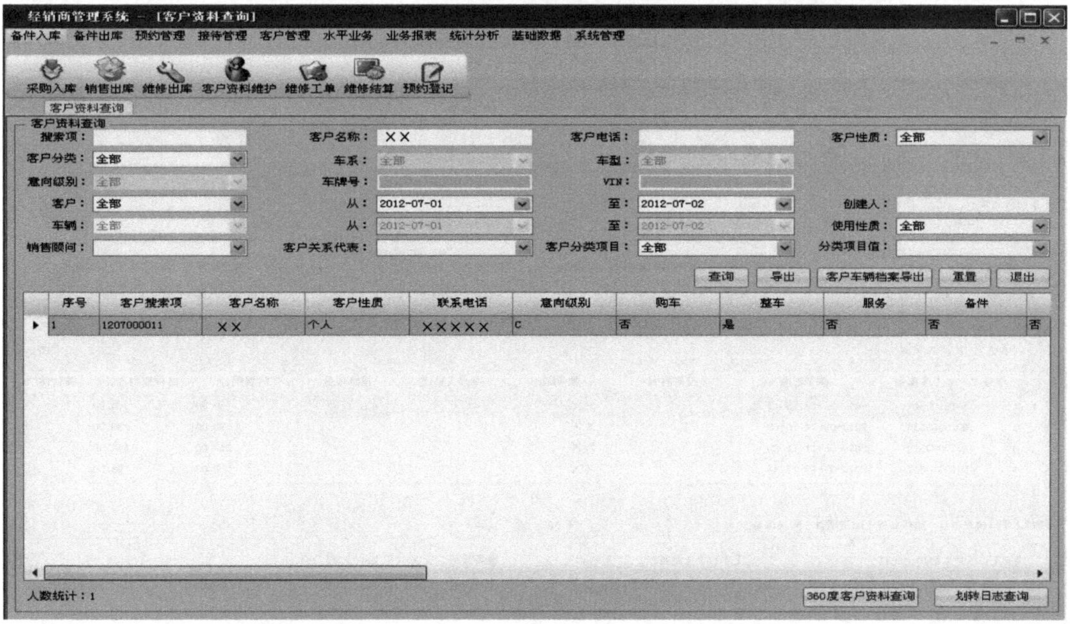

图4-4　客户资料查询界面

(3)查询客户维修历史。

对于到店的客户，要查询其维修历史，可直接点击工具栏上的【维修工单】按钮，通过输入“维修工单号”，查询【客户维修历史查询】更加方便；如果是客户电话要求查询维修历史，操作人员可进入【接待管理】模块，点击【客户维修历史查询】菜单项，通过输入车牌号进行查询。客户维修历史查询界面如图4-6所示。直接点击放大镜查询【客户维修历史查询】会更加快捷。

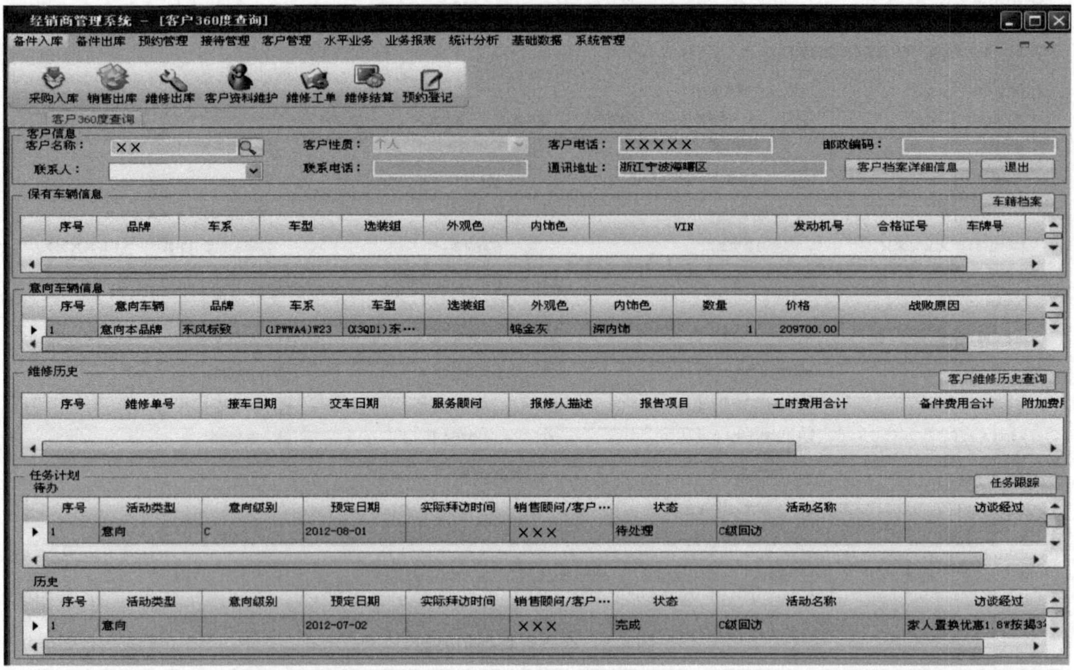

图 4-5　客户 360°查询界面

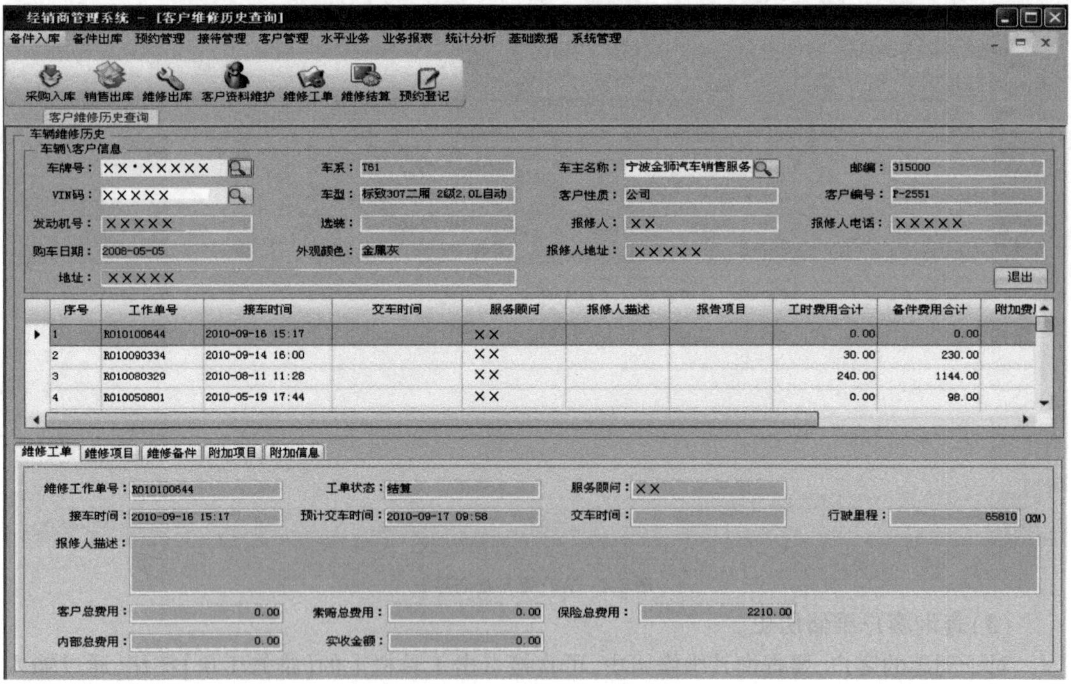

图 4-6　客户维修历史查询界面

(4)建立车籍档案。

进入【客户管理】模块，先点击【车籍档案维护】菜单项，然后点击中下端的【客户名称】

右侧的放大镜，选出刚刚建立的客户，再核查 VIN、品牌、车系等重要资料，最后点击【保存】按钮，便可生成客户车籍档案资料（图 4-7）。

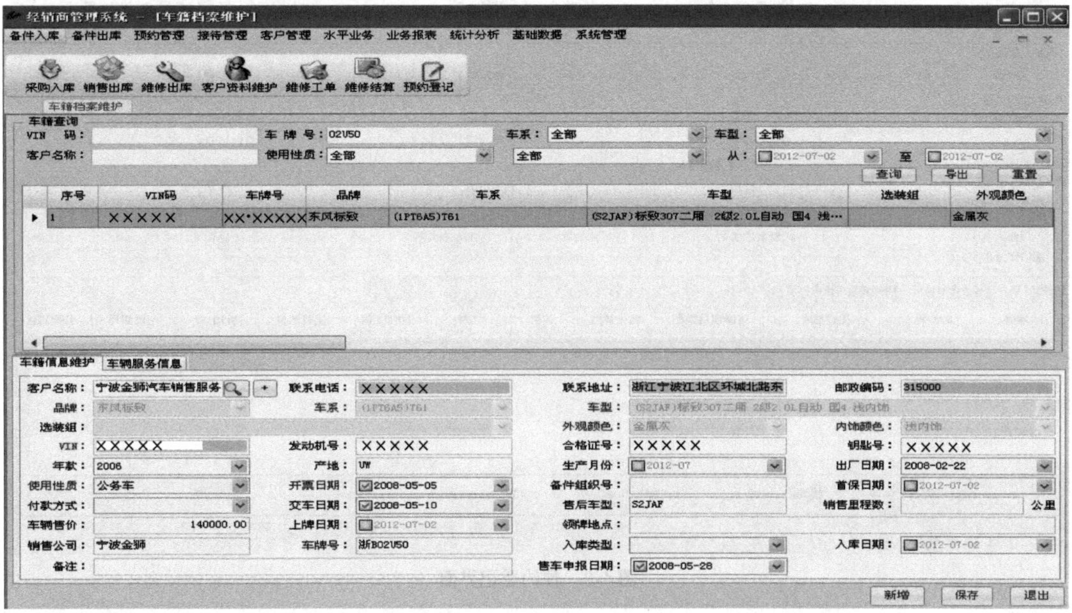

图 4-7　车籍档案维护界面

5. 其他说明

(1)系统中红色项是必填项目。

(2)【客户资料维护】包括"个人客户""公司客户"两种分类，每个分类下又分为"常规信息""联系人信息""车辆信息"三个子屏。

二、预约管理

(一)预约工单

1. 功能介绍

当有客户预约来店进行维修、维护时，服务顾问就需要根据客户的预约需求进行预约登记，新开一张预约工单来记录该客户车辆的基本信息、客户资料、预约维修及维护项目和预约需求备件等，这些工作可以直接在预约管理模块中进行操作。

2. 操作对象

服务顾问、服务主管或有此操作权限的相关人员。

3. 使用该功能的时间与条件

需要记录客户的预约来店维修需求时。

4. 操作步骤

(1)进入【预约管理】模块，点击进入【预约登记】界面，如图 4-8 所示。

(2)在【车牌号】中输入客户车牌号或者车牌号后 4 位，然后点击右侧放大镜，此时弹出【车辆客户查询对话窗】，点击对话窗中的【查询】按钮，车主名称、VIN 码、车牌号、移动电话、地址、车系、车型、发动机号等信息都将自动体现出来,如图 4-9 所示。

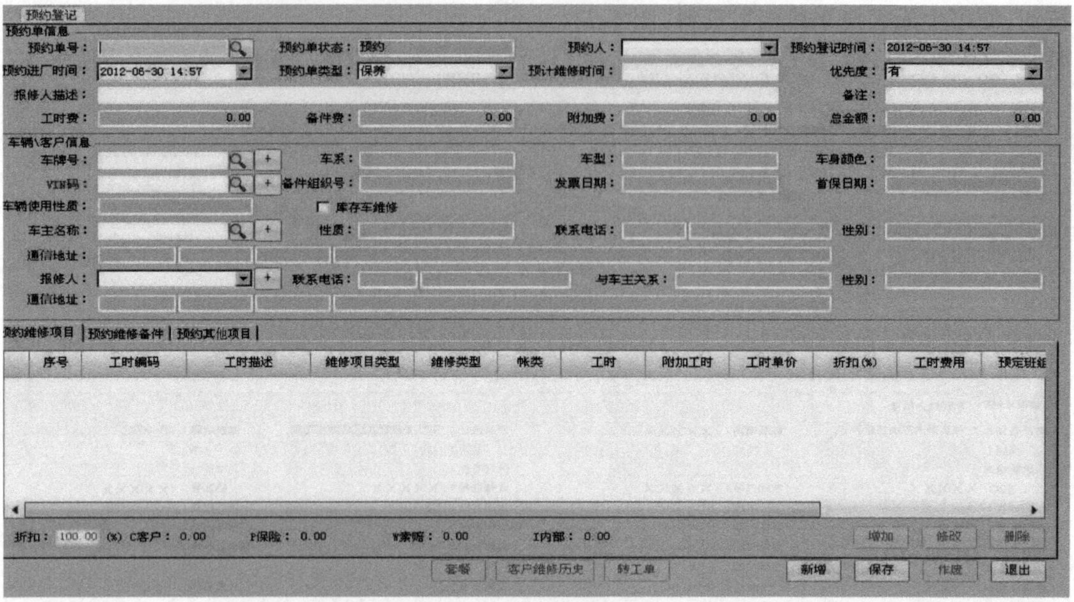

图 4-8　预约登记界面

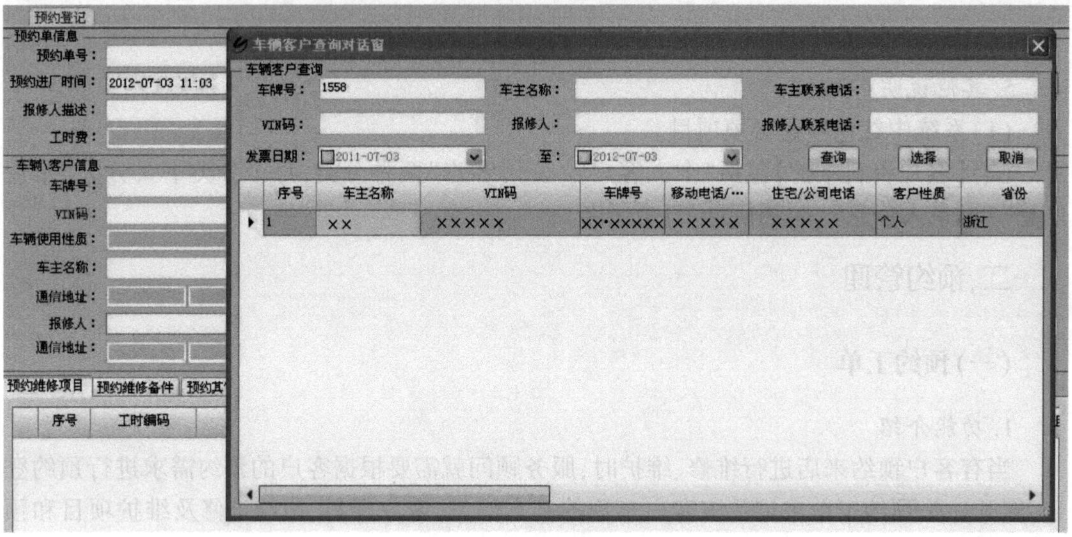

图 4-9　车辆客户查询对话窗

(3)将鼠标移至图 4-9 显示的信息条最前端并双击,车辆客户信息便可自动填入到图 4-8所示的预约登记表中。然后,操作人员可继续完善预约进店时间、预约工单类型、预计维修时间、报修人等信息,如图 4-10 所示。

(4)当预约登记单头、单身信息都输入完成后,点击【保存】按钮,系统将自动产生其预约单号,如图 4-11 所示。

(5)操作人员应对【预约维修项目】和【预约维修配件】按需进行资源预留处理。点击单头下面【预约维修项目】子屏中的【增加】按钮,即可完善预约维修项目类型、维修类型、工时描述等内容。特别应注意务必选定具体的维修班组,再点击【保存】按钮,如图 4-12 所示。

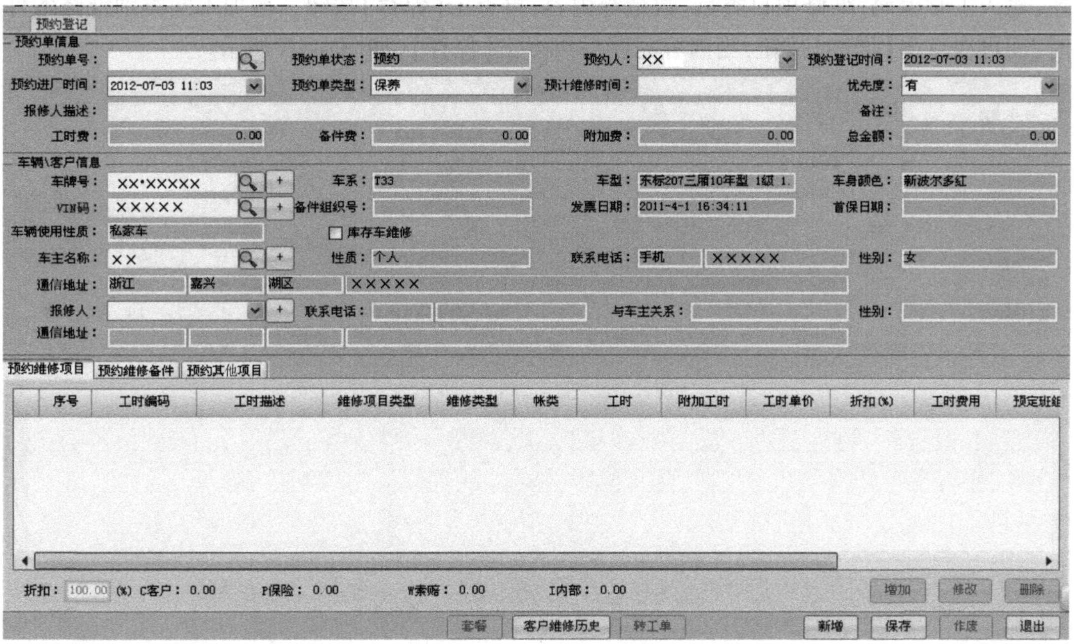

图 4-10　完善预约登记信息

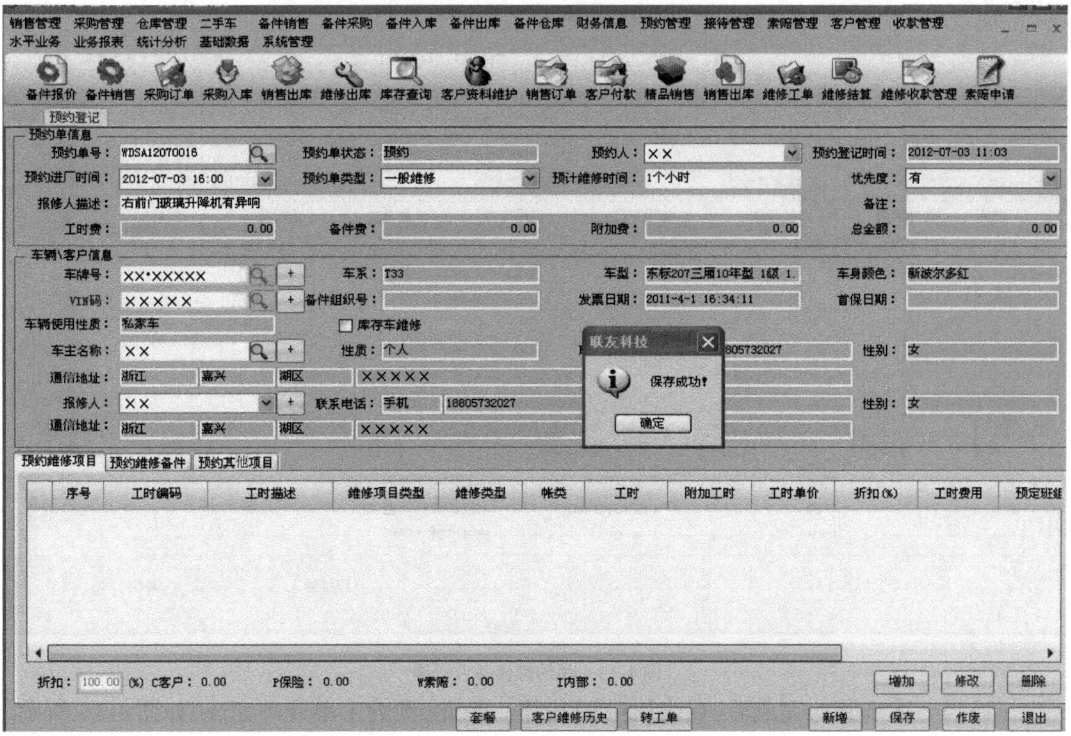

图 4-11　预约单号生成

(6)【预约维修备件】的增加同步骤(5)，即先点击【预约维修备件】子屏中的【增加】按钮,输入工时编码、维修项目类型、数量等内容,再点击【保存】按钮。增加不同类别维修备件时,需再次点击【增加】按钮,当内容完善后再点击【保存】,如图4-13所示。

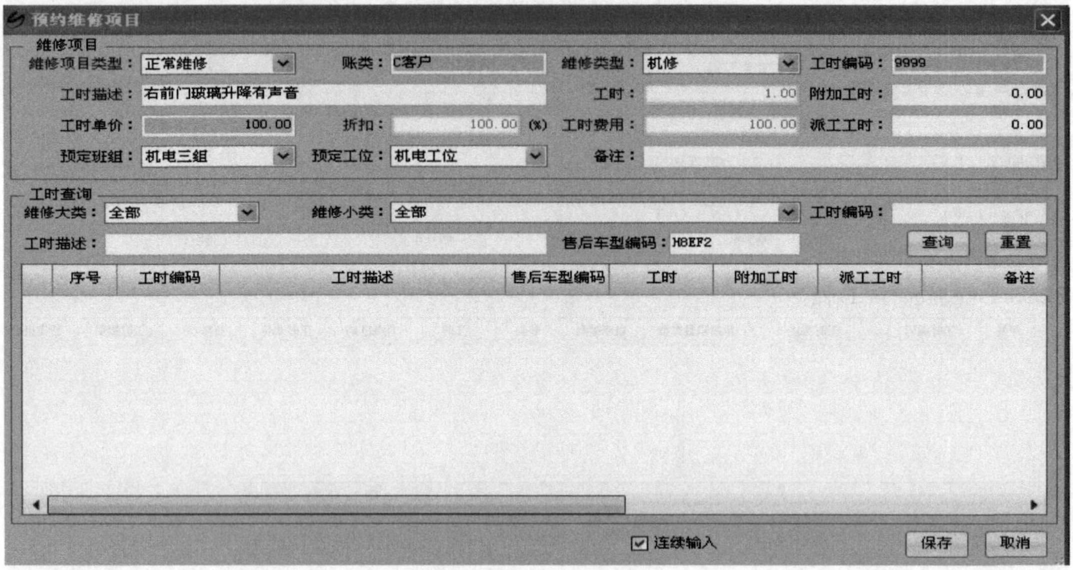

图4-12　预约维修项目子屏

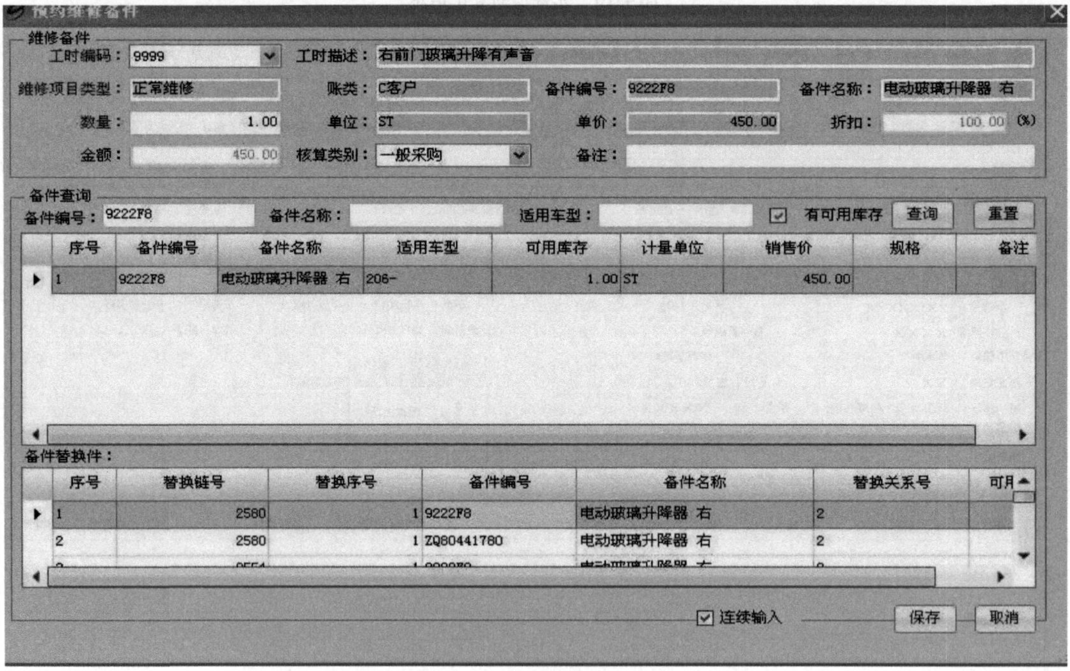

图4-13　预约维修备件子屏

(7)当上述步骤均完成后,点击【保存】按钮。至此,预约工单开单完成,如图4-14所示。

5. 其他说明

(1)预约管理功能针对的是在本店购车的客户及曾经到店进行过维修、维护的客户。如果是初次到店的客户,必须在客户档案建立后才能进行预约登记。

图4-14　预约工单完成

（2）在进行【预约维修项目】登记时，务必要选定具体的维修班组，但不需要具体到某个工位。一般情况下，同一工种的所有维修项目会派给同一班组，特殊情况下会派给不同的班组。

（3）如果当次预约不需要维修备件资源，则不需要在【预约维修备件】的子屏中输入内容。

（4）选用【套餐】内容，可方便在预约登记时设定【预约维修项目】。

（5）【预约登记】确定后，将会预留相应的维修备件资源和工时资源；一旦点击【作废】按钮，该预约工单已预约的所有资源便会被全部释放。

（二）预约看板

1. 功能介绍

预约看板可以直观体现预约资源占用情况。当服务顾问收到客户的预约来店维修需求时，通过预约看板可以快速地查明是否有足够的资源为客户进行服务。

2. 操作对象

服务顾问、服务主管或有此操作权限的相关人员。

3. 使用该功能的时间与条件

需要对预约资源进行初步判断时。

4. 操作步骤

进入【预约管理】模块，点击【预约看板】，如图4-15所示。

当服务点的最小作业单位比较多时，会出现在同一屏上显示不完全的情况，此时系统会根据参数的设置自动进行滚屏显示。预约看板能根据选定“预约进厂时间”的设置显示预约资源情况。

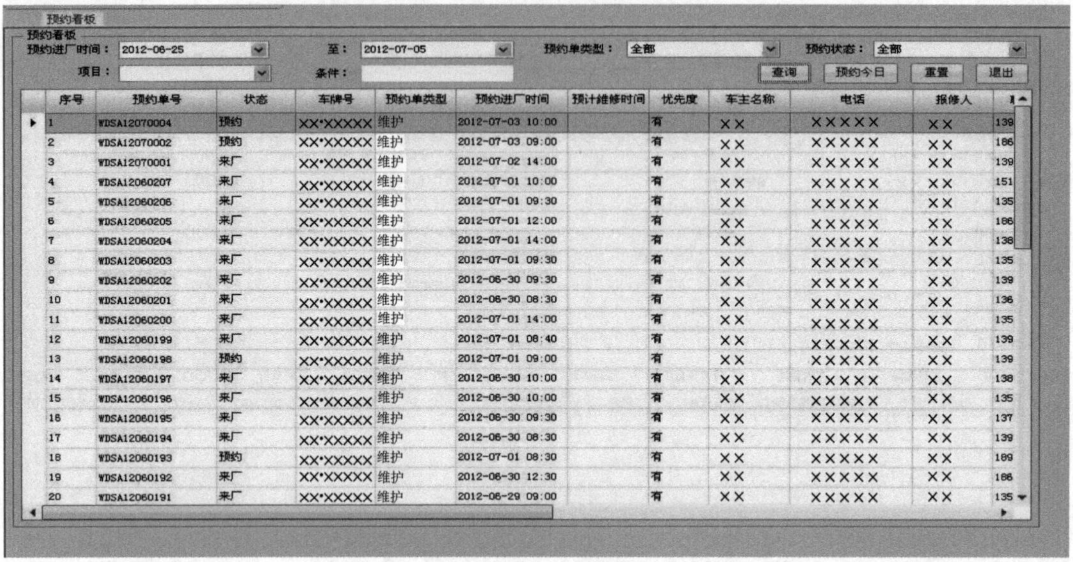

序号	预约单号	状态	车牌号	预约单类型	预约进厂时间	预计维修时间	优先度	车主名称	电话	报修人	
1	WDSA12070004	预约	XX•XXXXX	维护	2012-07-03 10:00		有	××	×××××	××	139
2	WDSA12070002	预约	XX•XXXXX	维护	2012-07-03 09:00		有	××	×××××	××	186
3	WDSA12070001	来厂	XX•XXXXX	维护	2012-07-02 14:00		有	××	×××××	××	139
4	WDSA12060207	来厂	XX•XXXXX	维护	2012-07-01 10:00		有	××	×××××	××	151
5	WDSA12060206	来厂	XX•XXXXX	维护	2012-07-01 09:30		有	××	×××××	××	135
6	WDSA12060205	来厂	XX•XXXXX	维护	2012-07-01 12:00		有	××	×××××	××	186
7	WDSA12060204	来厂	XX•XXXXX	维护	2012-07-01 14:00		有	××	×××××	××	138
8	WDSA12060203	来厂	XX•XXXXX	维护	2012-07-01 09:30		有	××	×××××	××	135
9	WDSA12060202	来厂	XX•XXXXX	维护	2012-06-30 09:30		有	××	×××××	××	139
10	WDSA12060201	来厂	XX•XXXXX	维护	2012-06-30 08:30		有	××	×××××	××	136
11	WDSA12060200	来厂	XX•XXXXX	维护	2012-07-01 14:00		有	××	×××××	××	135
12	WDSA12060199	来厂	XX•XXXXX	维护	2012-07-01 08:40		有	××	×××××	××	139
13	WDSA12060198	预约	XX•XXXXX	维护	2012-07-01 09:00		有	××	×××××	××	139
14	WDSA12060197	来厂	XX•XXXXX	维护	2012-06-30 10:00		有	××	×××××	××	138
15	WDSA12060196	来厂	XX•XXXXX	维护	2012-06-30 10:00		有	××	×××××	××	135
16	WDSA12060195	来厂	XX•XXXXX	维护	2012-06-30 09:30		有	××	×××××	××	137
17	WDSA12060194	来厂	XX•XXXXX	维护	2012-06-30 08:30		有	××	×××××	××	139
18	WDSA12060193	预约	XX•XXXXX	维护	2012-07-01 08:30		有	××	×××××	××	189
19	WDSA12060192	来厂	XX•XXXXX	维护	2012-06-30 12:30		有	××	×××××	××	186
20	WDSA12060191	来厂	XX•XXXXX	维护	2012-06-29 09:00		有	××	×××××	××	135

图4-15　预约看板界面

5. 其他说明

(1)在班组设定中,定义了不同的作业单位,就有对应的工种数量显示在预约看板上。

(2)当预约工单做了预约失败、预约作废、预约变更等操作时,预约看板上相关标签都会消失。

(3)当预约项目的维修时间超过1日时,预约看板上将会体现资源占用情况。

(4)在浏览预约看板时,可以实现滚屏或翻屏浏览。其中,滚屏是指最小作业单位信息逐条向上滚动;翻屏是指在一定时间内将整屏的资源预约信息进行刷新。

(三)预约客户来店转维修工单

1. 功能介绍

当客户在预约时间来店后,需要将预约工单转为正式工单,只有这样,才能对该客户的维修业务进行后续操作。预约工单转为正式工单的条件是:客户来店时间为预约时间的前后各15分钟,超过预约时间半个小时及以上的,该预约工单将自动按预约失败处理。

2. 操作对象

服务顾问、服务经理或有此操作权限的相关人员。

3. 使用该功能的时间与条件

当客户在预约当天准时来店后。

4. 操作步骤

(1)进入【预约管理】模块,点击【预约登记】菜单项,将【预约单号】复制并粘贴到【预约登记】中。此时,鼠标在任意处点击一下,该预约工单信息便可显示出来,如图4-16所示。

(2)点击图中的【转工单】按钮,系统将弹出维修工单号,如图4-17所示。

图 4-16　预约工单信息

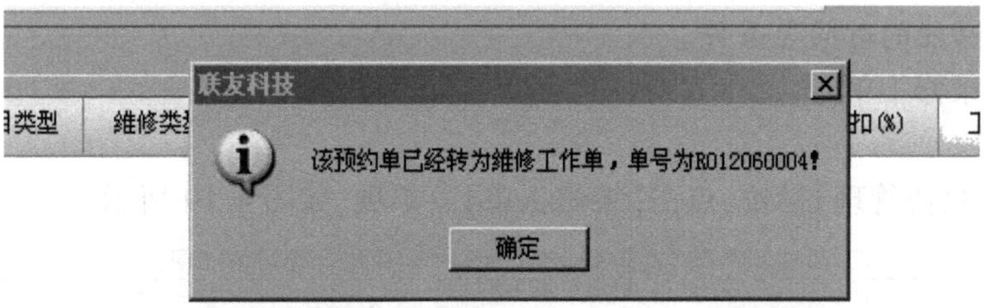

图 4-17　转维修工单提示框

(3)点击【确定】,预约工单转维修工单的操作便已完成(图 4-18)。

三、接待管理

(一)维修工单

1. 功能介绍

维修企业在处理客户的维修业务时,需要制作维修工单,其内容包括来店维修客户资料、车辆档案资料登记及修改;登记车辆的诊断记录、维修措施、需求配件;记录建议维修项目、附加项目等。维修工单记录着维修次序,操作人员可通过【接待管理】模块进行维修业务的申请及提交。【接待管理】模块可开具一般维修工单、索赔维修工单、保险维修工单、内部维修工单 4 种主要工单。

2. 操作对象

服务顾问、服务主管或有此操作权限的相关人员。

图 4-18 预约工单转维修工单

3. 使用该功能的时间与条件

需要开具维修工单时。

4. 操作步骤

(1)进入【接待管理】模块,点击【维修工单】菜单项,如图 4-19 所示。

图 4-19 维修工单界面

点击车牌号右侧的放大镜，这时弹出【车辆客户查询】对话窗（图4-20），在单头输入车牌号后点击【查询】按钮。

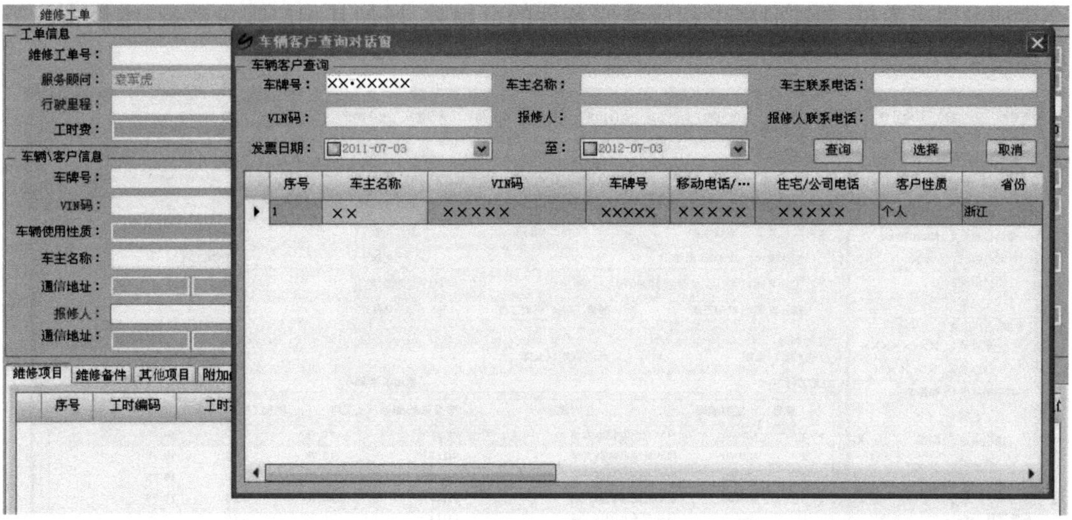

图4-20　车辆客户查询对话窗

（2）选中出现的信息条，在信息条最左端双击鼠标，车辆客户信息便自动填入维修工单中。然后，操作人员可继续完善行驶里程、报修人描述、预计交车时间等信息，直至单头的开单信息基本输入完毕，如图4-21所示。

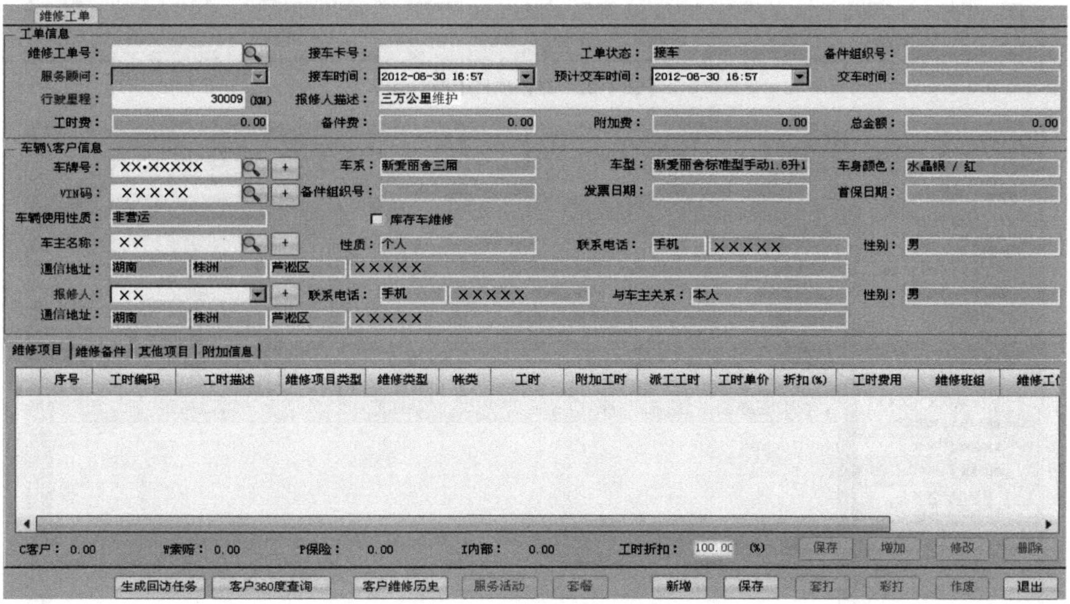

图4-21　维修工单基本客户信息生成

（3）点击【保存】按钮，生成【维修工单号】。点击右下角【增加】按钮，添加维修工单中的【维修项目】【维修备件】【其他项目】【附加信息】等内容，并按实际情况在各子屏中录入完成。

①【维修项目】:需要车间进行派工维修的作业项目,维修项目子屏如图4-22所示。

②【维修备件】:提供维修过程所需要领用的备件,在维修备件中录入需求信息后,系统会生成预留出库单,并同时减少相应维修备件的可售数,增加其相应需求数量,维修备件子屏如图4-23所示。

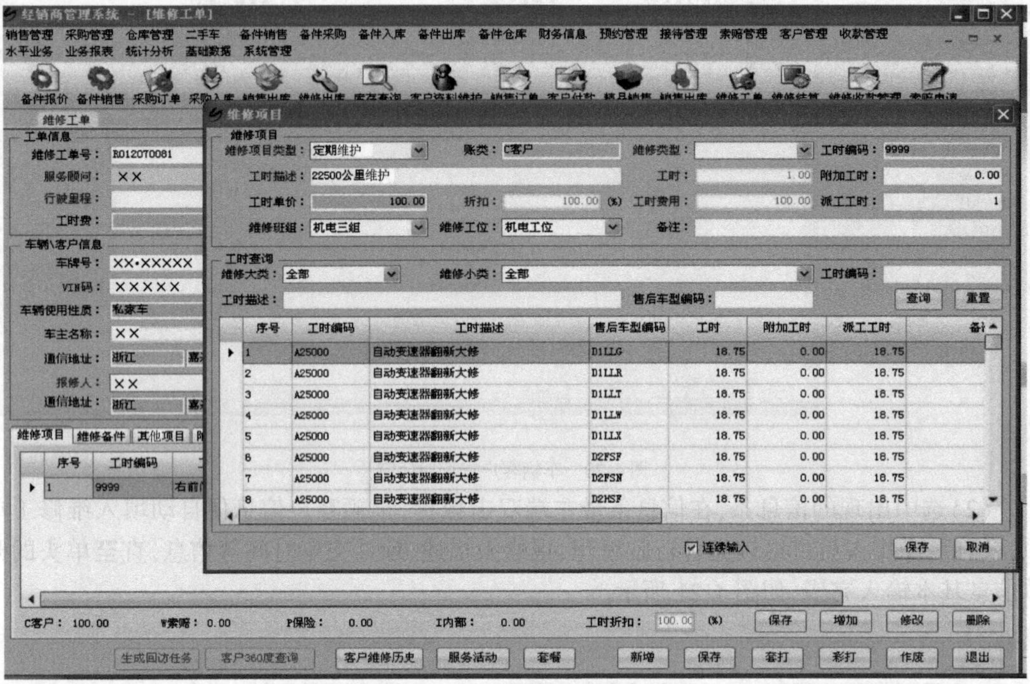

图4-22　维修项目子屏

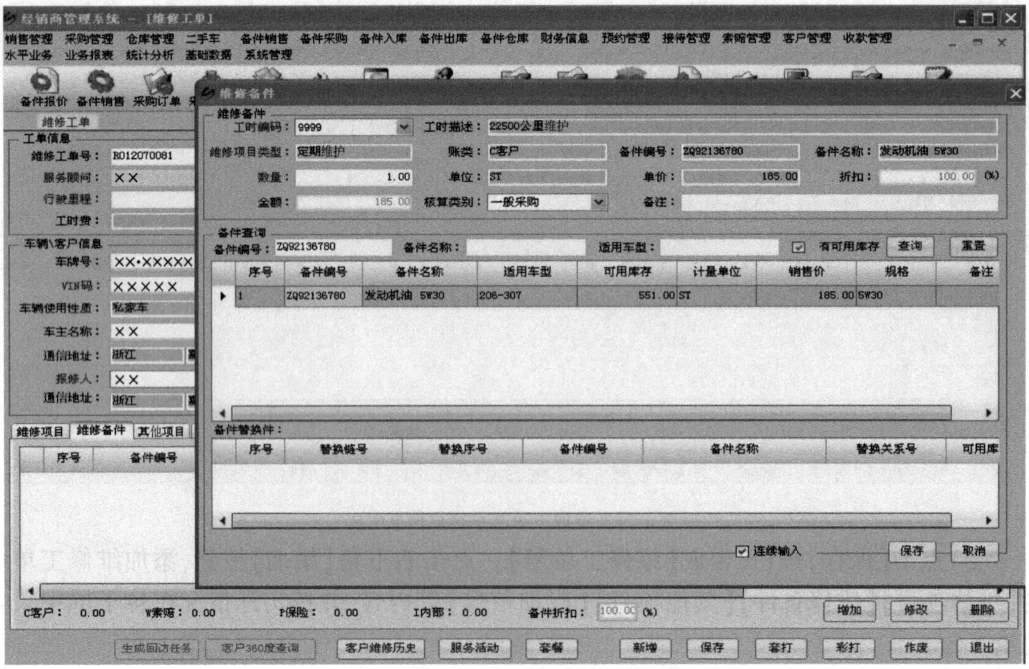

图4-23　维修备件子屏

③【其他项目】:可开具管理费、拖车费、外拖车费、外烤漆费。

④在【附加信息】里有【建议维修项目】:建议维修项目是为保证车辆的正常使用,建议客户维修的工时项目,当客户同意维修后,可转为正式的维修项目;如果客户暂时不需维修,则会将相应的项目打印在结算单中,以作提醒。

(4)当上述操作均完成后,维修工单开单操作完毕,如图4-24所示。

图4-24　维修工单开单完成

先点击【保存】按钮,再点击【套打】功能按钮。接下来车辆将进入车间作业管理流程,此处略过。

5. 其他说明

(1)如果在步骤(1)点击【查询】后,没有该客户的信息,可以理解为该客户是第一次来店维修,则需要在【客户管理】模块中的【客户资料维护】菜单项中新建客户档案。

(2)功能按钮【套餐】的作用是提供在开具维修工单时,方便、快速地将已经定义好的套餐项目提取到工单的维修项目中。

(3)需要特别强调的是,必须先生成【维修项目】,才能使用【维修备件】。所以,务必先点击【维修项目】→【新增】→【保存】,然后才能选择【维修备件】→【新增】→【保存】。

(4)【附件项目】生成的费用会自动合计到维修费用中。

(5)维修工单打印时应"一式三联",其中"三联"分别为【客户联】【车间联】【财务联】。

(二)维修结算

1. 功能介绍

【接待管理】模块中的【维修结算】可对已经竣工的维修工单进行结算处理,并重新计算一遍该工单各账类的应收金额。操作人员可打印一张维修结算单,并凭此结算单到财务处进行结算。

2. 操作对象

服务顾问、服务主管或有此操作权限的相关人员。

3. 使用该功能的时间与条件

维修工单在车间终检完成后。

4. 操作步骤

(1)进入【接待管理】模块,点击【维修结算】,如图 4-25 所示。

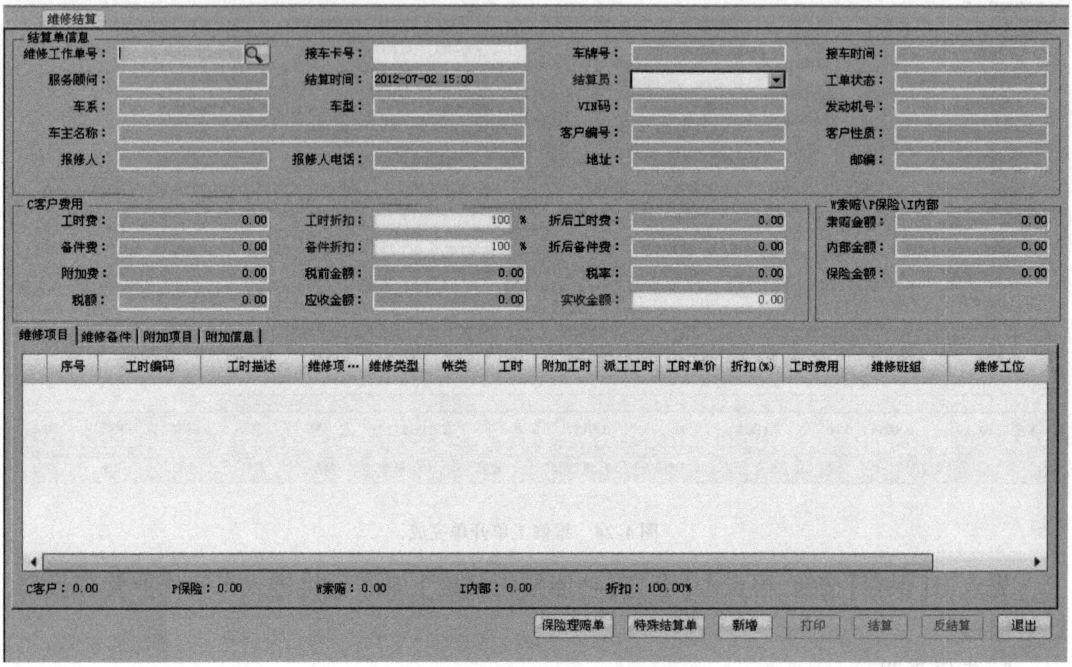

图 4-25　维修结算界面

操作人员通过点击【维修工单号】右侧的放大镜来查找"未结算"的维修工单,调出维修工单计算明细信息。当操作人员点击【维修工单号】后,系统会弹出【维修工作单查询】对话框,如图 4-26 所示。

用鼠标选定所需信息条并双击,便可提取出所需维修工单。

(2)点击【结算】按钮之前,务必要确保备件维修出库。按照点击【维修出库】→点击放大镜→双击出库的对应信息→点击【出库】的顺序操作,即可完成备件维修出库。

(3)当维修结算单工时折扣、金额等内容核查无误后,点击【结算】按钮进行结算操作,便可打印出维修结算单,如图 4-27 所示。

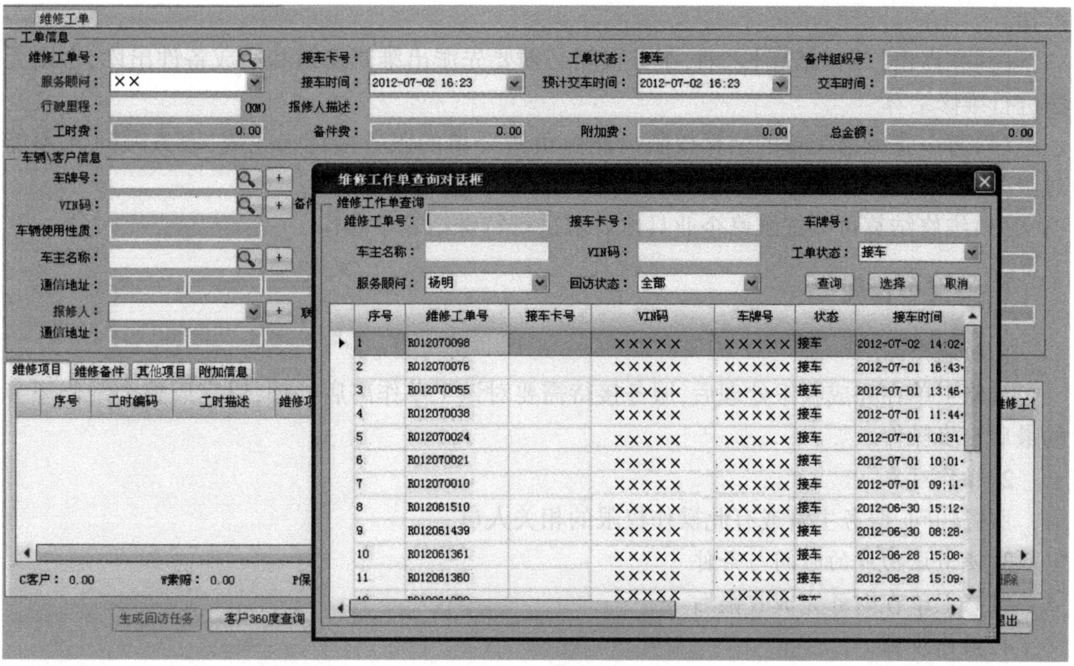

图 4-26　维修工作单查询对话框

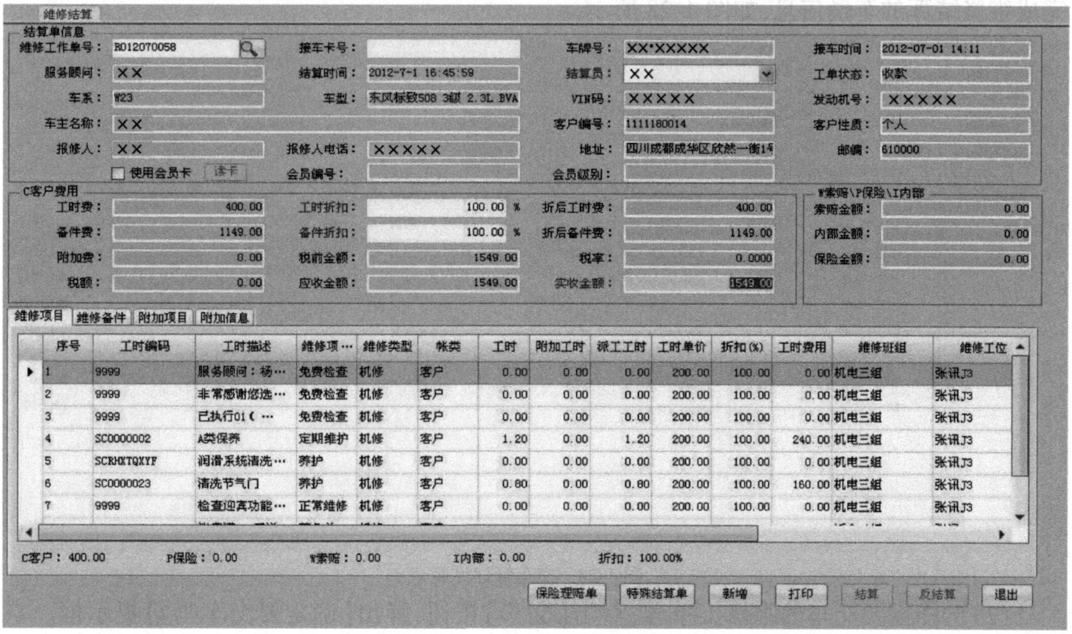

图 4-27　维修结算单打印完成

5. 其他说明

(1)不同的维修项目要分别结算。若维修工单中包含多个账类,可勾选不同账类进行打印。

(2)维修工单分为客户账、保险账、内部账、保险账四类,其中只有客户账可直接进行折扣。

(3)在点击【维修结算】之前,服务顾问必须要先派出维修班组和完成备件出库,否则无法进行维修结算。

(4)每一张维修工单的结算权限只能由负责开单的服务接待来完成,服务顾问 A 不能对服务顾问 B 开具的维修工单实施结算操作。

(5)维修结算可以按维修企业具体需求进行特殊结算单操作。

(三)交车管理

1. 功能介绍

维修工单在完成收银处理后,服务接待需要对该工单作离店处理,以完成整个维修环节的最后一步操作。

2. 操作对象

服务顾问、服务主管或有此操作权限的相关人员。

3. 使用该功能的时间与条件

维修工单在财务完成收银后。

4. 操作步骤

(1)进入【接待管理】模块,点击【交车管理】菜单项,点击【查询】按钮,系统会自动列出完成维修结算的车辆信息,如图 4-28 所示。

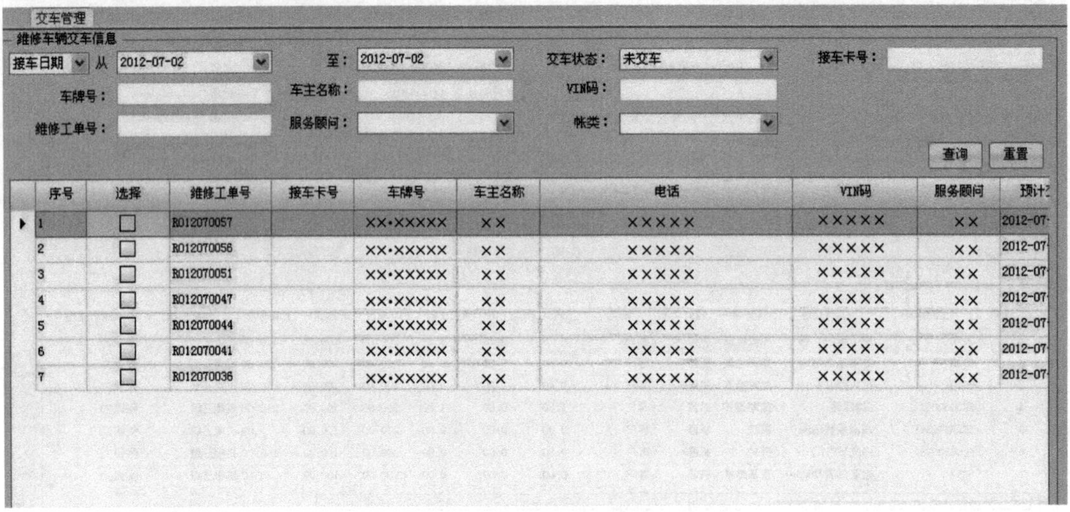

图 4-28　交车管理界面

(2)选择需要交车的维修工单号,点击【交车】按钮,弹出【确定要交车吗?】提示框。点击【是】按钮,即可完成该工单的交车管理操作(图 4-29)。

5. 其他说明

(1)可通过交车状态查询交车清单。

(2)点击【交车】后,系统会自动生成服务跟踪任务。

(3)点击了【交车管理】就不能再进行【反结算】。

(4)可勾选多辆车同时交车。

图4-29　交车成功界面

模块小结

(1)客户管理是选择和管理有价值客户及其关系的一种商业策略。对客户详细资料进行深入分析有助于提高客户对服务的满意程度。最基本的客户资料维护、客户资料查询、车籍档案维护尤其重要。

(2)预约管理方便查询预约情况及进行总量观察。预约登记能够详细记录预约情况,预约看板可方便了解客户车辆是否来店及其状态。预约率是现代服务业考核服务接待能力的一项重要指标。接待管理包括维修工单、维修结算、交车管理三部分操作内容。快速制作维修工单是服务顾问的基本工作,正确地完成维修结算是提高客户满意度的关键要素,交车管理圆满完成仅代表维修接待流程接近尾声。

模块五　汽车维修业务接待相关业务知识

学习目标

1. 能描述汽车质量担保的含义与意义；

2. 能概括三包政策的含义、重要责任条款及责任免除条件，能够运用汽车三包知识进行案例分析；

3. 能描述汽车理赔的特点和保险理赔原则，能运用汽车保险理赔车辆接待流程；

4. 能描述汽车配件的特点、分类以及车辆常见易损件，知晓配件部门的管理职能，能够解释汽车配件的消耗规律，能够识读汽车配件编号并说明汽车配件的检索方式；

5. 能描述汽车维修合同的主要内容，熟悉填写维修合同的流程和要求，能解释合同内容并与客户签订合同。

建议课时

8 课时。

一、汽车质量担保

（一）汽车质量担保政策

1. 汽车质量担保的概念

汽车同其他产品一样都有质保期（也称为质量担保期）。汽车质量担保是指汽车产品制造商、销售商、修理商在质量担保期内保证产品持续符合国家相关质量要求，并满足需求方需要的义务。汽车制造厂家一般会给出行驶时间和行驶里程两个质保期的限定条件，且以先达到者为准。在质保期内，用户可在规定的使用条件下使用，车辆由于制造、装配及材料质量问题所造成的各类故障或零部件的损坏（丧失使用功能的），经过汽车制造厂家授权维修站检验并确认后，均由汽车制造厂家提供无偿维修或更换相应零件，以确保车辆的正常行驶。

汽车质量担保政策主要包括新车质量担保、配件质量担保和汽车维修质量担保，担保的期限和条件一般在随车手册中得以明确。

1)整车质量担保

整车质保期由汽车制造厂家制定,不同厂家的质保期期限有一定差异,国内外新车的质保期也有明显差异。以汽车普及率和人均消费水平较高的美国为例,各大汽车制造厂家在美国执行的整车质保期普遍为 3 年/3.6 万 mile,约合 5.76 万 km,动力系质保期普遍为 5~6 年/6 万~10 万 mile,合 9.6 万~16 万 km,某些皮卡的质保期限甚至达到了 5 年/15 万 km。另外,在车身锈蚀方面,汽车制造厂家也有 5~6 年的质保承诺。而在 2013 年以前,国内市场大多数汽车制造厂家的质保期只有 2 年/4 万~6 万 km,对动力系统和车身锈蚀则普遍无明确的质保承诺。除此之外,美国市场中所执行的质保期规定更为详细和全面,其中汽车基本质保针对正常磨损和维护更换的零部件以外的部件质保,动力系统质保则是针对发动机、变速器、驱动系统等动力总成部件的质保。

2013 年 1 月 15 日发布的《汽车三包规定》中明确规定,家用汽车包修期限不低于 3 年或者行驶里程 60000km。以 BMW 官方公布的整车质量担保为例,自 2013 年 9 月 1 日起销售的新车,整车包修期为 3 年/10 万 km,且以先达到者为准。新车油漆质量保证期限为 3 年且不限里程,新车车身无锈穿保证期限为 12 年且不限里程。东风标致的整车包修期也为 3 年/10 万 km。当然,由于各车企的经营思路不同,也有一些国内的厂家提供超长质保期,有 5 年/15 万 km、6 年/15 万 km、6 年/20 万 km 等。

2)配件质量担保

汽车配件的生产是相当严密的过程,各工序都有严格的检验关卡,但由于一些无法预料的特殊原因,产生配件质量缺陷是不可避免的,因此汽车制造厂或配件制造厂对其汽车产品及配件提供了有条件的保修索赔。保修索赔是一项为了尽量减少由于质量问题对用户造成的不便与损失,并为树立品牌形象,为营销与售后赢得市场所进行的售后服务工作。各汽车制造厂的具体规定尽管有些不同,但原则上区别不大。

在整车保修索赔期内由特约服务站免费更换安装的配件,其保修索赔期为整车保修索赔期的剩余部分,即随整车保修索赔期结束而结束。也就是说,在新车保修期内,所有更换的零部件将同样享受保修服务,此零件的保修期限同新车保修期相一致,并随新车整车保修期结束而结束。由用户付费并由特约售后服务点更换和安装的配件,按从车辆修竣、客户验收合格日和相应公里数计算。在此期间,因为保修而免费更换的同一配件的保修索赔期为其付费配件保修索赔期的剩余部分,即随付费配件的保修索赔期结束而结束。例如,客户在 BMW 授权售后服务中心自费更换的零部件将享有自更换之日起两年(不限公里数)的零件保修。

特殊零部件的保修索赔期依照各汽车制造厂家特殊零部件保修索赔规定执行。例如,有的汽车制造厂家把备件的质量担保分为主要件(发动机类、变速器类)和特殊件(A 类、B 类),并分别规定了不同的保修期限。有的汽车制造厂家又把特殊零部件质量担保期按照 A、B、C、D、E 划分为几个类别,且分别规定了不同的质量担保期和质量担保项目。若零配件属于易损件的,则按照厂家对易损件的保修期规定执行。

3)汽车维修质量担保

交通运输部于 2016 年修订了《机动车维修管理规定》,其中第三十七条明确规定,机动车维修实行竣工出厂质量保证期制度。汽车和危险货物运输车辆整车修理或总成修理质量保证期为车辆行驶 20000km 或者 100 日；二级维护质量保证期为车辆行驶 5000km 或者 30 日；一级维护、小修及专项修理质量保证期为车辆行驶 2000km 或者 10 日。质量保证期中行驶里程和日期指标，以先达到者为准。机动车维修质量保证期从维修竣工出厂之日起计算。

第三十八条规定，在质量保证期和承诺的质量保证期内，因维修质量原因造成机动车无法正常使用，且承修方在 3 日内不能或者无法提供因非维修原因而造成机动车无法使用的相关证据的，机动车维修经营者应当及时无偿返修，不得故意拖延或者无理拒绝。在质量保证期内，机动车因同一故障或维修项目经两次修理仍不能正常使用的，机动车维修经营者应当负责联系其他机动车维修经营者，并承担相应修理费用。

第三十九条规定，机动车维修经营者应当公示承诺的机动车维修质量保证期。所承诺的质量保证期不得低于第三十七条的规定。

2. 质量担保范围

质量担保是为了保证费者的利益以及明确厂商的职责，各汽车制造厂家同样也会对质量担保的范围作出相应的描述，有的汽车制造厂家对质保期内的修理范围、拖车情况、修理费用情况、修理时间情况都作了相应的要求；有的汽车制造厂家同样也从产品缺陷引起的损坏、产品质量以及质量担保费用几个方面来进行规范和要求。

同样地，对于不属于质量担保的范围也有规定。汽车制造厂家在明确自己责任的同时也需要保护自身的利益，如果汽车制造厂家没有一定的免责要求，那么汽车制造厂家和经销商都会面临极大的风险。例如 BMW 针对非中规车、轮胎的损坏及磨损、环境、化学处理造成的损坏或腐蚀等都有着明确的规定。

免责声明对服务顾问来说也是比较重要的，虽然看上去很多，但是都需要认真、仔细地研读，多了解政策性的内容，使服务接待在工作中遇到各种问题时，能够有依据地进行处理。当然，质量保证不包括加装、改装或变更车辆原始装备所造成的任何损坏或失灵以及一切相关后果。客户有责任对车辆进行定期的、正确的维护，因此，服务顾问在进行新车业务接待时要注意建议客户应该按照维护计划时间或里程进行维护，并且尽量选择在该品牌售后服务中心进行定期维护，这将有助于客户充分地享受汽车制造厂家所提供的质量保证服务权利。

(二)汽车三包规定

家用汽车产品三包政策于 2012 年 6 月通过原国家质量监督检验检疫总局局务会议审议，并于 2013 年 1 月 15 日发布，自 2013 年 10 月 1 日起正式实施。汽车三包政策是指在一定的时间和里程下，零售商业企业对所售家用汽车产品实行“包修、包换、包退”的简称。按照国家规定，家用汽车产品的三包有效期为 2 年或 50000km，以先到者为准；在三包期内的车辆在特定条件下包修、包换、包退；家用汽车产品包修期不低于 3 年或 60000km，以先到者为准。需要强调的是，三包政策是一个解决争议的依据，目的让个别投诉有法可依。同时，也对维修企业的服务效率、维修质量及汽车制造厂家的供货能力、技术支持提出了更高的挑战。

1. 与三包相关的名词解释

(1)三包：指产品的包修、包换(换车、换总成零部件)和包退(退车)。

①包修：指家用汽车产品出现产品质量时，由修理者免费修理（包括工时费和材料费）的服务。

②包换：指家用汽车产品出现质量问题，并满足一定的条件时，由经销商为消费者提供换车和换总成零部件的服务。

③包退：指家用汽车产品出现质量问题，并满足一定的条件时，由经销商为消费者提供退车的服务。

（2）三包有效期：指产品包退包换的限定期限。

（3）包修期：指包修的限定期限。

（4）产品质量问题：指家用汽车产品出现影响正常使用、无法正常使用或者产品质量与法规、标准、企业明示的质量状况不符合的情况。

（5）严重安全质量问题：指家用汽车产品存在危及人身、财产安全的产品质量问题，致使消费者无法安全使用家用汽车产品，包括出现安装置不能起到应有的保护作用或者存在起火等危险情况。

（6）家用汽车产品：指消费者为生活消费需要而购买和使用的乘用车，不包括出租汽车、公车、共享汽车等。

（7）乘用车：指相关国家标准规定的除专用乘用车之外的乘用车。即设计和制造上主要用于载运乘客及其随行物品的汽车，包括驾驶员在内最多不超过 9 个座位的车辆。

（8）生产者：指在中华人民共和国境内依法设立的生产家用汽车产品并以其名义颁发产品合格证的单位。从中华人民共和国境外进口家用汽车产品到境内销售的单位视同为生产者。

（9）销售者：指以自己的名义向消费者直接销售、交付家用汽车产品并收取货款、开具发票的单位或者个人。

（10）修理者：指与生产者或销售者订立代理修理合同，依照约定为消费者提供家用汽车产品修理服务的单位或者个人。

（11）经营者：包括生产者、销售者、向销售者提供产品的其他销售者、修理者等。

2. 汽车三包重要责任及解读

1）汽车三包规定的法律关系和体系文件

汽车三包规定的全称为《家用汽车产品修理、更换、退货责任规定》，是依据《中华人民共和国产品质量法》《中华人民共和国消费者权益保护法》《中华人民共和国合同法》等相关上位法，是由国家市场监督管理总局为保护家用汽车产品消费者合法权益而制定的管理规定。

有关汽车三包政策的文件体系如图 5-1 所示。

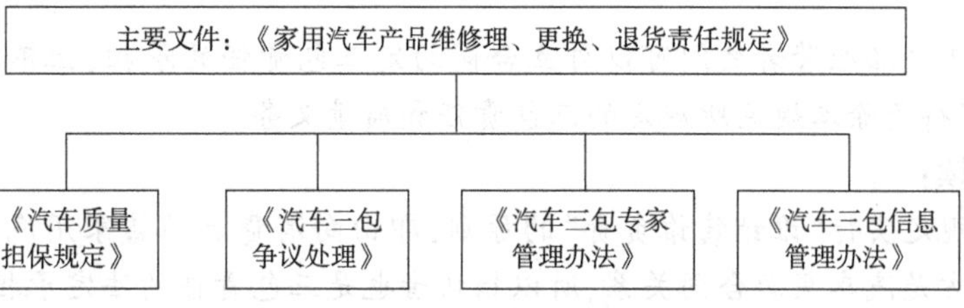

图 5-1　汽车三包政策相关文件体系

2)汽车三包责任重要条款

汽车三包责任重要条款见表5-1。

汽车三包责任重要条款 表5-1

期　限	责　任	三 包 责 任	备　注
60日 或3000公里内	免费更换发动机、变速器总成免费退、换整车	发动机、变速器主要零件出现质量问题； 制动系统失效、转向系统失效、燃油泄漏、车身开裂	符合设定条件，直接更换总成，免费退换整车
2年 或50000公里内	有偿退、换整车	严重安全性能故障，累计维修2次以上； 发动机、变速器累计更换2次以上； 发动机、变速器主要零部件，累计更换2次以上	先限次维修，再有偿退换整车
	有偿换整车	同一质量问题，累计维修超过5次以上； 维修时间，累计超过35日	先限次限时维修，再有偿换整车
3年 或60000公里内	免费修理(工时和材料费)	出现产品质量问题	只修，不退换

3)汽车三包规定重要条款解读

汽车三包规定共涉及9章48条，分为总则、生产者义务、销售者义务、修理者义务、三包责任、三包责任免除 、争议处理、罚则和附则。下面选取相对重要的条款进行解读。

第二条　在中华人民共和国境内生产、销售的家用汽车产品的三包，适用本规定。

条款解读：

该条款规定的产品适用范围，仅限于家用汽车产品。家用汽车产品指的是消费者为生活消费需要而购买和使用的乘用车。

企业、事业单位、政府机关等组织机构为生产、公务等购买的产品不属于三包规定的保护范围。

产品包括境内生产并销售的家用汽车，包括国产、合资、进口的汽车。

第四条　本规定所称三包责任由销售者依法承担。销售者依照规定承担三包责任后，属于生产者的责任或者属于其他经营者的责任的，销售者有权向生产者、其他经营者追偿。

家用汽车产品经营者之间可以订立合同约定三包责任的承担，但不得侵害消费者合法权益，不得免除本规定所规定的三包责任和质量义务。

条款解读：

三包规定实行“谁销售谁负责”的原则，即由向消费者销售家用汽车产品的销售者承担。双方是汽车买卖合同关系，所以销售者也是三包责任的法定承担者。

✐如果汽车质量问题是整车生产商及零部件生产商制造过程中的原因导致的，或者是提供汽车产品的其他销售者原因造成的，销售者在向消费者履行三包义务后，再基于与生产者存在的汽车买卖合同关系，要求生产者承担相应责任。

✐经营者之间订立合同不得免除对消费者规定的三包责任和质量义务。

第十八条　在家用汽车产品包修期内，家用汽车产品出现产品质量问题，消费者凭三包凭证由修理者免费修理(包括工时费和材料费)。

家用汽车产品自销售者开具购车发票之日起60日内或者行驶里程3000km之内(以先到者为准)，发动机、变速器的主要零件(表5-2)出现产品质量问题的，消费者可以选择免费更换发动机、变速器。发动机、变速器的主要零件的种类范围由生产者明示在三包凭证上，其种类范围应当符合国家相关标准或规定，具体要求由国家质检总局另行规定。

家用汽车产品质量担保中主要零部件种类及范围　　表5-2

总　成	主要零部件	总成或系统	主要零部件
发动机	活塞、曲轴、连杆	转向系统	转向机总成
	缸盖(汽缸盖)		转向柱和转向万向节
	凸轮轴		转向拉杆(不含球头)
	缸体(汽缸体)		转向节
	机油泵		液压泵、助力电机
变速器	箱体	制动系统	制动主缸
	液压元件(箱内机械和液压传递部件)		制动器分缸
			助力器(泵)
	齿轮、轴类		驻车制动器
			ABS(ESP)液压控制模块
		悬架系统	弹簧(螺旋弹簧、扭杆弹簧、钢板弹簧、空气弹簧、液压弹簧)
			控制臂
		前/后桥	桥壳
			主减速器、差速器
			传动轴(含半轴)
		车身	车身骨架
			纵梁、横梁
			前后车门本体

条款解读：

体现动力传输系统有限原则，发动机、变速器的主要零件在新车期出现产品质量问题，消费者可以按规定选择更换总成。

第十九条 在家用汽车产品包修期内，因产品质量问题每次修理时间（包括等待修理备用件时间）超过5日的，应当为消费者提供备用车，或者给予合理的交通费用补偿。

修理时间自消费者与修理者确定修理之时起，至完成修理之时止。一次修理占用时间不足24小时的，以1日计。

条款解读：

修理开始时间是指以消费者与修理者双方在修理单据上签字确认的时间，且故障诊断时间应当包括在内。

修理结束时间是指车辆修理完毕后，修理者按消费者提供的有效信息，通知消费者提车的时间。修理者通知消费者取车后，因消费者未及时取车造成的车辆留置时间，不计算在修理时间内；因修理者的原因导致实际交车时间比通知提车时间晚的，其延迟时间应计入修理占用时间。

✎车辆正常维护、非车辆自身质量问题所导致的修理时间不计入修理时间。

✎提供备用车时应签订备用车使用协议。

✎可以根据不同城市的消费水平和车辆的使用价值等因素制定补偿标准。可以把所在城市相关车型行驶1公里的费用作为补偿标准制定的重要参照依据。

第二十条 在家用汽车产品三包有效期内，符合本规定更换、退货条件的，消费者凭三包凭证、购车发票等由销售者更换、退货。

家用汽车产品自销售者开具购车发票之日起60日内或者行驶里程3000km之内（以先到者为准），家用汽车产品出现转向系统失效、制动系统失效、车身开裂或燃油泄漏，消费者选择更换家用汽车产品或退货的，销售者应当负责免费更换或退货。

条款解读：

转向系统失效：指汽车行驶时，因质量原因致使转向系统不能按照驾驶员的意愿控制汽车的行驶方向等现象。

制动系统失效：指汽车行驶时，因质量原因致使制动系统不能按驾驶员的要求进行减速等现象。

车身开裂：指因质量问题，车身结构件及其连接部位或焊接部位裂开可见缝隙等现象。

燃油泄漏：指由于密封装置失效、紧固件松动或零件损坏等质量问题引起的燃油滴流等现象。

这四类故障可能酿成重大事故，危及人身安全，为此要求在60日内或行驶3000公里的短期内一旦发生，销售者应无条件地更换、退货。

在家用汽车产品三包有效期内，发生下列情况之一，消费者选择更换或退货的，销售者应当负责更换或退货：

①因严重安全性能故障累计进行了2次修理，严重安全性能故障仍未排除或者又出现新的严重安全性能故障的；

②发动机、变速器累计更换2次后，或者发动机、变速器的同一主要零件因其质量问题，累计更换2次后，仍不能正常使用的，发动机、变速器与其主要零件更换次数不重复计算；

③转向系统、制动系统、悬架系统、前/后桥、车身的同一主要零件因其质量问题，累计更换 2 次后，仍不能正使用的。

转向系统、制动系统、悬架系统、前/后桥、车身的主要零件由生产者明示在三包凭证上，其种类范围应当符合国家相关标准或规定，具体要求由国家质检总局另行规定。

条款解读：

严重安全性能故障：指家用汽车产品存在危及人身、财产安全的产品质量问题，致使消费者无法安全使用家用汽车产品，包括出现安全装置不能起到应有的保护作用或者存在起火等危险情况。

判断严重安全性能故障的前提条件是家用汽车产品存在质量问题，并且已经发生故障，导致或可能导致危及人身、财产安全的事故。常见的严重安全性能故障模式及示例见表 5-3。

严重安全性能故障主要故障模式及示例　　表 5-3

序　号	主要故障模式	故障说明及典型故障示例
1	制动失效	由于基本制动功能或制动助力功能突然失效，使驾驶员无法按其意愿对车辆进行制动操作，控制车辆减速，包括驻车制动突然失效使车辆无法驻车或行驶中车辆自行制动
2	转向失效	汽车在行驶中，由于转向功能或转向助力功能突然失效，使驾驶员无法按其意愿控制车辆的行驶方向
3	动力失效	由于动力系统原因导致汽车突然自行持续加速或无法减速
4	安全装置失效	汽车在碰撞时，安全装置无法按规定的功能对驾驶员或乘员起到应有的保护作用，如安全带、安全气囊或座椅固定装置失效，汽车行驶中驾驶员或乘员车门自行打开
5	车辆火灾	由于汽车的电气故障、易燃油液泄漏或局部过热等原因可能引起火灾风险
6	视野丧失	汽车在行驶时车外前方视野突然丧失，如行驶中发动机舱盖自行掀起
7	车辆姿态失控	汽车在正常行驶时由于汽车受力构件如车轮、悬架、前后桥、动力传动、车身等部件的原因，导致车辆突然失控

累计更换是指发动机更换 2 次，或变速器更换 2 次，或者发动机和变速器各更换一次。

发动机与发动机主要零件的更换次数不重复计算；变速器同理。如某车辆发动机舱盖由于出现砂眼问题需更换舱盖，数日后因机油泵失效造成发动机轴瓦抱死而更换发动机总成，主要零部件与总成两者不累加计算。

同一主要零件是指不可拆卸修理的最小零件。如在《维修手册》中明示，空调泵不得解体修理，则空调泵总成为同一主要零件。不应理解为空调泵内部的组成零件为最小零件。

第二十一条　在家用汽车产品三包有效期内，因产品质量问题修理时间累计超过 35 日的，或者因同一产品质量问题累计修理超过 5 次的，消费者可以凭三包凭证、购车发票，由销售者负责更换。

下列情形所占用的时间不计入前款规定的修理时间：

①需要根据车辆识别代号（VIN）等定制的防盗系统、全车线束等特殊零部件的运输时

间；特殊零部件的种类范围由生产者明示在三包凭证上；

②外出救援路途所占用的时间。

条款解读：

同一产品质量问题：指因家用汽车产品的同一最小可修理、更换的零部件的质量问题而出现故障的现象。

✎最小可修理、更换的零部件：如发电机内部仍可以分解为定子、转子、电刷、电缆等零件，但由于《维修手册》明示发电机不可解体修理，只能更换整个发电机，则无论是发电机转子质量问题还是定子问题导致的质量问题都视为同一产品质量问题。

✎进行次数累计的是同一最小可修理、更换的零部件的产品质量问题：如因天线的质量问题，导致收音机无法正常收听而更换天线，在三包期内又因天线质量问题导致收音机无法正常收听，而又需再次更换天线，则视为同一质量问题。上述问题累计为2次之后，又因信号放大器问题导致相同的故障现象，则这次不能同上次累计为3次，虽然解决的都是收音机无法正常收听的问题，但它与更换天线不属于同一质量问题。

第三十条 在家汽车产品包修期和三包有效期内，存在下列情形之一的，经营者对所涉及产品质量问题，可以不承担本规定所规定的三包责任：

①消费者所购家用汽车产品已被书面告知存在瑕疵的；

②家用汽车产品用于出租或者其他营运目的的；

③使用说明书中明示不得改装、调整、拆卸，但消费者自行改装、调整、拆卸而造成损坏的；

④发生产品质量问题，消费者自行处置不当而造成损坏的；

⑤因消费者未按照使用说明书要求正确使用、维护、修理产品，而造成损坏的；

⑥因不可抗力造成损坏的。

条款解读：

✎出租是指将家用汽车交给他人使用并收取租金而建立起来的民事租赁关系。

✎租赁给其他单位或人使用，以租用时间或里程计费的机动车，属于营运车辆。其他运营目的指通过汽车运输货物或人员达到牟利的目的。为公司产品提供服务、为超市和机场等场所提供免费服务的也视为营运。

经营者同意或直接授权或者直接由经营者来对汽车产品进行改装、调整、拆卸的，均不属于免除三包责任范围。

✎自行处置不当行为包括：

①汽车运行过程中出现报警或已出现异常等情况，驾驶员未及时停车检查、排除故障而强行继续行驶；

②发现质量问题，未按产品使用说明书等规定自行对车辆拆解或调整行为；

③其他情形。

对于以上所述免责情况，经营者必须能够提供有力的证据，证明相关问题是由于消费者处置不当造成的。

由于消费者未正确使用、维护和修理而造成损坏的，可以免除三包责任，但它们之间必须存在因果关系。

4)浙江省法规

《浙江省实施〈中华人民共和国消费者权益保护法:〉办法》(以下简称“浙江法规”)对汽车三包相关情况进行了规定,见表5-4。

浙江省三包重要条款　　表5-4

期　限	责　任	三 包 责 任
60日或3000公里	免费退、换整车	转向系统失效、制动系统失效、车身开裂、燃油泄漏、安全装置失效、车辆自燃或者其他质量问题引起车辆失控
2年或50000公里	免费退、换整车	严重安全性能故障,累计修理2次以上; 发动机、变速器总成,累计更换2次以上; 发动机总成或主要零件,分别或合计更换2次; 变速器总成或主要零件,分别或合计更换2次; 制动/转向/车身/前/后桥/悬架,分别更换2次

浙江法规最大的亮点在于,汽车免费退换条件范围扩大了。

(1)根据国家规定,家用汽车产品自销售者开具购车发票之日起60日内或者行驶里程3000公里之内(以先到者为准),出现转向系统失效、制动系统失效、车身开裂或燃油泄漏,消费者选择更换家用汽车产品或退货的,销售者应当负责免费更换或退货。而浙江法规则在“转向系统失效”“制动系统失效”“车身开裂”“燃油泄漏”四项条件基础上,增设了“安全装置失效、车辆自燃或者因其他质量问题引起车辆失控”,消费者同样可以要求销售者免费退换。

(2)根据国家规定,家用汽车产品自销售者开具机动车销售统一发票之日起2年内或者行驶里程50000km内(以先到者为准),发动机、变速器累计更换2次后,或者发动机、变速器的同一主要零件因其质量问题,累计更换2次后,仍不能正常使用的,消费者选择更换或退货的,销售者应当负责更换或退货。在国家规定中,发动机、变速器与其主要零件更换次数不能合并计算。而在浙江法规中,则把这一项改为:因质量问题,发动机整体或者其主要零件分别或者合计更换2次后、变速器整体或者其主要零件分别或者合计更换2次后、发动机和变速器整体合计更换2次后,仍不能正常使用的,可以退换车。也就是说,在“三包”期间,汽车因质量问题更换了一次发动机,发动机主要零件也更换了一次,消费者有权向销售者提出免费退换。

3. 易损件的包修

根据汽车三包规定,家用汽车产品的易损耗零部件在其质量保证期内出现产品质量问题的,消费者可以选择免费更换易损耗件零部件。易损耗零部件的种类范围及其质量保证期由生产者明示在三包凭证上。生产者明示的易损耗零部件的种类范围应当符合国家相关标准或规定,具体要求由国家质检总局另行规定。

易损件种类范围不应超出以下范围,见表5-5。

易损耗件种类范围 表5-5

序　号	易损耗件	序　号	易损耗件
1	空气滤清器	9	制动液
2	机油滤清器	10	发动机油
3	燃油滤清器	11	变速器油
4	火花塞	12	液压油
5	制动盘/鼓	13	蓄电池
6	制动摩擦片	14	遥控器电池
7	离合器片	15	灯泡
8	轮胎	16	刮水片

易损耗零部件超出生产者明示的质量保证期出现产品质量问题的，经营者可以不承担本规定所规定的家用汽车产品三包责任。

表5-6、表5-7分别列举了两个汽车品牌的易损耗零部件质保情况：

BMW易损件保修期 表5-6

新老易损件保修期时间节点	保　修　期	易　损　件
进口车：2018年1月1日前 国产车：2018年5月1日前	6个月/5000km	轮胎、刮水片、遥控器电池
	1年/8000km	机油滤清器、空气滤清器、空调滤清器、燃油滤清器、灯泡、熔断丝及普通继电器
	2年/20000km	火花塞、蓄电池、制动衬片、离合器片
进口车：2018年1月1日后 国产车：2018年5月1日后	6个月/5000km	机油滤清器、空气滤清器、空调滤清器、燃油滤清器、灯泡、火花塞、蓄电池、制动衬片、离合器片、轮胎、刮水片、遥控器电池
	1年/20000km	保险丝及普通继电器、蓄电池

东风标致易损件保修期 表5-7

零件明细	质量保证期限(时间/行驶里程)	零件明细	质量保证期限(时间/行驶里程)
保险丝	2个月/1000km	机油滤清器	6个月/5000km
普通继电器	2个月/1000km	轮胎	6个月/5000km
刮水片	2个月/1000km	火花塞	6个月/5000km
灯泡	2个月/1000km	离合器摩擦片	6个月/5000km
空气滤清器	6个月/5000km	前、后制动摩擦片	6个月/5000km
空调滤清器	6个月/5000km	蓄电池	12个月/20000km
遥控器电池	12个月/20000km		

从表5-6、表5-7中我们不难看出，不同的品牌所针对的易损件基本相同，都不脱离国家汽车三包规定，但是对不同的品牌或不同的易损件，其保修期各不相同。

服务顾问是第一个和客户接触的人，因此要对客户的车辆提前做好预警工作，如果客户的车辆涉及保修或三包，应该及时向主管、售后经理以及客户关怀员进行汇报、备案，一起合作完成客户的服务工作，尽量避免出现退、换车辆的情况，同时减少客户投诉，从而实现客户满意度的最大化。服务顾问还要尽可能多地了解和理解质量担保的内容，以给顾客带去更加全面的指导。

（三）案例分析

1. 案例一

某消费者于2018年9月购买车辆，至同年10月中旬，车辆已行驶了2100km左右。该消费者发现发动机汽缸盖部位有渗漏防冻液的现象，经4S店检查确认是发动机汽缸盖质量问题，消费者要求更换发动机，是否合理？

分析处理意见：

本案中出现质量问题的发动机汽缸盖，属于发动机总成中的主要零部件，且车辆的使用日期或行驶里程均未超出60日或3000km，符合更换发动机总成的条件，所以消费者的要求合理。

2. 案例二

某消费者在驾驶车辆过程中制动助力突然失效，经4S店检查，发现制动助力真空管连接处脱落，从而导致制动助力功能丧失。车辆购买时间在60日内，且行驶里程在3000km内，消费者要求换车，但4S店以车辆常规制动还有效为由拒绝换车。4S店做法是否符合要求？

分析处理意见：

本案例中的制动助力功能突然失效，符合严重安全性能故障，且车辆购买日期在60日内，行驶里程在3000km内，符合退换车条件，因此4S店应负责为消费者换车。

3. 案例三

消费者购买了车辆10个月，行驶了10000km，发现发动机汽缸盖部位有渗漏防冻液的现象，经4S店检查确认是发动机汽缸盖质量问题。随后，4S店为该消费者更换了发动机汽缸盖，但5个月后发动机又出现故障，经检查需更换凸轮轴。更换一段时间后，发动机再次出现问题，消费者要求有偿退换整车，是否合理？

分析处理意见：

本案例中客户的车辆在2年或50000km内，累计更换了一次汽缸盖和一次凸轮轴，虽然更换了2次，但是不属于同一主要零部件，不符合更换要求，因此客户的要求不合理。

4. 案例四

消费者购买了车辆6个月，行驶了5000km，发现车辆转向出现问题。经4S店检查确认是转向电机出现了问题。随后，4S店为该消费者更换了转向电机。3个月后，该车辆转向又出现故障，经检查还是转向电机出现问题，4S店于是再次对转向电机进行更换，一段时间后又出现了该现象，消费者要求有偿退换整车，是否合理？

分析处理意见：

本案例中客户的车辆在2年或50000km内，累计更换了2次转向电机，属于同一主要零部件，符合更换要求，因此客户的要求合理。

5. 案例五

某消费者的车辆在三包有效期内出现了底盘异响的故障，经4S店检查后对车辆进行了维修,前后更换了 5 次排气消声器和 1 次变速器,但是故障仍然存在,消费者以同一产品质量问题累计维修超过 5 次为由,要求 4S 店为其更换车辆。4S 店称由于对故障原因判断错误,异响不是由排气消声器导致的,故更换排气消声器的 5 次维修不应纳入到修理次数中,拒绝为消费者更换车辆。4S 店的做法是否合理?

分析处理意见:

本案例中对车辆底盘异响问题的 6 次维修,解决的都是车辆同一个产品质量问题,不应因 4S 店的判断失误和错误维修而侵犯消费者的合法权益,故本案例中 4S 店应为消费者换车。

6. 案例六

某消费者反映车辆在包修期内出现车窗玻璃升降器损坏故障,要求 4S 店为其免费进行维修,该 4S 店的服务顾问初步判定符合三包条件,为其登记开单后交保修专员审核。

分析处理意见:

该 4S 店保修专员在审核时得知该车辆在某打车软件平台注册成为“专车”,并已经从事营运工作,根据三包条款,家用汽车产品有用于出租或者其他营运目的的情况,经营者可以拒绝承担三包责任。

7. 案例七

某消费者自购买汽车后,未在 4S 店以及其他厂家授权的维修店进行维护。车辆使用一段时间后变速器出现了故障,消费者未选择 4S 店对变速器进行拆解维修,但由于维修不当,不仅故障未排除,且对变速器造成了进一步的损坏。此后,消费者要求 4S 店对变速器进行免费保修。

分析处理意见:

4S 店认为该客户擅自拆解变速器而造成变速器损坏,消费者未正确使用、维护和修理而造成的损坏,属于自行处理不当的行为,可以免除三包责任,因而驳回了该消费者的保修申请。

8. 案例八

某客户驾驶自己的汽车行驶至专业的赛车跑道上,造成轮胎的非正常磨损,要求 4S 店进行赔偿。

分析处理意见:

4S 店拒绝了该客户的要求,理由为消费者未按照使用说明书的要求正确使用、维护、修理产品,由此而造成的损坏不予赔偿。

二、汽车保险理赔

(一)汽车保险理赔概述

汽车保险理赔指的是保险人在保险车辆发生风险事故导致损失后,对被保险人提出的索赔要求进行处理的过程。汽车保险理赔工作是保险政策和作用的重要体现,是保险人执行保险合同,履行保险义务,承担保险责任的具体体现。保险的优越性及保险给予被保险人的经济补偿作用在很大程度上都是通过理赔工作来实现的。理赔工作一般是由被保险人提供各种必要的单证，由保险公司负责理赔的工作人员经过计算、复核等具体程序，最后使被保险人获得赔偿。随着电子计算机、信息和互联网技术的发展，各大保险公司已广泛采用网上理赔业务，为被保险人及时获赔提供了极大的方便。汽车保险理赔质量取决于保险人赔案处理的效率和保险合同约定的履行情况，这关系到保险合同双方当事人的利益。例如，对保险人而言，理赔质量直接影响赔付率大小和公司信誉；对被保险人而言，理赔质量直接决定其受赔偿的程度。所以，汽车保险理赔是整个汽车保险过程中非常重要的一环，保险人应谨慎处理汽车保险理赔事宜。

1. 汽车理赔的特点

汽车保险与其他的保险不同，其理赔工作具有显著的特点。理赔工作人员必须对这些特点具有清醒和系统的认识，而了解和掌握这些特点是做好机动车辆理赔工作的前提和关键。

(1)被保险人具有公众性。

很久以前，汽车保险的被保险人主要是企事业单位。随着私家车的普及，被保险人中私家车车主的比例逐年增加。由于这些被保险人文化、知识、修养差异较大，再加上对保险、交通事故处理、车辆修理等知识的匮乏，购买保险具有较大被动性。另一方面，由于利益驱动，使得查勘定损及理算人员在理赔过程中与其交流时存在较大障碍。

(2)损失率高但损失幅度较小。

虽然汽车保险每次事故损失金额一般不大，但事故发生的频率较高，保险公司在经营过程中需投入的精力和费用较大，对保险人提供服务的质量要求也很高。另一方面，虽然从局部看个案的赔偿金额并不大，但积少成多的累积效应也将对保险公司的经营产生不利影响。因此，保险公司同样应予以足够重视。

(3)汽车流动性大。

流动性大是汽车的基本特点之一，同时也导致汽车发生事故的地点和时间具有不确定性，这就要求保险公司必须拥有全天候的报案受理机制和庞大而高效的检验网络来支持其理赔服务，做到随时随地都能接受报案并予以及时处理。

(4)受制于维修企业的程度较大。

由于汽车保险中对车辆损失的赔偿方式多以维修为主，所以维修企业在汽车保险理赔中也扮演着重要角色。这主要是由于多数被保险人认为保险公司和维修企业间有相关协议，既然是保险公司“委托”维修企业对车辆进行维修，那么其必须负责相关事项。一旦因修理价格、工期和质量等出现纠纷时，被保险人会指责保险公司，认为是保险公司的服务质量差而导致的。事实上，保险公司只负责承担保险合同约定风险而导致的损失补偿，对事故车辆维修过程中产生的问题没有责任。

(5)道德风险普遍。

欺诈现象严重是汽车保险管理的一大难题。欺诈现象产生的主要原因是汽车保险具有标的流动性强、保险信息不对称、保险条款不完善、相关法律环境不健全等，这给了许多不法之徒以可乘之机。

2. 汽车保险理赔的意义

人们购买汽车保险就是为了车辆在发生保险事故时能及时得到赔偿。因此，保险理赔涉及投保人(被保险人)和保险人双方利益,做好理赔工作对双方都有积极意义。

1)理赔对被保险人的意义

车险理赔能使汽车保险的基本职能得到实现。汽车保险的基本职能是损失补偿,当保险车辆发生事故后,被保险人就会因此而产生经济损失并向保险人索赔,保险人根据合同对被保险人的损失予以补偿,从而实现保险的损失补偿职能。因此,理赔是保险人依照保险合同履行保险责任、被保险人享受保险权益的实现形式。车险理赔能及时恢复被保险人的生产,安定其生活。总体而言,汽车保险理赔能够促进社会生产的顺利进行与社会生活的安定,所以理赔工作可提高汽车保险的社会效益。

2)理赔对保险人的意义

(1)车险理赔可以发现和检验展业承保质量。例如通过赔付额度或赔付率等指标,保险人可以发现保险费率、保险金额的确定是否合理,防灾防损工作是否有效,从而进一步改进保险公司的经营管理水平,提高其经济效益及知名度。汽车保险的被保险人涉及各行各业,人数众多,是保险公司向社会各界宣传企业形象、推广公共关系的重要窗口。理赔工作作为保险产品的售后服务环节,理赔人员的服务态度是否主动热情、真诚周到,服务质量是否令人满意,将直接影响保险公司在公众心目中的形象,同时也将影响社会公众对其他财产保险的接受程度。因此,保险理赔对社会公众认识保险、接受保险至关重要。

(2)识别保险欺诈。保险欺诈的目的是获取赔偿,该目的只有通过理赔才能实现。理赔人员通过加强查勘、定损、核损等工作,可有效识别保险欺诈,为保险公司挽回经济损失。

(3)发现商机,促进保险经营。目前,我国汽车经销多为"4S 店模式",大多数车主都是从4S 店购买车辆,同时定点4S 店进行维修及维护。4S 店的维修工时费及零配件价格比普通修理企业高,为此,保险公司在车辆承保时通过提高保费来保证车险经营。通过对大量事故的理赔可发现,发生事故较多的多为驾龄较短且购车时间不长的驾驶员,为此,保险公司可尝试与4S 店合作,对新车购买人员进行安全驾驶及事故施救方面的培训,从而减少交通事故的发生或损失的扩大。4S 店将此作为增值服务,可提高汽车的销售量;而保险公司可同时因保险事故减少、赔付率下降等原因降低4S 店车辆的保费,从而增强保险产品的市场竞争力,促进保险经营。

3. 保险理赔的原则

理赔工作必须遵循以下原则:

(1)重合同、守信用;

(2)实事求是;

(3)主动、迅速、准确、合理。

(二)汽车保险

汽车保险又称机动车辆保险,简称"车险",是以机动车辆本身及其第三者责任等为保险标的的一种运输工具保险。汽车保险主要分为交强险和商业险两大部分,其中商业险分为基本险和附加险。基本险常见的险种有车辆损失险、第三者责任保险、车上人员责任险、盗抢险。常见的附加险有玻璃单独破损险、车身划痕险、自燃损失险、发动机涉水险、不计免赔特约险、无法找到第三方特约险等。

1. 交强险

交强险是机动车交通事故责任强制保险的简称。投保交强险后，保险公司在责任限额内承担保险车辆在使用过程中造成的第三方（不包括本车人员和被保险人）人身伤亡或财产损失。交强险保费全国统一，以 6 座一下家庭自用车为例，新车投保为 950 元；连续一年未发生有责交通事故，优惠 10%，保费为 855 元；连续两年未发生有责交通事故，优惠 20%，保费为 760 元；连续三年未发生有责交通事故，优惠 30%，保费为 665 元。如果上年度发生两次以上有责任交通事故，保费上浮 10%，金额为 1045 元；如果上年度发生有责任道路交通死亡事故，保费上浮 30%，金额为 1235 元。

如果发生以下三种情况，交强险保费不浮动，依然是 950 元：

（1）所有权转移；

（2）投保地变更；

（3）脱保 3 个月以上。

目前，北京、上海等地的交强险保费还会依据违章驾驶或酒驾等情况进行上浮。

2. 车辆损失险

车辆损失险是车辆保险中用途最广泛的险种，被保险人或其允许的合格驾驶员在使用保险车辆过程中，因下列原因造成保险车辆损失的，保险公司负责赔偿：

（1）碰撞、倾覆；

（2）火灾、爆炸；

（3）外界物体倒塌、空中运行物体坠落、保险车辆行驶中平行坠落；

（4）雷击、暴风、龙卷风、暴雨、洪水、海啸、地陷、冰陷、崖崩、雪崩、雹灾、泥石流、滑坡等自然灾害；

（5）载运保险车辆的渡船遭受自然灾害（只限于有驾驶员随车照料者）。

3. 第三者责任保险

机动车第三者责任险指被保险人或其允许的驾驶员在使用保险车辆过程中发生意外事故，致使第三者遭受人身伤亡或财产直接损毁，依法由被保险人承担的经济责任，由保险公司负责赔偿的险种。即保险公司承担保险车辆使用过程中造成的第三方人身伤亡或财产损失，但必须是超过交强险赔偿限额以外的部分。投保时，第三者责任险按照赔付额度来投保。赔付额度一般分为 5 万元、10 万元、20 万元、30 万元、50 万元、100 万元、150 万元、200 万元等不同档次，系统内最高 1000 万元。每个档次对应的保费依次有差别。

4. 车上人员责任险

保险车辆发生意外事故导致车上驾驶员或乘客伤亡造成的费用损失，以及为减少损失而支付的必要合理的施救、保护费用，由保险公司承担赔偿责任。车上人员责任险的计算与车辆座位数有关，驾驶员保险费率与乘客保险费率也有差别。

5. 盗抢险

当被保险车辆被盗窃、被抢夺、被抢劫发生全车损失时，保险公司按照出险时车辆的实际价值进行赔付。同时，车辆在被盗抢期间发生的损失也予以赔偿（如车辆在被盗期间撞车或者被破坏了起动线路）。

当车辆发生盗抢时，应在 24 小时内向公安机关报案，如果 60 日内车辆未找回，保险公司将进行理赔。对于车上配件单独丢失(如单独丢失轮胎、后视镜)或不能提供公安刑侦部门出具的盗抢立案证明的,保险公司不予赔付。

如果保险公司赔付被盗车辆后车辆被找回,被保险人可以领回车辆并退回赔款,也可以选择保留赔款,并将车辆所有权转移给保险公司。

6. 玻璃单独破损险

保险公司承担前后风窗玻璃、车窗玻璃单独损坏的损失,不包含车灯、车镜玻璃破碎以及在维修过程中造成的破碎损失。玻璃单独破损险在投保车损险后方可投保,投保金额分别为:进口新车购置价 ×0.25% 和国产新车购置价 ×0.15%。

7. 车身划痕险

车身划痕指的是无明显碰撞痕迹的车身表面油漆单独划伤。与其他险种相比,该险种保费较贵,金额与车龄、保额、车辆使用性质有关。由于此险种存在较高的道德风险,各大保险公司的承保条件比较严格,通常 3 年以下的车予以承保(购买车龄以当地保险公司的政策为准)。

需特别注意的是,划痕险每次赔付后不能自动恢复保险金额。当保险公司赔偿的金额累计达到赔偿限额时,保险责任终止。每次事故免赔 15%。

保险金额分为 2000 元、5000 元、10000 元、20000 元四种。

8. 自燃损失险

投保了车辆损失保险的机动车,可投保本附加险。保险期间内,指在没有外界火源的情况下,由于本车电器、线路、供油系统、供气系统等被保险机动车自身原因或所载货物自身原因起火燃烧造成本车的损失。发生保险事故时,被保险人为防止或者减少被保险机动车的损失所支付的必要的、合理的施救费用,由保险人承担;施救费用数额在被保险机动车损失赔偿金额以外另行计算,最高不超过本附加险保险金额的数额。

9. 发动机涉水损失险

本附加险仅适用于家庭自用汽车、党政机关、事业团体用车、企业非营业用车,且只有在投保了机动车损失保险后,方可投保本附加险。保险期间内,投保了本附加险的被保险机动车在使用过程中,因发动机进水后导致发动机的直接损毁,保险人负责赔偿。发生保险事故时,被保险人为防止或者减少被保险机动车的损失所支付的必要的、合理的施救费用,由保险人承担;施救费用数额在被保险机动车损失赔偿金额以外另行计算,最高不超过保险金额的数额。

10. 不计免赔特约险

保险公司负责赔偿在车辆损失险和第三者责任险中应由保险人自己承担的免赔金额,即 100% 赔付。不计免赔特约险必须在投保车损险和第三者责任险后才能投保。

11. 机动车损失保险无法找到第三方特约险

投保了车辆损失保险后,可投保本附加险。投保了本附加险后,对于车辆损失保险中列明的,被保险机动车损失应当由第三方负责赔偿,但因无法找到第三方而增加的由被保险人自行承担的免赔金额,保险人负责赔偿。

(三)汽车理赔业务流程

如图 5-2 所示,车险理赔服务包括报案受理、异地委托和受理、现场查勘、定损、核价核损、立案、缮制、核赔、结案归档、支付赔款、服务品质评估、服务改进等主要环节。

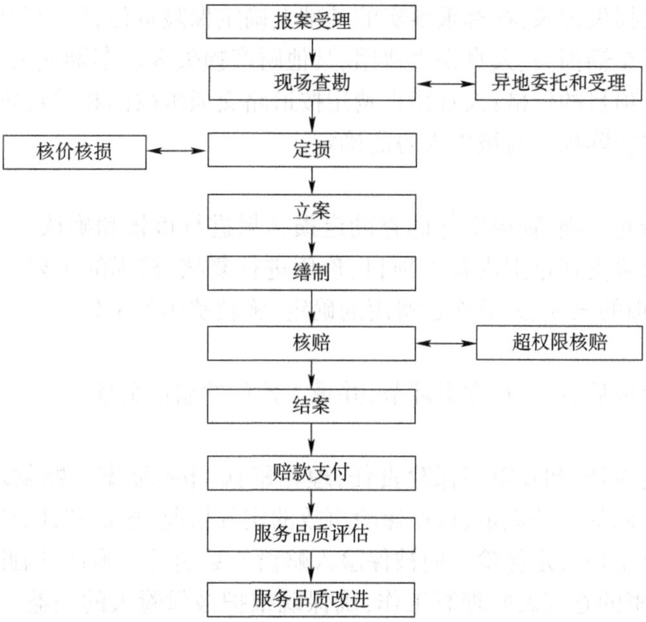

图5-2　汽车理赔业务流程

1. 报案受理

报案受理是指保险人接受被保险人的报案，并对相关事项作出安排。报案受理是汽车保险理赔工作的第一步，各保险公司均非常重视。为此，各保险公司均公布了报案受理部门、开通了多种报案方式，并对报案的内容进行记录，记录的主要内容包括：

(1)报案人、被保险人、驾驶员姓名以及联系方式等信息。

(2)出险的地点、时间、原因、经过以及出险地是否是第一现场等。

(3)保险车辆损失情况、保险车辆号牌。

(4)是否涉及第三方车辆，如涉及第三方车辆还需引导报案人向交警报案或到附近的交通事故快速处理点处理，同时记录第三方车辆的基本信息及受损情况。

(5)保险单证号码。通过保险单证号码可迅速查询该车承保情况、历史赔案记录等信息。

另外，针对出现后报案人惊慌失措的情况，接报案人员还需对客户进行道路安全避险的引导以及情绪安抚工作。

2. 异地委托和受理

异地委托和受理主要指异地出险案件的代查勘委托和受理。

3. 现场查勘

现场查勘是指运用科学的方法和现代技术手段，对保险事故现场进行实地勘察和查询，将事故现场、事故原因等内容完整而准确地记录下来的工作过程。现场查勘是查明保险事故真相的重要手段，是分析事故原因和认定事故责任的基本依据，也为事故损害赔偿提供了证据。所以，各保险公司均建立了合理的服务网络，配备了完善的查勘工具，拥有一定数量且经验丰富的查勘人员，以保证现场查勘工作的快速、有效。

4. 定损

定损阶段主要进行现场查勘定损、保险责任判定及损失预估。定损是根据保险合同的规定和现场查勘的损失记录,在尊重事实的基础上确定保险责任,然后开展定损和赔款计算的工作。损失包括车辆损失、人身伤亡费用、其他财产损失等。车辆损失主要是确定维修项目的工时费和换件项目的价格;人身伤亡费用按道路交通事故的相关规定进行计算即可;其他财产损失一般按实际损失与被害人协商确定。

5. 核价核损

核价核损是指对车损、物损案件的查勘定损结果进行审核和确认。核损主要是对保险事故所造成的在保险责任范围内损失项目、价值进行复核,核损的主要内容有:保险车辆损失核损、第三者物损的核损、人员伤亡费用的确定、施救费用的审核。

6. 立案

当核损步骤完成后,可进行立案环节,并录入预估的赔偿金额。

7. 理算缮制

收集赔案所需单证,初步审核保险责任,理算赔款、报批赔案。赔款理算是指保险公司按照法律和保险合同的有关规定,根据保险事故的实际情况,核定和计算应向被保险人赔付金额的过程。理算工作决定保险人向被保险人赔偿的数额及准确性,因此,保险公司理赔人员应本着认真、负责的态度做好理算工作,确保既维护被保险人的利益,又维护保险公司的利益。理算工作的开展需以被保险人提供的单证为基础,首先核对单证的真实性、合法性和合理性,然后由理算人员对车辆损失险、第三者责任险、附加险及施救费用等分别计算赔偿金额。计算完赔款后,要缮制赔款计算书。赔款计算书应该分险别项目计算,并列明计算公式。赔款计算应尽量用计算机出单,应做到项目齐全、计算准确。业务负责人审核无误后,在赔款计算书上签署意见和日期,然后送交核赔人员。在完成各种核赔和审批手续后,转入赔付结案程序。

8. 核赔

核赔是指保险公司授权范围内独立负责理赔质量的人员,按照保险条款及公司内部有关规章制度对赔案进行审核的工作。核赔工作的主要内容包括:核定保险标的出险原因、损失情况;核定保险责任的确定是否正确;核定损失是否正确;核定赔款计算是否正确。

9. 结案归档

结案归档是指理赔人员根据核赔的审批金额,向被保险人支付赔款、对理赔的单据进行清分并对理赔案卷进行整理的工作。

10. 赔款支付

该环节审核支付手续,并支付赔款。

11. 服务品质评估

该环节对理赔服务品质进行评估。

12. 服务品质改进

针对品质评估发现的问题,制定改进措施,并跟踪落实。

(四)保险理赔车辆接待流程

在车辆出险后,客户会十分着急。由于客户对车辆维修及保险条例均不是十分了解,且要求得到比较满意的维修服务,以及周到的保险代理服务，所以，汽车维修企业必须做好保险代赔以及故障车辆的维修服务工作。目前，投保车险的方式多种多样，有多种渠道可供选择。相比之前客户可以亲自到保险公司对外营业的窗口选择投保的方式，越来越多的客户为了省时省力，会选择在购车时经销售顾问介绍在汽车经销店购买保险或者是通过汽车维修商代理投保。目前很多汽车经销商、汽车维修商都通过与保险公司签订协议，成为保险公司的代理人。客户可以通过代理人来购买保险，投保车辆出险后直接在指定的专营店进行维修，这种方式快捷、高效并值得客户信赖。事故车辆的维修工作较为复杂，在索赔过程中时常伴随着客户与保险公司的纠纷，因此对事故车辆维修接待人员的素质要求较高。为方便事故车辆的理赔工作，许多品牌售后服务部都开辟了“事故车辆维修接待处”，并聘请熟悉事故车的接待、理赔等各项流程，以及对事故车辆的定损、理赔等经验丰富，熟悉代理上牌、续保业务流程，有较强事故车业务拓展能力以及客源关系较好的服务顾问负责事故车辆的接待及索赔工作，并称之为“事故组理赔员”。

1. 接车服务流程

(1)事故组理赔员对前来报修的客户要主动迎接、问候。

(2)与客户一起看车、照相、估价。若保险公司已估价，且与维修店估价出入较大，则应与保险公司协商。

(3)由客户填写出险证明，并请客户提供相应的文件，包括保单证本、出险证明、驾驶证、行驶证、被保险人身份证。路上出险的，还需提供交通管理局事故调解书。

(4)客户没有到保险公司报案的，应视情况及时代客户报案。

(5)根据事故状况、客户要求以及保险公司出具的定损单，制定委托维修派工单。

(6)请客户确认维修项目，并且在委托维修派工单上签字。

(7)根据车间的修理进度，与客户协商取车的时间，并将时间标注于委托维修派工单上。

(8)将事故车移入车间进行修理。

2. 车辆维修过程服务

(1)各工种组长按委托维修派工单登记，登记内容为派工单号、修理内容、维修开始时间、交车时间。

(2)在维修过程中需增加维修项目时，应该及时与客户或保险公司定损人员联系，并且作出详细说明。

(3)视车间维修进度以及维修项目合理安排任务，在委托维修派工单上注明工位号、主修人。

3. 财务结算服务

(1)客户报修车辆修复完成后，首先查看派工单是否有质检员签字，若没有，则退回车间再交车。

(2)将实际维修项目输入计算机，并同时输入工位号、主修人。

(3)按照约定时间通知客户提车。

(4)向客户介绍维修的情况，并请客户验车。

(5)在客户满意后办理提车手续(收回客户提车联)。客户自己垫付的，需按照结算单上的维修金额交费，告知财务人员开具维修发票。

(6)直接与保险公司结算的，则在计算机结算后打印结算清单并请客户签字认可，会计单由财务存查，结算单由保险公司核查。如客户需要，可以给客户复印件，其他相关资料统一由服务部留存。检查客户提供的文件是否齐全、正确、有效。

4. 客户索赔档案所需资料

(1)结算结果报告。

(2)施工单。

(3)接车问诊单。

(4)估价单。

(5)保险事故车辆损失情况确认书。

(6)机动车保险事故现场查勘记录(附事故经过描述及车主签字)。

(7)被保险人驾驶证、行驶证、身份证复印件等。

5. 保险公司结算程序

(1)将客户的索赔档案移交给保险内勤员,核对手续的完整性,并在整理赔案的同时将相关信息记录到保险事故车理赔报表中。

(2)将保险赔案资料交保险公司审核,留下客户的银行账号。在赔款到账后,根据赔款申请表与财务部逐一核对,经两部门确认无误后存档。

(3)根据赔案填写"支出单"并由财务人员审核,待总经理签字确认后,通知客户取款。

6. 保险理赔说明

(1)对于"两无"事故车(无现场、无交警证明或是公安证明),客户无法提供理赔要件的,不能委托代理。

(2)涉及物损和双方、多方事故的,原则上经销店是不予代办的,但可代跑保险理赔相关手续。遇客户强烈要求可请示售后服务经理和总经理同意后,符合代办条件的由客户垫付维修额的30% ~50%,在保险索赔回款后客户先期垫付部分可返还给客户。

(3)对公安机关交通管理部门出具的责任认定需要认真核对,同时依照相应保险公司的规定留意保险理赔中的责任免赔情况,免赔部分由客户承担。

(4)礼貌提醒客户,在车辆修复完毕时,若车主未能提供齐全的代赔资料则将预收全额维修款。

(5)对于牵涉人伤事故,在短期难以结案的,也要礼貌地告知客户应于修后交车时同时结账,资料会完整提供,客户自己向保险公司索赔或者是协助客户向保险公司进行索赔。

(6)对于外地的保险索赔须全额收取维修款,出具相应的维修资料和发票,请客户自行理赔。

(7)保险代办只针对签订代办委赔协议的保险公司,其他保险公司不办理委赔,但可帮助客户代跑保险理赔相关手续。遇客户强烈要求代办的可在请示售后服务经理和总经理同意后,由客户垫付维修额的50%,并在回款后返还至客户。

三、汽车配件管理

(一)汽车配件的定义与特点

1. 汽车配件的定义

凡是适用于汽车上的零件、合件、组合件(包括它们的基础件)和总成统称为汽车配件,这一概念除了名称外,还包含品种和规格。有些适用于汽车的通用配件,有时也可以汽车配件来对待，如轴承、通用电气设备等。

广义上的汽车配件则泛指汽车维修生产企业所需要的全部材料，包括汽车零件、汽车运行材料、汽车维修材料、汽车用品。所有汽车配件都要依照一定的产品标准进行生产、运输、存储、销售，不同的汽车配件产品具有不同的产品标准，这是汽车配件产品共有的一般特点。

2. 汽车配件的特点

作为商品，汽车配件既具有普通商品的一般属性，也有一些独特的特点。

1）品种繁多

只要是有一定规模的汽配商或汽修厂，其经营活动涉及的配件品种都很多，一般都有上万种，甚至几十万种。

2）代用性复杂

很多配件可以在一定范围内代用，不同配件的代用性是不一样的。例如，轮胎、灯泡的代用性就很强，但是集成电路芯片、传感器等配件的代用性就不强。掌握汽车配件的代用性，也是管好汽车配件的首要条件。

3）识别体系复杂

一般汽车配件都有原厂图号（或称原厂编号），且经营者通常还会为其配件进行编号。

4）价格变动快

由于整车的价格经常变动，所以汽车配件的价格也随之变动频繁。

（二）汽车配件的分类

汽车配件种类多达数十万种，非常复杂，汽车售后维修企业的服务顾问首先应了解其分类情况。

1. 按使用性质分类

汽车零配件按零件的使用性质来分类，可分为五种。

（1）基础件。基础件是指组成汽车的一些主要总成零件，如曲轴、缸体、缸盖、凸轮轴、车架、变速器壳等。

（2）消耗件。消耗件是指在汽车运行中，一些会自然老化、失效和到期必须更换的零件，如各种传动带、滤芯、密封垫、轮胎、蓄电池等。

（3）易损件。易损件是指在汽车运行中，容易因自然磨损而失效的零件，如轴瓦、活塞环、活塞、凸轮轴瓦、套缸、气阀、导管、主销、主销衬套、轮毂、制动摩擦片、各种油封等。

（4）维修零件。维修零件是指汽车经过一定的运行周期，必须更换的零件，如各种轴、齿类零件，各类运动件的紧固件，及在一定使用寿命中必须更换的零件，如一些紧固件、转向节、半轴套管等。

（5）肇事件。肇事件是指汽车上主要因为肇事原因而损坏的零件，如保险杠、灯具、后视镜、车身覆盖件、散热器等。

2. 按生产来源分类

汽车配件按照生产来源可以分为原厂件、副厂件与自制件三类。

（1）原厂件。原厂件是指与整车制造厂家配套的装配件，如纯牌零件是指通过汽车制造厂严格质量检验的零件，它们的性能和质量完成能够满足车辆要求。

(2)副厂件。副厂件是指由专业配件厂家生产的,虽然不与整车制造厂配套安装在新车上,但是按照制造厂标准生产的,能达到制造厂技术指标要求的配件。

(3)自制件。自制件是指配件厂家依据自己对汽车配件标准的理解,自行生产的配件,其外观和使用效果与合格配件相似,但其技术指标由配件制造厂自行保证,与整车制造厂无关。自制件是否合格,主要取决于配件厂家的生产技术水平和质量保障措施。

需要说明的是,不论副厂件还是自制件都是必须达到指定的标准水平。这里说的原厂件、副厂件和自制件,都是合格的配件。那些不符合质量标准的所谓"副厂"配件,不属于上述范畴。

另外,汽车配件按照使用周期可以分为常备件和非常备件;按照库存要求可分为快流件、中流件和慢流件;按照材质可以分为金属配件、电子配件、塑料配件、橡胶配件和组合配件等;按照供销关系可以分为滞销配件、畅销配件和脱销配件等。

特别需要说明的是,有一类被称之为标准件的配件,这类配件标准化程度高,行业通用性强,是按国家标准设计与制造的。对同一种零件统一其形状、尺寸、公差、技术要求,能通用在各种仪器、设备上,并具有互换性的零件称为标准件,如螺栓、垫圈、键、销等。

(三)汽车配件的消耗规律与常见易损件

1. 汽车配件的消耗规律

1)汽车配件的失效模式

汽车零部件失去原设计所规定的功能称为失效。汽车在运行过程中,零部件会逐渐丧失原有的性能导致汽车技术状况恶化。服务顾问了解零部件失效理论,有助于熟练掌握维修和预防措施。

汽车配件按失效模式分类可分为磨损、疲劳断裂、变形、腐蚀及老化五类(表5-8)。一种汽车配件可能同时存在几种失效模式。

汽车配件失效类型分类 表5-8

失效类型	失效模式	举例
磨损	粘着磨损、磨料磨损、表面疲劳磨损、腐蚀磨损、微动磨损	汽缸工作表面"拉缸"、曲轴"抱轴"等
疲劳断裂	高应变低周疲劳、低应力高周疲劳、腐蚀疲劳、热疲劳	曲轴断裂、齿轮轮齿折断等
腐蚀	化学腐蚀、电化学腐蚀、穴蚀	湿式汽缸套外壁麻点孔穴
变形	过量弹性变形、过量塑性变形	曲轴的弯曲、扭曲,基础件(汽缸体、变速器壳)变形
老化	龟裂、变硬	橡胶轮胎、塑料器件

2)汽车配件的失效原因

引起汽车配件失效的原因很多,主要可归结为工作条件因素(包括零件的受力状况和工作环境)、设计制造不合理(设计不合理、选材不当、制造工艺不当等)以及使用与维修不当三个方面。

汽车配件的受力状况包括荷载的类型、荷载的性质以及荷载在零件中的应力状态。绝大多数的汽车配件是在动态应力作用下工作的。由于汽车的起步、停车以及速度的变化等，动态应力的波形。应力幅的大小、方向、周期等都随时间而变化，使配件承受动荷载，从而加速配件的早期磨损。

汽车配件在不同的环境介质(气体、液体、酸、碱、盐介质、固体磨料、润滑剂等)和不同的工作温度作用下，可能引起腐蚀磨损、磨料磨损以及由热应力引起的热变形、热膨胀、热疲劳等失效。此外，还可能导致材料脆化，从而引起高分子材料老化等。

设计不合理是汽车配件时效的重要原因之一。如汽车配件的装配精度不够，导致相配合零件产生滑移和变形，进而造成微动磨损，加速配件的失效。

汽车在使用中超载、润滑不良、滤清效果不好，违反操作规程，出现偶然事故以及维修不当等，也都会造成配件的早期破坏。

3)汽车配件失效曲线图

总体来说，汽车配件失效规律与汽车的损坏规律相似。图 5-3 给出了汽车故障与运行时间(或是行驶里程)的关系曲线，简称为故障率曲线。曲线可分为三个阶段，即早期故障期、偶发故障期和耗损故障期。

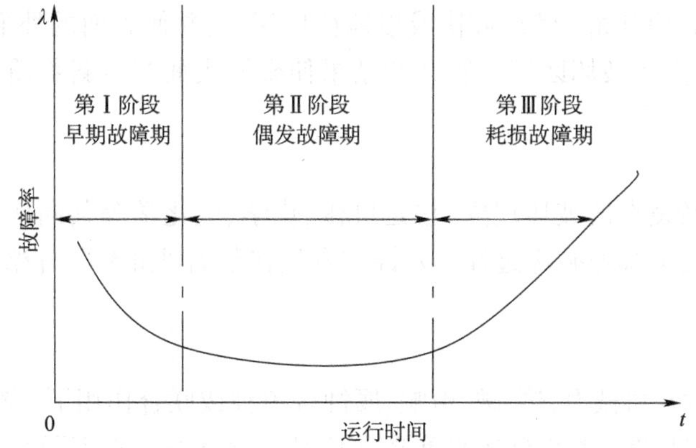

图 5-3　汽车的损坏规律曲线

(1)早期故障期。早期故障期的特点是故障率高，且随时间的增加会迅速下降。就汽车而言，一般是由设计、制造或修理质量不良而引起的。例如，新车或大修车在刚投入使用时，有一个磨合过程，在此过程中，某些设计、制造及装配上的缺陷就会暴露出来，一般该时期的故障与零配件的使用寿命无关。

(2)偶发故障期。偶发故障期是由设计不合理、材料缺陷等偶然因素引起的。偶发故障期是汽车的正常工作期，在此时期内，汽车使用性能保持在正常水平，该时期的故障率低而且稳定。偶发故障期时间长短标志着汽车的有效寿命长短。因此，应采取各种措施来维持汽车在这一时期内正常运行。

(3)耗损故障期。耗损故障期主要出现在汽车使用的后期，在此期间某些零部件已经出现老化、耗损，故障率随时间增加迅速上升。耗损故障的出现将使汽车丧失使用性能，所以为延长汽车的使用寿命，在耗损故障期到来之前应及时进行维修。

2. 汽车易损件的概念

“易损件”顾名思义就是汽车配件中最容易受损更换的部件，但相关主管部门和各汽车制造厂对易损件均无定义性规定。因汽车配件在制造上不断采用不同的工艺，选用不同的材质，在使用上由于工作环境、操作技术、维修及维护等多方面的因素，其使用寿命悬殊甚大。凡在汽车使用寿命期以内须更换 2 次以上的配件品种，均应列入易损件范围。

1）汽车易损件的特点

（1）易消耗。

汽车配件由于自然磨损而失效快或使用完的现象称为消耗，例如汽车常用的油液，需要经常补给。

（2）易磨损。

汽车配件摩擦表面的金属在相对运动过程中不断损失的现象称为磨损，它包括物理、化学、机械、冶金等方面的综合作用。一个表面的磨损，可能是由于单独的磨损机理造成的，也可能是由于综合的磨损机理造成的。磨损的发生将造成配件形状、尺寸及表面性质产生变化，使零件的工作性能逐渐降低。

（3）易腐蚀。

金属配件的腐蚀是指表面与周围介质起化学或电化学作用而发生的表面破坏现象。腐蚀损伤总是从金属表面开始，然后或快或慢地往里深入，并使表面的外形发生变化，出现不规则形状的凹洞、斑点等破坏区域。腐蚀的结果使金属表面产生新物质，如果时间长久，将导致零件被破坏。

（4）易穴蚀。

穴蚀是一种比较复杂的破坏现象，它是机械、化学、电化学等共同作用的结果。当液体中含有杂质或磨料时会加速破坏过程。穴蚀常发生在柴油机缸套的外壁、水泵零件、水轮机叶片、液压泵等处。

（5）易断裂。

断裂是汽车配件在机械力、热、磁、声响、腐蚀等单独或联合作用下，发生局部开裂或分成几部分的现象。断裂是汽车配件破坏的重要原因，它是金属材料在不同情况下，当局部裂纹发展到零件裂缝尺寸时，剩余截面所承受的外荷载超过其强度极限而导致的完全断裂。断裂是零件使用过程中的一种最危险的破坏形式。断裂往往会造成重大事故，产生严重后果。

（6）易变形。

多年的维修实践证实，虽然将磨损的零件进行修复，恢复了原来的尺寸、形状和配合性质，但装配完成后仍达不到预期的效果。出现这种情况，通常是由于汽车配件变形，特别是基础配件变形，使配件之间的相互位置精度遭到破坏，影响了各组成零件之间的相互关系。在高科技迅速发展的今天，变形问题将越来越突出，它已成为维修质量低、大修周期短的一个重要原因。

2）汽车易损件的分类与识别

在汽车配件的分类方法中，根据汽车配件所在部位来分类比较实用，即分为发动机配件、底盘配件、电器配件、车身配件。汽车的易损件也可以按这种分类方法分类，各部分易损件见表 5-9。

常见易损件　　表5-9

发动机易损件	汽缸盖、汽缸衬垫、活塞、活塞环、连杆、活塞销、曲轴轴承、气门、气门弹簧、正时齿轮、正时链条、机油滤清器、空气滤清器、汽油滤清器、节温器、风扇皮带、水泵、汽油泵、油底壳等
底盘易损件	离合器从动盘总成、万向节、半轴、转向拉杆球头、减振弹簧、减振器、动力转向装置、液压制动软管、前后制动片、制动盘、滚动轴承、轮胎、轮毂等
电气设备易损件	发电机、起动机、蓄电池、点火线圈、火花塞、电热塞、灯具、继电器、开关、刮水片、喇叭、各保险丝、仪表、传感器等
车身易损件	车门、保险杠、后视镜、装饰条、玻璃、玻璃升降器、门锁、翼子板、挡泥板、蒸发器及壳体等

(四)汽车配件的编号规则

汽车配件编号是用来识别和查询零配件,为了技术、制造、管理需要而编制的一串编码,不同汽车厂家品牌的编号形式有所不同。

1.与配件编号有关的术语及含义

在汽车配件相关术语中,"组"表示汽车各功能系统的分类;"分组"表示功能系统内分系统的分类顺序;"零部件"则包括总成、分总成、子总成、单元体和零件。

(1)总成。总成是由数个零件、数个分总成或它们之间的任意组合而构成一定装配级别的并具有独立功能的汽车组合体,如发动机、变速器、转向器、前桥、后桥、车身、车架和驾驶室等,传动轴总成是由各种传动轴相关零件的组合体,从而实现动力传递。

(2)分总成。分总成由两个或多个零件与子总成一起采用装配工序组合而成,对总成有隶属装配级别关系的部分就是分总成。

(3)子总成。子总成由两个或多个零件经装配工序或组合加工而成,对分总成有隶属装配级别关系的部分就是子总成。

(4)单元体。单元体是指由零部件之间的任意组合构成的具有某一功能特征的功能组合体,通常能在不同环境独立工作的部分就是单元体。

(5)配件。配件是指不采用装配工序制成的单一成品、单个制件,或由2个以上连在一起的、具有规定功能的、通常不能再分解的(如含油轴承、电容器等外购小总成)制件。

2.汽车配件编号形式

为便于对汽车配件进行检索、流通和供应,我国汽车遵循《汽车零部件编号 规则》(QC/T 265—2004)。它把汽车零部件分为64个大组,规定完整的汽车零部件编号表达式由企业名称代号、组号、分组号、源码、零部件顺序号和变更代号构成。汽车零部件的编号表达如图5-4所示,根据其隶属关系可按下列3种方式进行选择,其中的代码使用规则如下。

(1)企业名称代号通常由2位或3位汉语拼音字母表示。

(2)源码:用3位字母、数字或字母与数字混合表示,用来描述设计来源、车型系列和产品系列,由生产企业自定。

(3)组号:用两位数字表示汽车各功能系统分类代号,按顺序排列。

(4)分组号:用4位数字表示各功能系统内分系统的分类顺序代号,按顺序排列。

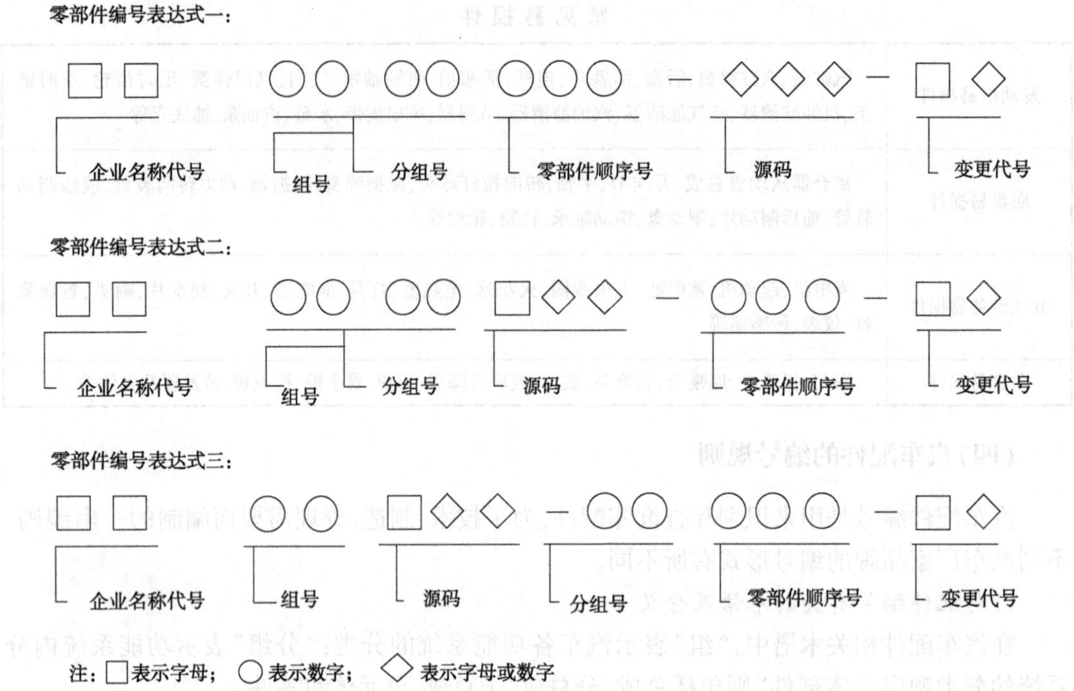

图 5-4　汽车配件编号规则

(5)零部件顺序号：用3位数字表示功能系统内总成、分总成、子总成、单元体零件等顺序代号。

(6)变更代号：由2位字母、数字或字母与数字混合组成，由生产企业自定。

通常，整车制造厂都会对制造汽车所用的配件进行统一编码，编码的规定各不相同，但都有相对固定的规则。这些固定的编码通称原厂编码，由英文字母和数字组成，每一个字符都有特定的含义。

进口汽车品种繁多，其配件编号规则各不相同。下面以几个常见车系的编码为例，举例说明。

1)奥迪车系

奥迪车系的配件编码一般是一个10位的字符串，可以使用英文字母或阿拉伯数字。奥迪车系的配件编号分段规则是3-1-2-3-1。例如，奥迪A6的一款发动机电脑原厂编码如图5-5所示。

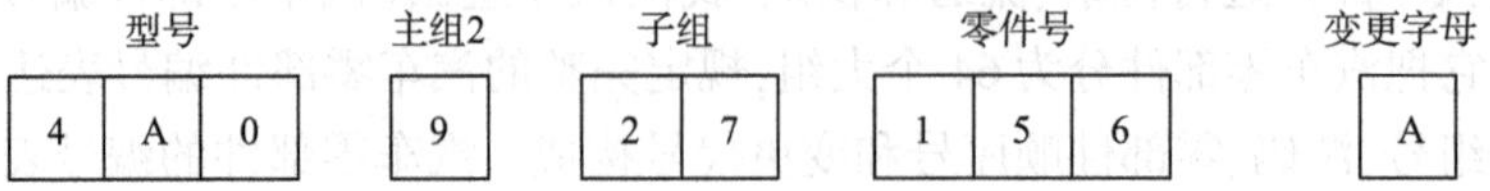

图 5-5　奥迪 A6 发动机电脑原厂编码

奥迪车系的配件主组如下。

主组1：发动机。

主组2：油箱、油管、排气系统、制冷系统。

主组3：变速器。

主组4：前轴、差速器、转向器。

主组 5：后桥。

主组 6：车轮、制动系统。

主组 7：手操纵系统、脚踏板系统。

主组 8：车身。

主组 9：电器。

主组 10：附件。

2）奔驰车系。

奔驰车系的配件分为基本件、电器件、辅助件和装饰件。

（1）基本件：由 10 位阿拉伯数字组成，分为 4 段，格式是 3-3-2-2。

例如，奔驰车的某种弹簧的原厂编码如图 5-6 所示。

车系			系统分属			材料、左右		子系统	
4	3	5	3	2	4	0	6	0	4

图 5-6　奔驰车系弹簧的原厂编码

（2）电器件：由 10 位阿拉伯数字组成，分为 4 段，格式是 3-3-2-2，其中首位为“0”。例如，奔驰车的一种开关的原厂编码如图 5-7 所示。

车系			系统分属			材料、左右		子系统	
0	0	1	5	4	5	2	9	0	9

图 5-7　奔驰车系开关的原厂编码

（3）辅助件：由 12 位阿拉伯数字组成，分为 4 段，格式是 6-2-2-2。其中，前三位数字都为“0”，代表辅助件（包括螺钉等标准件）。例如，奔驰车的某种垫片的原厂编码如图 5-8 所示。

0	0	0	1	3	7	0	0	8	2	0	4

图 5-8　奔驰车系垫片的原厂编码

（4）选装件：由 9 位字符组成，其中第一位是“B”，后 8 位为阿拉伯数字，如图 5-9 所示。

B								

图 5-9　奔驰车系选装件的原厂编码

3）丰田车系

丰田车系的配件分为普通件、单一件、半总成件、组件、修理包和专用工具几大类。

以普通件为例，它的编码有 12 位，分为 3 段，是 5-5-2 结构。其中，第一段的 5 位字符是基本编号，表示配件的种类；第二段的 5 位字符是设计和变更编号，表示发动机类型和汽车型号；第三段的两位字符是附加编号，表示配件的颜色和其他属性。例如，丰田车的某种室内镜的原厂编码如图 5-10 所示。

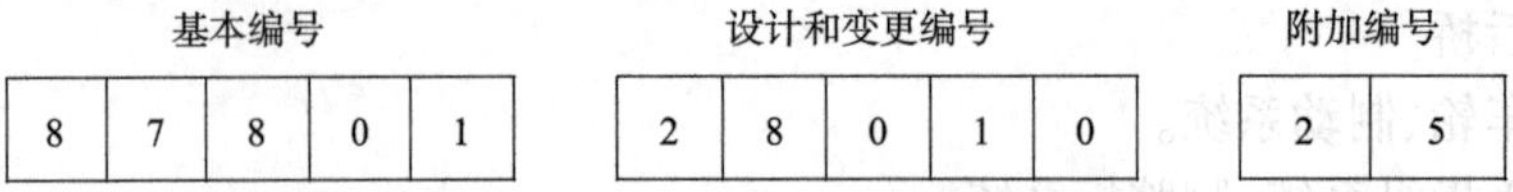

图 5-10　丰田车室内镜的原厂编码

(五)汽车配件检索与管理

1. 配件的检索

汽车上所使用的每一个配件都具有严格的型号、规格和工况标准。要在不同型号汽车的成千上万种配件品种中为顾客精确、快速查找出所需配件,就需要一套以计算机管理系统为基础的检索方式。汽车配件的检索包括两方面的内容,一是查询并确认客户所需配件的零件编号、零件名称、型号等信息;二是查询该配件的库存数量、价格、仓位等信息。

1)汽车配件检索工具

可以通过查阅配件目录来确认配件编号,汽车配件检索工具一般有书本配件手册、微缩胶片配件目录和电子配件目录(CD 光盘)或包含有电子配件目录的专用配件查询软件(EPC)等多种形式。微缩胶片配件目录因使用不方便,现在已经逐渐被淘汰了。

目前各品牌 4S 店中应用较多的是汽车配件电子目录。汽车配件电子目录主要是 4S 店为了查询方便,而将自己所做品牌的所有车型、汽车配件、内部组成等信息等资料编成的一个软件,其主要应用于全国各大、中、小型汽车修理厂以及汽车配件商店。汽车配件电子目录附有厂家对该配件目录的适用范围以及使用方法的详细说明,可以使客户非常方便、直观地了解每个车型汽车零部件的专业正规名称、形状、数量、安装位置、所属车型、配件零件号,与哪个配件相连,全车线束及电器的分布,每个插头的连接方式,以及配件价格等。汽车配件电子目录还存有各种组成部分的内部图片,例如发动机总成、发电机总成等,里面都有比较清楚的图片可以参考,客户可以通过它直接查询到配件的各种资料。以 BMW 汽车配件电子目录为例,其查询界面如图 5-11 所示。

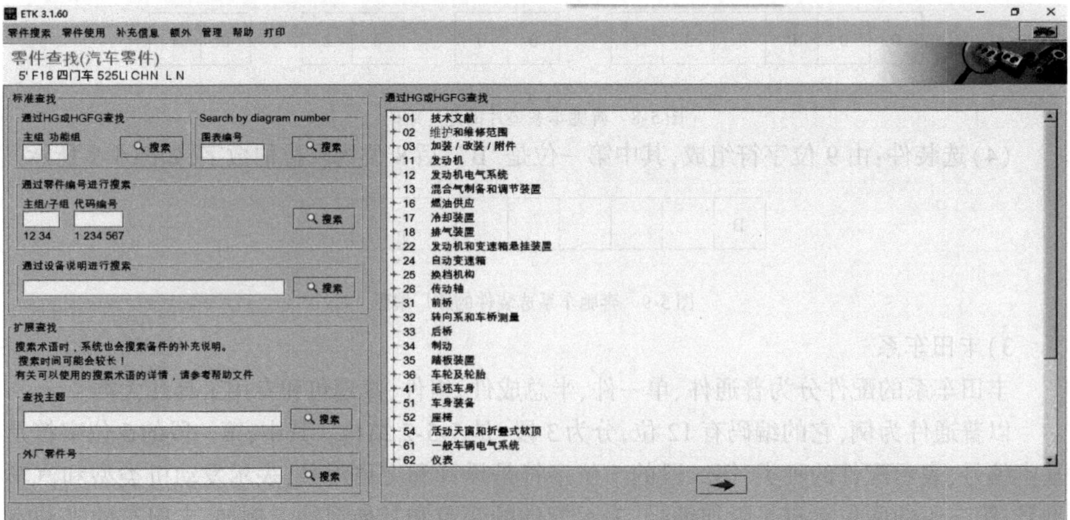

图 5-11　BMW 汽车配件电子目录查询界面示例

目前各大厂商都根据自身需要开发了相应的配件服务体系,其结构和功能之间有较大的差异,但实际内容是一致的,即都包含了所有车辆配件的相关信息。使用电子配件目录系统后,就可以通过计算机很方便地查询到配件信息,并以装配图等方式显示出来,替代了传统查询手册的方式,更准确、方便和快捷。目前配件的检索与显示已经可以做到三维立体视图模式,立体插图中的插图号与电子配件目录中的配件号、配件名称、备注说明、每车件数、车型匹配形成一一对应关系。被授权的经销商可与厂家建立良好的信息沟通渠道,通过联网或定期升级电子配件目录,及时掌握零件的变更信息,并实时地更新自己的配件信息库,实现资源共享,同步升级。

2)汽车配件检索方法

如图5-12所示,一般的汽车配件电子目录查询软件都提供了多种的查询检索途径,配件管理人员可根据具体情况选择不同的查询方法获取所需的信息。

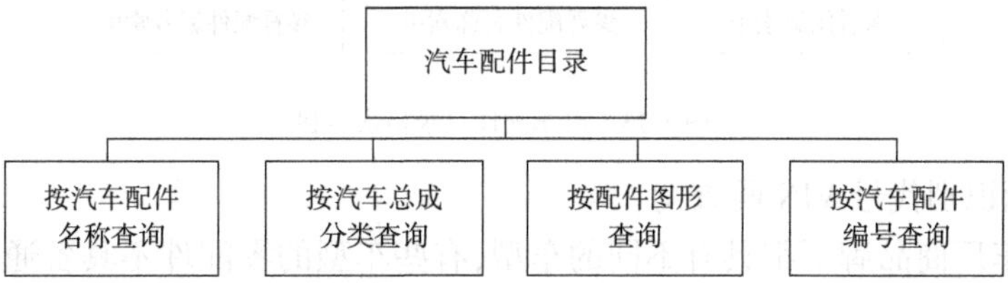

图5-12　汽车配件检索方式

(1)按汽车配件名称查询。

在进口汽车的电子配件目录或是配件手册中,均附有按配件名称字母顺序编排的索引,如果知道所需配件的英文名称,即使缺乏专业知识的人员,也可采用此种方法较快地查找到该配件的有关信息。

(2)按汽车总成分类查询。

可将汽车配件按总成分类列表(如发动机、传动系、电气设备、转向、制动、车身附件等),然后根据配件所属总成,查出对应的地址编号或模块编号,再根据编号查询出该配件的有关详细信息。不同的汽车公司,其车系分发也有所不同。因此,汽车总成分类索引适用于对汽车配件结构较熟悉的专业人员,要求这些人员知道某一个零件属于哪个总成部分,才能快速查询和确认客户所需要的配件。

(3)按配件图形(图号)索引。

把汽车整车分解成若干个模块,采用图表相结合的方式,用立体装配关系展开图能直观、清楚地显示出各个配件的形状、安装位置及其装配关系,并在对应的表中列出配件名称、配件编号、单车用量等详细信息。按图形(图号)索引查询的特点是能直观、准确、方便、迅速地确定所需配件。

(4)按汽车配件编号索引。

一般汽车配件上均有该配件的编号,如果所需配件编号已知,采用本方法能准确、迅速地查询到该零件的有关信息。一个配件的名称可能因翻译、方言等叫法不同,但配件编号是唯一的。配件编号索引是根据配件编号大小顺序排列的,根据已知的配件编号,可以查出该配件的地址编码或所在页码,然后查询其详细信息。按汽车配件编号索引通常可采用以下三种查询方法,如图5-13所示。

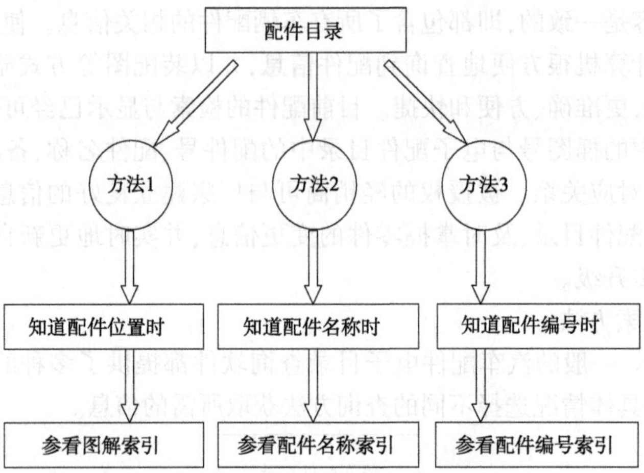

图5-13 汽车配件目录检索步骤

(5)用车辆识别代号VIN码查询。

由于各汽车厂商品牌下都具有不同的车型,有些车型的零配件不具备通用性,为了准确检索到零配件的编号,可用车辆的VIN码来确定车型信息。特别是使用电子零件目录EPC时,用VIN号码查询零件编号的速度快,准确度高。

车辆识别代号是制造厂为了识别而给一辆车指定的一组字码,用VIN(Vehicle Identification Number)表示。VIN是表明车辆身份的代号,具有在世界范围内对一辆车的唯一识别性,并保证30年内不重复出现。因此又有人将其称为"汽车身份证",是识别一辆汽车不可缺少的工具。车辆识别号中含有车辆的制造厂家、生产年代、车型、车身形式、发动机以及其他装备的信息。国际标准化组织ISO于1977年将车辆识别方案推向世界,并制定了完善的车辆识别代号系列标准,即ISO3779,使世界各国的车辆识别代号都建立在统一的理论基础上。目前,采用这套车辆识别系统的国家已超过30个。

VIN码是制造厂为了识别而给一辆车指定的一组字码,由17位字符(包括英文字母和数字)组成,俗称十七位码,使用除字母I、O和Q之外的所有字母和数字。VIN码包含该车的生产厂家、车型系列、车身形式、发动机型号、车型年款、安全防护装置型号、检验数字、装配工厂名称和出厂顺序号码等。

VIN码具有很强的唯一性、通用性、可读性以及最大限度的信息承载量,具有很好的可检索性。VIN码一般以标牌的形式出现,装贴在汽车的不同位置。VIN码的常见位置有仪表板左侧、前横梁、行李舱内、悬架支架上、纵梁上、翼子板内侧及直接标注在车辆铭牌上,如图5-14、图5-15所示箭头位置。

2.汽车配件管理

汽车配件由企业的配件部门来管理,在客户有需求的时候配件部门应能及时供应零件,合理采购以减少客户由于等待而带来的损失。据统计显示:在4S店售后服务的利润来源中,零配件的销售利润占有很大的一部分比例。所以,配件部门不单是一个简单的仓库管理部门,也是维修售后服务的保障供应系统,不仅仅为车间维修维护作业提供零配件的管理,同时也是维修企业利润的主要来源部门之一。

汽车配件的管理对维修企业而言有着非常重要的作用,提供维修服务所需要的配件是优质服务的基础,保持既满足维修需求又不过高的库存量是提高企业运作效率的关键之一,其核心业务由进(采购计划工作)、销(销售出库工作)、存(入库及库房管理工作)三个主要部分组成。

图 5-14　VIN 码位置

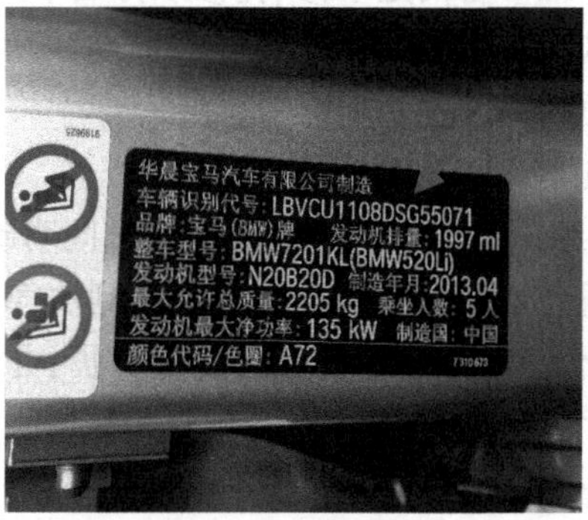

图 5-15　车辆铭牌

1)采购计划管理

汽车维修企业的配件库好比是一个蓄水池,配件需求好比出水管,配件采购好比进水管。我们在不同的时间需要不同数量的供水,而且要求保障供应,不能缺水,不能断流,更不能让水放置的时间长了变质,那要怎么办呢?这就是汽车维修企业对配件采购供应的要求,只有控制好采购、库存和需求的关系,才能使汽车维修企业运作良好,保证服务水平。

2)销售出库管理

汽车配件出库,标志着储存保管工作的结束,把好"出货关"是库房管理工作的重要一环。在维修企业当中,配件出库通常有车间领料的内销出库、客户直接购买零配件或附件精品的外销出库等形式,但都需要根据相关的凭证,按照规定的流程和要求进行一系列工作。例如,车间领料出库需要凭服务顾问开具的工单,才能到配件部领取和维修项目相对应的配件。

3)入库及库房管理

汽车配件入库是汽车配件库房管理的第一个环节。汽车配件只有在办理了配件入库手续后才能进入配件的库房管理阶段。入库作业是指从接到入库通知单后,经过接运提货、装卸搬运、检查验收、办理入库手续等一系列作业构成的工作过程。配件到货必须立即办理验收入库,未办理入库前一律不允许出库。

配件入库后应及时做好配件损坏情况、订货缺件情况和配件价格变化情况统计、核对,并及时通报配件主管。配件部门必须及时更新配件看板,及时将到货信息有效通知订货部门及订货人员,确保及时通知用户或待料班组。入库过程中对于厂家更新编码的零件,必须在电脑系统中、配件进销卡上注明代替关系等信息,为日后准确发货创造条件。

四、汽车维修合同

(一)汽车维修合同的概念与作用

1. 汽车维修合同的概念

汽车维修合同是承修、托修双方当事人之间设定、变更、终止民事法律关系的契约,是为了协同其汽车维修活动达到规定标准和约定条件维修汽车的目的,而协商签订的带有相互制约性质的法律性协定。

2. 汽车维修合同的作用

(1)维护汽车维修市场秩序。合同明确了承修、托修双方的权利与义务,可以保障当事人的权益。依法订立的合同由于受到法律保护,因此可以使当事人维修活动行为纳入法制轨道,使合法的维修活动受到法律保护,并防止或制裁了不法维修活动,从而维护了正常的市场秩序。

(2)促进汽车维修企业向专业化、联合化方向发展。合同制使得各部门、各环节各单位通过合同明确相互的权利义务和责任,便于双方相互监督、相互协作,从而有利于企业发挥各自的优势,实行专业化经营和管理,促进横向经济联合。

(3)有利于汽车维修企业改进经营管理。合同制要求企业按照合同组织生产经营活动。企业的生产经营状况与合同的订立和履行情况紧密联系在一起。企业只有改进经营管理,努力提高维修质量,才能保证正常履行合同。只有这样,企业才能有信用、有市场,从而不断改善经营条件,进而获得更好的经济效益和社会效益。

3. 签订维修合同的必要性

汽车在使用一定的时间后,必然要对某些项目进行维护、零星维修、总成大修及整车大修等。此时,车主便转变为托修方,维修企业转变为承修方。

为了高质量完成汽车维修,并且减少事后纠纷,承修方与托修方就有必要通过签订汽车维修合同的方式,将双方的权利、义务以合同的形式固定下来。汽车维修合同不是一纸空文,而是托修方与承修方相关权利及义务的约定,是对双方利益共同的保障。车主和维修企业都要提高签订维修合同的自觉性。

早在1992年,原交通部、国家工商行政管理局就在联合发布的《汽车维修合同实施细则》中规定:凡车辆二级维护以上的维修项目或维修预算费用在1000元(轿车在2000元)以上的,承修、托修的双方必须签订维修合同。由原交通部颁布,于2005年8月1日起施行的《汽车维修管理规定》在第三十四条、第四十条两次提到维修合同,这充分说明了汽车维修合同的重要性。

在维修之前,签订详细的服务协议及维修合同,承修方与托修方应对有关汽车维修的预计费用、质量保证期、交车日期、违约责任、合同纠纷的解决方式等都进行约定。一旦出现纠纷,也可依据合同维护自身的权益。

有些汽车维修企业,片面地认为签订维修合同会对自己产生约束,不肯积极、主动地签订维修合同。实际上,一旦遇到纠纷闹上法庭,法官往往会要求作为强势一方的汽车维修企业举证。一旦汽车维修企业因未签订维修合同而无法举证,就很有可能面临败诉。

而且,即使勉强打赢了官司,所花费的人力、物力、财力,以及付出的声誉损失代价往往也是巨大的。

(二)汽车维修合同的使用

1. 汽车维修合同的签订及其形式

1)合同签订的原则

汽车维修合同必须按照平等互利、协商一致、等价有偿的原则依法签订,承修、托修双方签章后生效。

2)合同签订的范围

凡涉及汽车大修、总成维修、二级维护等作业项目的。承修、托修双方必须签订维修合同。

3)合同签订的形式

汽车维修合同的签订形式分两种:第一种是长期合同,即最长在1年之内使用的合同;第二种是即时合同,即一次使用的合同。承修、托修双方根据需要也可签订单车或成批车辆的维修合同,也可签订一定期限的包修合同。如果是代签合同,必须要有委托单位证明,并根据授权范围,以委托单位的名义签订,合同将对委托单位直接产生权利和义务。

2. 汽车维修合同的履行

汽车维修合同的履行是指承修、托修双方按照合同的规定内容全面完成各自承担的义务,实现合同规定的权利。汽车维修合同的履行是双方的法律行为,但是若双方当事人中有一方没有履行自己的义务在前,另一方有权拒绝履行其义务。

1)承修方的义务

(1)按合同规定的时间交付修竣车辆;

(2)按照有关汽车修理技术标准(条件)修理车辆,保证维修质量,向托修方提供竣工出厂合格证,在保证期内应尽保修义务;

(3)建立承修车辆维修技术档案,并向托修方提供维修车辆的有关资料及使用的注意事项;

(4)按规定收取维修费用,并向托修方提供票据及维修工时、材料明细表。

2)托修方的义务

(1)按合同规定的时间送修车辆和接收竣工车辆;

(2)提供送修车辆的有关情况(包括送修车辆基础技术资料、技术档案等);

(3)如果提供原材料,必须是质量合格的原材料;

(4)按合同规定的方式和期限交纳维修费用。

3. 汽车维修合同的担保

汽车维修合同的担保是合同双方当事人为保证合同切实履行,经协商一致采取的具有法律效力的保证措施。担保的目的在于保证当事人在未受损失之前即可实现其权利。

汽车维修合同一般采取定金担保形式,即一方当事人在合同未履行前,先行支付给对方一定数额的货币,这种形式是在没有第三方参加的情况下,由合同双方当事人采取的保证合同履行的措施。定金是合同成立的证明,托修方预付定金违约后,无权要求返还定金;接受定金的承修方如违约应加倍返还定金。定金的制裁作用,可以补偿因不履行合同而造成的损失,促使双方为避免制裁而认真履行合同。

担保汽车维修合同可以另立担保书作为维修合同的附本,担保书内容包括抵押担保、名义担保和留置担保等。

不履行或不完全履行合同义务的结果是承担违约责任。承修、托修双方中任一方不履行或不完全履行义务就会发生违约责任问题,对违约责任的处理方式一般有支付违约金和赔偿金两种。

4.汽车维修合同变更和解除

1)变更和解除的含义

(1)变更是指合同未履行或完全履行之前由双方当事人依照法律规定的条件和程序,对原合同条款进行修改或补充。

(2)解除是指合同在没有履行或没有完全履行之前,当事人依照法律规定的条件和程序,解除合同确定的权利义务关系,终止合同的法律效力。

2)合同变更、解除的条件

(1)双方协定变更、解除维修合同的条件:

①必须双方当事人协商同意;

②必须不因此损害国家或集体利益,或影响国家指令性计划的执行。

(2)单方协定变更、解除维修合同的条件:

①发生不可抗力事件;

②企业关闭、停业、转产、破产;

③单方出现严重违约行为。

除双方协商和单方决定变更、解除合同的法定条件之外,任何一方不得擅自变更或解除合同。承办人或法定代表人变动,当事人一方发生合并或分立,违约方已承担违约责任情况的,均不得变更或解除维修合同。

(三)汽车维修合同的主要内容

1.合同主要内容

按照《汽车维修合同实施细则》的规定,汽车维修合同应包含以下内容:

(1)承修、托修方的名称;

(2)签订日期及地点;

(3)合同编号;

(4)送修车辆的车种、车型、牌照号、发动机型号(编号)、底盘号;

(5)维修类别及项目;

(6)预计维修费用;

(7)质量保证期;

(8)送修日期、地点、方式;

(9)交车日期、地点、方式;

(10)托修方所提供材料的规格、数量、质量及费用结算原则;
(11)验收标准和方式;
(12)结算方式及期限;
(13)违约责任和金额;
(14)解决合同纠纷的方式;
(15)双方商定的其他条款。

2. 参考合同文本

汽车维修合同的参考文本如下。

汽车维修合同

合同编号:

托修方(甲方):

承修方(乙方):

根据《中华人民共和国合同法》等法律、法规的规定,甲乙双方在平等、自愿、公平、诚实信用的基础上,就汽车维修事宜达成协议如下:

第一条　维修车辆

1. 车牌号:
2. 发动机号:
3. 颜色:
4. 车型:
5. VIN代码/车架号:
6. 行驶公里数:

第二条　维修类别与项目

乙方应当对承修车辆进行维修前诊断检验,提出需要维修的类别和项目,填写《车辆维修前诊断检验单》。甲方确认后在该《车辆维修前诊断检验单》上签字。

第三条　维修配件材料

1. 乙方提供维修配件材料的,应当如实填写材料清单,分别标明原厂配件、副厂配件或者修复配件,明码标价,并保证质量。

2. 乙方在维修中换下配件、总成等,交由甲方自行处理。

第四条　维修价格

1. 甲方同意乙方按照公示的工时单价__________元/工时、材料进销差价率__________%进行计价。

2. 结算工时定额执行标准:汽车制造企业提供 □ 市交通管理局制定 □。

3. 维修预算费用:__________元,大写:__________。其中:工时费__________元,大写:__________;材料费__________元,大写:__________。

4. 维修费用高于或低于维修预算费用的__________%时,由双方协商解决,否则按照实际发生的维修费用结算。

第五条　车辆交接

乙方接收待修车辆时，甲方应当自行取走车内可移动物品。车上附件、设备等填入《车辆维修前诊断检验单》的，乙方在竣工交车前对其及承修车辆负有保管责任。

第六条　质量标准

1. 质量标准执行：国家标准 □　行业标准 □　地方标准 □　制造企业维修手册等有关资料的要求 □。

2. 质量保证期按照下列第__________项执行。

(1)按照《机动车维修管理规定》第三十七条规定执行：整车或总成修理的质量保证期为车辆行驶20000km或者100日；二级维护的质量保证期为车辆行驶5000km或者30日；一级维护、小修、专项修理的质量保证期为车辆行驶2000km或者10日。

(2)按照乙方承诺（不低于交通运输部规定）的“车辆行驶__________公里或__________日”执行。

3. 质量保证期，从维修竣工后，由甲方验收取车的当日起计算；因维修质量问题返修的，其返修的作业项目，从返修竣工后，由甲方验收取车的当日起重新计算。行驶里程和日期指标，以先达到者为准。

第七条　竣工验收

1. 竣工交付日期为__________年__________月__________日前，交付地点为__________。

2. 维修竣工质量检验合格的，对二级维护（含）以上的车辆，乙方应当由维修质量检验人员签发全国统一样式的机动车维修竣工出厂合格证；对二级维护以下的车辆，乙方应当发给维修合格证明（含结算清单）。乙方未签发或者发给的，甲方有权拒付费用。

第八条　结算

1. 车辆维修竣工后，乙方应当向甲方出具法定的结算票据，并附桂林市运输管理处监制的《桂林市机动车维修结算清单》，工时费和材料费应当分项列明。乙方未出具法定结算票据及结算清单的，甲方有权拒付费用。

2. 付款方式：现金 □ 转账 □ 其他__________□。

3. 付款期限：__________。

第九条　违约责任

1. 乙方对承修的车辆及车上附件、设备等，因保管不善造成毁损、灭失的，承担赔偿责任。

2. 在质量保证期内，因维修质量原因造成车辆无法正常使用，乙方负责无偿返修，并赔偿甲方相应损失。

3. 乙方逾期交付车辆的，可按每逾期一天__________元或维修费用的__________%向甲方支付违约金。

4. 甲方逾期支付维修费用的，乙方对车辆有权留置，并可按每逾期一天__________元或维修费用的__________%向乙方支付违约金。

5. 乙方在承修过程中，发现确需增加维修项目、增加约定维修费用或延长维修期限的，应当及时通知甲方,说明理由并征得同意,否则甲方不承担乙方擅自增加项目的维修费用或逾期支付维修费用的违约责任;甲方接到通知后__________天内应当给予答复。

甲方中途需要变更或解除合同,应当及时通知乙方,若给乙方造成损失的,应当赔偿相应损失。

第十条　其他约定

1. __________。

2. __________。

第十一条　争议解决

因本合同而发生的争议,由双方协商解决,也可请求桂林市汽车维修行业协会等组织予以调解;或按照以下第__________种方式解决。

1. 提交××市仲裁委员会仲裁;

2. 依法向人民法院提起诉讼。

第十二条　附则

1. 本合同未尽事宜按国家法律、法规和规章办理。

2. 本合同及附件一式两份,甲乙双方各执一份,自双方签字或盖章之日起生效。

甲方(签章):__________	乙方(签章):__________
住所:__________	住所:__________
通信地址:__________	通信地址:__________
邮编:__________	邮编:__________
法定代表人:__________	法定代表人:__________
委托代理人:__________	经办人:__________
电话:__________	电话:__________

签约时间:__________年__________月__________日

(四)汽车维修合同的签订流程

1. 合同签订流程的关键点

(1)维修合同是承修方与托修方签订的合同文书,也是维修技师按时按质完成作业的依据,合同中应注意说明维修项目、预估维修时间及费用,同时请托修方确认签字。明确且描述清晰的施工合同单将有助于后续车间技师维修工作的顺利进行和配件库房的材料准备无误,保证维修工作的顺利开展。

(2)应注意确认托修方车辆是否在保修期内及是否需要进行索赔处理。如果是则按相关要求执行;估算的维修费用应包含检测费、维修工时费和材料费。预估维修时间时应结合车间的实际维修能力和承担本次维修任务的班组的任务状况等因素考虑。

(3)在与托修方交流时,表达应专业、清晰,避免在与托修方交流时产生歧义。

2. 常用合同形式

随着网络信息技术的普及和私家车养护需求的增加,众多的汽车维修企业及各品牌授权的售后维修点或4S店更多地采用车辆预检单(报修单)、DMS生成的维修工单(也称维修合同、维修订单、派工单)、估价单等,来替代复杂文本填写的维修合同。接待客户时在系统中录入各项必填信息,然后就可以用公司统一的纸质模板方便、快捷地打印出来,为后续车辆维修提供具体的依据和要求。

某品牌4S店售后维修服务维修合同模板如图5-16所示。

××汽车销售服务有限公司

××Automotive Sales &Service Co. ,Ltd

××市××区××路　　　　维修合同 REPAIR CONTRACT

××Road, ××District, ××City　　　　WIP 编号:×××××

电话 Tel:×××××　　传真 Fax:×××××　　客户编号:×××××

××先生　　　　工 单 号:×××××

××省××市　　移动电话:×××××　　日　期:2018/11/22　09:29

车　型:F49　　底 盘 号:BMW X1 SDRIVE22LI A　　页　数:1

车 牌 号:××·×××××　　发动机号:MG 71555　　保修起始日:2017.01.22

预约进厂:yyyy. mm. dd　hh. mm　　预约出厂:yyyy. mm. dd　hh. mm　　里 程 数:××

维修顾问:×××　　工　号:0002　　联系电话:×××

项目	M	W 项目参考	描述	数量
1	M1	TXT	BYWYZS2017-02-073 更换机油机滤	0.
2	M1	BOOK	B(T)维护 BD	0.
3	M1	00 00 105	维护标准范围	2.
4	M1	00 00 610	发动机油维护	3.
5	M2	TXT	更换空气滤芯	0.
6	M2	00 00 602	空气滤清器滤芯维护	1.
7	M3	TXT	更换空调滤芯	0.
8	M3	00 00 616	微尘滤清器维护	2.
9	M4	TXT	更换汽油滤芯	0.
10	M4	16 12 700	拆卸和安装或更新外部燃油滤清器	4.
11	M9	×××	我是您的服务顾问×××,希望您对我们的服务非常满意!	0.
12	M9	A002	尊敬的客户,预约快修通道为您提前安排技师,可在2小时内提车!	0.
13	M9	A003	为了您爱车的使用,建议您每20000公里做一次四轮定位数据调整!	0.

付款方式 Payment
储蓄卡 Debit card ○
现金 Cash ○
支票 Cheque ○
信用卡 Credit Card ○

本人同意××依据本维修合同所列之修理项目进行诊断和/或维修,愿意在提车之前支付相关的零件、工时、油料、税务等费用。本人亦认知该车辆在××场所内将得到妥善保管,如因××无法控制之原因造成之意外损失,××不需负责。车内无现金或贵重物品。其他车内物品已妥善处理,如有丢失××不需负责。××不需保存废旧零件。

I/We agree to allow ×× to carry out the necessary diagnosis and/or repairs to the vehicle as specified in the repair contract. All relevant labour, parts, fluid and tax shall be paid by me/us prior to the release of the vehicle. While great care and attention is assured when the vehicle is in the premises of ××, any damages on the vehicle which is beyond the control of ×× will not be the responsibility of ××. No cash or valuables in the car, other personal goods are already properly settled. ×× will not bear any responsibilities for the customer's loss, ×× will not keep the old parts.

注:18:00后不接受现金及支票支付。

Cash and cheque are not accept after 18:00 o'clock

客户签字:　　服务顾问签字:　　日期:

Customer Signature:　SA Signature:　Date:

如果是估价,最后价格可能与所做估价有15%浮动。

For estimate ,the final price may have a variance of 15% from the above estimate price.

图5-16　某品牌4S店售后维修服务维修合同模板

维修工单配合车辆预检单、估价单同时使用,能够更好地开展服务,体现合同的功能,具体表现在如下方面。

1)对托修方的好处

(1)可以提高托修方对特约维修企业的信赖度。

(2)托修方的需求能够被完全理解。

(3)托修方能够事先了解维修费用、维修方案、零件库存等情况,并决定是否予以认可。

2)对服务顾问的好处

(1)通过预检有可能发现车辆的其他问题或隐患。

(2)能与托修方当面确认车辆状况,避免不必要的纠纷。

(3)能与托修方及时沟通维护项目,减少再联系的频数,提高效率。

3)对企业的好处

(1)可帮助车间技术人员更好地检测推断,提升工作效率。

(2)可帮助检查人员按照工单项目更好地实施检查,避免返修。

(3)可根据车辆需求增加每个维修单的销售工时数和零件数,增加企业收益。

(4)有利于提高托修方对企业的满意度。

3. 维修工单的填写及注意事项

(1)服务顾问引导托修方检车后,填写托修方及车辆基本信息,包括客户姓名、电话、车牌号、车型、车辆 VIN 码(底盘号)、进厂里程数、保修起始时间等。

(2)因为公司信息会在维修合同中反映,故可采用统一公司抬头的单据纸打印,该单据纸包含单位名称、单位地址、联系电话、传真、投诉电话等企业基本信息。

(3)工单中标明维修类别及维修项目、工时。

(4)填写工单号、进厂时间、预定交车时间和日期。

(5)要及时向托修方解释维修条款及补充说明。

(6)为了增加该单据纸的安心感和信赖感,除给定托修方一个交车时间和费用的范围,还可以在保质、保量方面作出一定的承诺。

(7)维修工单需服务顾问和托修方双方签字确认,并填写正确的时间。

(8)签字确认时要将所有单据其正面朝向托修方,双手呈现给其以方便签字。注意,如果托修方有疑问要耐心解释,不可以催促其签字,应向其解释说明。说明时应用笔尖或右手手掌斜向上指示,切忌用一根手指乱点。

(9)礼貌地请托修方签字确认,向客户指示签字栏的位置并说明:

“×先生/女生,如果没有其他问题,请您在这里签字,好吗?”

“如果您对维修项目及环车检查结果没有异议,请您在这里签字进行确认。在维修中如果发现其他问题,我会和您第一时间联系。”

(五)特殊协议的签署

在某些特殊情况下,维修企业还有可能跟客户签订一些涉及责任免除方面的特殊协议。例如,维修技师判定客户的车辆应该做某个维修或维护项目,否则车辆会在使用时产生风险,但客户由于特殊原因暂时无法实施该项目,那么维修企业为了规避后续可能出现的一些纠纷而要求客户签字认可的免责协议。相关协议涉及车辆涉水风险告知、维修争议造成的财务发票问题、技术升级方面等。图 5-17 为某免责协议样例。

尊敬的 XX 车主：

您的 XX 车辆(车架号:______，车牌号______)因______原因送至我店维修。经检测发现您的车辆涉及技术升级，我店建议的维修方案为:______后交付使用。

目前该车辆仍然处于检测维修阶段。如果车辆在未被完全修复的情况下使用，有可能导致进一步的损坏或存在其他风险。因此，在车辆未完全修复之前，我们建议您不要使用该车辆，我们将在车辆完全修复后将车辆交还给您。

图 5-17　免责协议样例

技能实训

(一)汽车质量担保接待流程

1. 情景描述

某消费者车辆购买时间在 60 日内，且行驶里程在 3000km 内，在驾驶车辆过程中，车辆制动助力突然失效。4S 店检查后发现由于制动助力真空管的连接处脱落，导致制动助力功能丧失。

2. 执行方式

角色扮演（客户/服务顾问/观察员）。其中，客户按照给定的情景进行演练；服务顾问按照服务流程进行接待技能综合演练；观察员观察服务顾问的接待技巧并进行记录，演练结束每人需进行反馈。

3. 演练流程

欢迎并问候客户→自我介绍（递名片）→ 询问客户信息（姓名/联系方式/里程/车型）→询问来店目的，初步了解客户需求→ 系统查询客户信息（历史维修记录/三包开始日期）→车辆预检（边查边填写车辆预检单）→ 客户故障描述（在接车单上记录客户原话）→ 确定维修项目→ 车间检查→ 将客户三包信息汇总至部门主管，抄送至客户关怀并报至售后服务经理处（提前预警）→ 告知顾客 → 与客户达成一致。

4. 评价方式

汽车质量担保接待流程演练评价表见 5-10。

汽车质量担保接待流程演练评价表　　表5-10

考核内容	分　值	学生自评	小组互评	教师评价	小　计
1.接待:主动问候,自我介绍					
2.了解客户信息(姓名/联系方式/里程/车型)					
3.换位思考、通过适当提问了解客户需求					
4.车辆预检(按照常规预检方法进行查车),正确填写查车单					
5.确定维修项目					
6.向客户说明三包项目					
7.与客户达成一致,用户理解并同意维修					
总分:					
教师评价:					
优势:			改进:		

(二)汽车保险理赔车辆接待流程

1.情景描述

客户王先生驾驶车辆在行驶过程中,由于精力不集中,在倒车过程与花台发生擦碰,造成车辆后保险杠受损,随后到店进行车辆修复及理赔。

2.准备工作

(1)场地设施:真实模拟维修接待车间的场地、实训室。

(2)设备设施:车辆、驾驶证、行驶证、接车问诊单、索赔申请书、派工单、结算单。

3.实训过程

(1)主动迎接、问候。

(2)与客户一起环车检查,填写接车问诊单。

(3)请客户提供相应的文件,包括保险卡、驾驶证、行驶证、被保险人身份证。客户没有到保险公司报案的,应视情况及时协助客户报案。

(4)根据事故状况、客户要求以及保险公司定损要求,协助客户填写索赔申请书,详见表5-11。

机动车辆保险索赔申请书　　表 5-11

报案号码：

<table>
<tr><td colspan="2">被保险人</td><td colspan="5"></td><td colspan="2">联系电话</td><td colspan="2"></td></tr>
<tr><td colspan="2">地址</td><td colspan="5"></td><td colspan="2">邮政编码</td><td colspan="2"></td></tr>
<tr><td colspan="2">车牌号码</td><td colspan="4"></td><td>厂牌型号</td><td colspan="4"></td></tr>
<tr><td colspan="2">发动机号码</td><td colspan="4"></td><td>车架号码</td><td colspan="4"></td></tr>
<tr><td colspan="2">交强险保单号</td><td colspan="5"></td><td colspan="2">承保公司</td><td colspan="2"></td></tr>
<tr><td colspan="2">商业险保单号</td><td colspan="5"></td><td colspan="2">承保公司</td><td colspan="2"></td></tr>
<tr><td>报案人</td><td colspan="2"></td><td colspan="2">联系电话</td><td></td><td>出险
驾驶员</td><td colspan="2"></td><td>联系电话</td><td></td></tr>
<tr><td>出险时间</td><td colspan="5"></td><td>出险地点</td><td colspan="4"></td></tr>
<tr><td>开户名称</td><td colspan="4"></td><td>账 号</td><td colspan="2"></td><td colspan="2">开户银行</td><td></td></tr>
<tr><td colspan="11">其他事故方交强险信息</td></tr>
<tr><td>车牌号码</td><td colspan="3">厂牌型号</td><td colspan="2">被 保 险 人</td><td>交强险
保单号</td><td colspan="3">承保公司</td><td>定损公司</td></tr>
<tr><td></td><td colspan="3"></td><td colspan="2"></td><td></td><td colspan="3"></td><td></td></tr>
<tr><td></td><td colspan="3"></td><td colspan="2"></td><td></td><td colspan="3"></td><td></td></tr>
<tr><td></td><td colspan="3"></td><td colspan="2"></td><td></td><td colspan="3"></td><td></td></tr>
<tr><td></td><td colspan="3"></td><td colspan="2"></td><td></td><td colspan="3"></td><td></td></tr>
<tr><td colspan="11">出险经过及损失情况：

兹声明本被保险人报案时所陈述以及现在所填写和提供的资料均为真实情况，没有任何虚假或隐瞒，否则，愿放弃本保险单之一切权利并承担相应的法律责任。现就本次事故向贵司提出正式索赔。
被保险人（索赔权益人）签章：
年　　月　　日</td></tr>
<tr><td colspan="11">特别申明：
1. 本索赔申请书是被保险人就所投保险种向保险人提出索赔的书面凭证。
2. 保险人受理报案、现场查勘、估损核损、参与诉讼、进行抗辩、向被保险人提供专业建议等行为，均不构成保险人对赔偿责任的承诺。</td></tr>
</table>

(5)联系保险公司，由保险公司调度定损员到店定损，确定维修方案和金额。

(6)告知客户定损结果，制订委托维修派工单，并且让客户在委托维修派工单上签字。

(7)根据车间的修理进度，与客户商定取车的时间，并注于委托维修派工单上。

(8)将事故车移入车间进行修理。

(9)在维修过程中需增加维修项目时，应该及时与客户（保险公司定损人员）联系，并且作出详细说明。

(10)视车间修进度以及维修项目合理安排任务，在委托维修派工单上注明工位号、主修人。

(11)客户报修车辆修竣后，首先查看派工单是否有质检员签字，若没有则退回车间再交车。

(12)按照委托书上实际维修项目输入计算机，并同时输入工位号、主修人。

(13)按照约定时间通知客户提车。

(14)向客户介绍维修的情况,并请客户验车。

(15)在客户满意后,为客户办理提车手续(收回客户提车联)。客户自己垫付的,需按照结算单上的维修金额交费,由财务人员开具维修发票。

(16)将客户的索赔档案移交给保险内勤员核对手续的完整性,并在整理赔案的同时,将索赔情况记录到保险事故车理赔报表中。

(17)将保险赔案资料交保险公司审核,留下客户的银行账号。赔款到账后,根据赔款申请表与财务部逐一核对,两部门确认后存档。根据赔案填写"支出单"并由财务人员审核,待总经理签字确认后,通知客户取款。

(三)汽车配件查询练习

1. 案例背景

假设某客户车辆到店检查后需要更换一部分配件,请根据给出的换件清单,通过电子目录系统正确查找所需配件的编号。

2. 目标要求

汽车配件查询练习目标要求见表5-12。

汽车配件查询目标要求表　　表5-12

汽车配件查询	
任务目标	1. 能找出该指定车辆的VIN码
	2. 合理选用配件查询的途径,利用电子配件目录查找到各个配件的装配位置及其编号(如有条件可进一步查询该配件的规格、库存数量、价格等信息)
	3. 将查询结果记录在清单对应位置上
设备、工具准备	汽车配件电子目录、汽车配件管理软件、实训车辆
任务要求	通过电子目录系统正确查找所需配件的相关信息
查找配件名称	左前照灯、空气滤清器、前保险杠饰板、制动片、火花塞、刮水片、氧传感器、三元催化器
任务要点与操作	1. 准确查找并记录车辆VIN码
	2. 进入系统,并进行汽车配件电子目录查询
	3. 输入车辆的VIN码查询有关该车的相关信息
	4. 按零件名称分组检索指定配件
	5. 按汽车总成分类(图例、图号)索引查询指定配件
	6. 找到某个旧件的配件编号并通过该编号直接查询零件
	7. 系统提供的其他查询方法

3. 训练形式

分组合作完成,小组之间竞赛。

4. 评价方式

按表5-13所列执行情况评定等级。

汽车配件查询工单　　表 5-13

任务名称:汽车配件查询				
组别		车型		
VIN 码				
配件名称	查询结果			正误核对
左前照灯				
空气滤清器				
前保险杠饰板				
制动片				
火花塞				
刮水片				
氧传感器				
三元催化器				
评定结果	准确查找到车辆 VIN 码位置	优秀	良好	一般
	准确查询到所需配件的编号及信息	优秀	良好	一般
	时间控制	优秀	良好	一般

(四)汽车维修合同的编制与签订情景演练

1. 训练内容

请根据汽车维修合同应包含的主要内容,参考范例设计制作一份维修合同,并模拟与客户签订合同的过程。

2. 训练形式

由小组合作完成维修合同与估价单制作,再进行组内一对一演练。

3. 情景案例

某客户到店检车的需求情况见表 5-14。

客户到店检车需求情况　　表 5-14

客户本次到店检车后确认的服务需求	
序　　号	项　　目
1	发动机机油维护
2	燃油滤清器维护
3	发动机润滑系统清洗
4	更换右前轮胎鼓包

4. 目标要求

能够根据客户需求合理设计合同内容,并按照汽车维修合同的签订流程完成演练。

5. 参考语句

“××先生/女生，请您先核对维修委托书，看看是否还有其他问题？”

“××先生，您本次所要进行的维修项目是……，请问还有其他需求吗？”

“××先生/女生，您本次维修涉及的配件有×××和×××，预计费用×××元；预计产生工时费用××元，两项费用加起来×××元。当然这些是预计费用，最终结算费用要等我们的维修技师维修完毕，看实际产生的作业项目如何，届时以实际产生的费用为准。同时此次维修大约用时×个小时，大约会在×时完工。我们会抓紧时间，尽快为您交车的。”

“请问还有什么问题吗，如果没有的话，请您在这里签字。”

“您车辆的维修项目是××，材料费是××元，工时费是××元，预计总维修费用是××元，预计×时可以交车，请您核对一下姓名、电话和地址，如果没有问题，请您在这里签字。”

6. 评价方式

按表5-15所列项目对人员进行评价。

汽车维修合同的编制与签订情景演练评价表　　表5-15

指标项目	评价要点	完成情况(得分)
合同制作签订流程	合同表单内容完整，与服务项目相对应	
	估价单制作合理，工时零件与服务项目相对应	
	流程演练完整，要点突出	
	语言表达流畅、专业	
	配合默契，模拟真实、形象	
总分		

模块小结

(1)汽车质量担保是指汽车产品销售商、制造商、修理商在质量担保期内保证产品持续符合国家相关质量要求，并满足需求方需要的义务。

(2)保修是指消费者向厂商购买商品(产品)的同时从厂商处得到的一种服务，该服务是指厂商针对该产品在一定期限内因产品质量问题而出现的故障提供免费维修及维护的服务，但要索取所需零件的成本费。

(3)汽车保修期是指汽车厂商向消费者卖出商品时承诺的对该商品因质量问题而出现故障时，提供免费维修及维护的时间段。

(4)汽车三包政策是零售商业企业对所售家用汽车产品实行“包修、包换、包退”的简称，要明确保修与包修的区别。

(5)按照国家汽车三包规定，家用汽车产品的三包有效期为2年或50000公里，在三包期内的车辆在特定条件下包修、包换、包退；家用汽车产品包修期不低于3年或60000公里。

(6)注意地方三包与国家三包的区别；保修与三包的区别。

(7)三包责任免除的情况：

①易损耗件超出质保期后出现质量问题；

②消费者所购家用汽车产品已被书面告知存在瑕疵的；

③家用汽车产品用于出租或者其他运营目的的;

④发生产品质量问题,消费者自行处置不当而造成损坏的;

⑤因消费者未按照使用说明书要求正确使用、维护、修理产品,而造成损坏的;

⑥发生产品质量问题,消费者自行处置不当而造成损坏的;

⑦因不可抗力造成损坏的,如地震、海啸、战争等;

⑧在家用汽车产品保修期和三包有效期内,无有效发票和三包凭证的,经营者可以不承担本规定所规定的三包责任。

(8)汽车保险理赔指的是保险人在保险车辆发生风险事故导致损失后,对被保险人提出的索赔要求进行处理的过程。

(9)汽车理赔的特点:被保险人具有公众性、损失率高且损失幅度较小、汽车流动性大、受制于维修企业的程度较大、道德风险普遍。

(10)保险理赔的原则:重合同、守信用,实事求是,“主动、迅速、准确、合理”。

(11)汽车理赔业务流程包括报案受理、异地委托和受理、现场查勘、定损、核价核损、立案、缮制、核赔、结案归档、支付赔款、服务品质评估、服务改进等环节。

(12)保险理赔车辆接待流程包括接车服务、车辆维修过程服务、财务结算服务、保险公司结算程序等环节。

(13)汽车配件是指凡是适用于汽车上的零件、合件、组合件和总成件。

(14)汽车配件具有品种繁多、代用性复杂、识别体系复杂、价格变动快的特点。

(15)汽车配件种类多达数十万种,非常复杂。按其性质不同可分为基础件、消耗件、易损件、维修零件和肇事件五种;按生产来源不同可分为原厂件、副厂件和自制件三类。不论副厂件还是自制件都必须达到指定标准水平,都是合格的配件。

(16)“易损件”就是汽车零件中最容易受损更换的部件,具有易消耗、易磨损、易腐蚀、易穴蚀、易断裂、易变形的特点。

(17)汽车配件的编号是用来识别和查询零配件的,为了技术、制造、管理需要而编制的一串编码,不同汽车厂家品牌的编号形式有所不同。与其相关的术语有组、分组和零部件。

(18)汽车配件的检索包括两方面的内容,一方面是查询并确认客户所需配件的零件编号、零件名称、型号等信息;另一方面是查询该配件的库存数量、价格、仓位等信息。目前各品牌4S店中应用较多的是汽车配件电子目录。

(19)汽车配件检索的方法有按零件名称、按总成分类、按零件图形、按零件编号、用车辆识别代号VIN码查询等。

(20)汽车配件管理对维修企业具有非常重要的作用,其核心业务由进(采购计划工作)、销(销售出库工作)、存(入库及库房管理工作)三个主要部分组成。

(21)维修合同是客户与承修方签订的合同文书,也是维修技师按时、按质完成作业的依据,明确且描述清晰的施工合同单将有助于后续车间技师维修工作的顺利进行和配件库房材料准备无误,保证维修工作的顺利开展。

(22)应用打印好的维修工单和估价单向客户展示各种服务项目所对应的零件与工时价格清单,并据此拟定各个项目的分项报价及总价,逐一向客户解释各项内容并请客户核对,确认是否全部包括客户的维修意向,同时告知客户预计的交车时间,并征得客户的签字确认。

(23)在说明维修项目、预估费用和维修时间时，要体现出透明化，保证客户明明白白消费，避免后续可能发生的分歧，使经销商与客户之间建立良好的相互信任的关系，提升客户的满意度。

思考与练习

(一)填空题

1. 免费更换发动机、变速器总成的条件：________日内或________ km之内，发动机、变速器的主要零件出现产品质量问题的。

2. 免费退、换整车的条件：________日内或________ km之内，出现燃油泄漏、车身开裂可有偿退、换整车。

3. 家用汽车产品修理、更换、退货责任规定于2013年________月________日起施行。

4. 汽车保险理赔指的是保险人在保险车辆发生________导致损失后，对被保险人提出的索赔要求进行处理的过程。

5. 汽车理赔的特点：被保险人具有公众性、________、汽车流动性大、受制于维修企业的程度较大、________。

6. 保险理赔的原则：________、守信用；________；“主动、________、准确、________”。

7. 汽车理赔业务流程：________、异地委托和受理、________、定损、________、立案、缮制、________、结案归档、支付赔款、服务品质评估、服务改进等环节。

8. 汽车配件具有________、代用性复杂、识别体系复杂和________等特点。

9. 汽车配件按照生产来源可以分为________、________、________三类。

10. 汽车配件按失效模式分类可分为________、________、________、和________、________五类。

11. “易损件”是汽车零件中最容易________的部件。凡在汽车使用寿命期以内须更换________以上的配件品种，均列为易损件范围。

12. 汽车配件编号是用来________和________零配件，为了________、________、________而编制的一串编码，不同汽车厂家品牌的编号形式有所不同。

13. 汽车维修合同必须按________、________与________的原则依法签订。

14. 汽车维修合同的签订形式分两种：第一种是________；第二种是________。

15. 合同双方不履行或不完全履行维修合同义务时，对违约责任处理的方式一般为支付________和________两种。

16. 汽车维修合同中估算的维修费用应包含________、________和________。

17. 制订维修工单流程包含核实车辆信息、________、确认零件库存与打印估价单、________和确认与签字。

(二)判断题

1. 服务顾问可以根据自身经验来判断客户的维修项是否属于三包范围。　　(　　)

2. 按照国家规定，家用汽车产品的包修期为2年或50000km。　　(　　)

3. 2年或50000km内，发动机、变速器主要零部件出现产品质量问题的，可有偿退、换

整车。 ( )

4. 2 年或 50000km 内,车辆在行驶过程中发动机盖自动弹起 2 次,未能排除故障,客户可要求经销商按照规定有偿退车。 ( )

5. 因产品质量问题每次修理时间超过 5 日的,应当为消费者提供备用车,或者给予合理的交通费用补偿,一次修理占用时间不足 24 小时的,可以忽略。 ( )

6. 汽车三包规定中提到的易损耗件包括遥控器电池、轮胎、火花塞、蓄电池等。 ( )

7. 因消费者未按照使用说明书要求正确使用、维护、修理产品,而造成损坏的,经销商可以不赔偿。 ( )

8. 在家用汽车产品保修期和三包有效期内,无有效发票和三包凭证的,经营者可以不承担本规定所规定的三包责任。 ( )

9. 保修期内车辆遇到的各项问题都不需要客户自费。 ( )

10. 保修即包修。 ( )

11. 维修合同是客户与承修方签订的合同文书,也是维修技师按时、按质完成作业的依据。 ( )

12. 维修合同有固定范本,不允许企业进行个性化修改与调整。 ( )

13. 除双方协商和单方决定变更、解除合同的法定条件之外,任何一方不得擅自变更或解除维修合同。 ( )

14. 汽车维修长期合同指最长在 1 年以上 2 年以下使用的合同。 ( )

15. 按合同规定的时间送修车辆和接收竣工车辆属于维修合同中承修方的义务。 ( )

(三)简答题

1. 简述严重安全性能故障的主要模式。

2. 简述保修与三包的区别。

3. 某新车出售 50 日行驶 2500km,ABS 故障指示灯故障,系统失效,按照三包规定消费者能否选择退、换整车?原因是什么?

4. 某客户的车辆制动系统有问题,要求按照汽车三包规定退、换整车,他的要求是否合理?

5. 消费者购车半年内,其车辆变速器出现故障,经销商为其更换了一个变速器总成。1 个月后,消费者因为发动机异响问题又再次进店检查,经技师检查并更换了一个配件之后,故障没有被完全排除。消费者认为已经修理了两次没有修好,要求退、换车,客户的要求是否合理?

6. 消费者购车 3 个月,因产品质量问题在店修理时间达 8 日,客户要求一定的交通费补偿,该要求是否合理?

7. 消费者车辆在三包期内,由于发动机故障灯报警,维修累计达 5 次,分别更换了 2 个喷油嘴,1 个氧传感器,另外 2 次是清洗节气门。在这之后,发动机故障灯再次亮起,客户要求退、换整车,客户的要求是否合理?

8. 某客户购买的新车在 60 日之内或行驶了 3000km 之内,出现了制动系统失效的情况,于是向经销商提出退换整车的要求,经销商在审核时发现客户的车辆加入滴滴打车平台,并已运营20日。该客户的申请是否能通过?

9. 简述汽车配件的定义。

10. 简述汽车配件失效的原因。

11. 请列举出10种发动机易损件。

12. 汽车配件的检索包括哪两方面的内容?

13. 简述汽车配件电子目录的优势。

14. 简述汽车配件检索的方法。

15. 简述汽车维修合同的作用。

16. 简述维修工单填写的注意事项。

模块六 沟通技巧

学习目标

1. 能描述客户需求分析的目的和意义，运用需求分析的基本的方法和思路，树立发掘客户不同需求层次的意识；

2. 能区别倾听的层次和类型，运用积极倾听的常见技巧，培养积极倾听的习惯；

3. 能区分几种提问的类型及其特点，选择合适的提问方式进行沟通；

4. 能运用报价技巧对维修项目进行恰当地报价，分析客户异议产生的原因，运用异议应对的处理方法；

5. 能描述 CRM 的含义、核心、内容及其基本的管理运作模式；

6. 能列举投诉的来源，阐述面对投诉的态度，运用投诉应对的基本方法。

建议课时

10 课时。

一、需求分析

（一）需求分析的目的

在客户接待流程当中必然会涉及确定服务内容这一环节，且这些具体的服务内容有的是客户主动提出的要求，也有的是在业务接待过程当中发现的问题，服务顾问必须与客户进行商议后才能确认其服务需求，这种了解客户需求的过程称为需求分析，也称“确定客户需求”或“评估客户需求”。需求分析的任务是尽可能快地了解客户的目的并对其作出相应的安排或指引。因此，需求分析是顾问式服务过程中非常重要的环节之一。

只有通过分析客户的需求和期望，才能发掘需求和期望背后的感性和理性需求动机，了解符合客户潜在需求的产品和服务，将客户的需要与公司所能提供的服务进行无缝连接。业务能力较弱的服务顾问会认为客户知道他们自己想要什么，所以在接待过程中不再向客户询问任何问题，只是让客户说出他们感兴趣的项目，想当然地认为客户已经对其需要作出了决定,由此就放弃了对客户的引导。实际上,有很多客户在进入汽车售后维修店时,不一定完全知道他们真正的需求,所以服务顾问应该多加引导,帮助客户进一步理解他们的潜在需求。另外,服务顾问也要学会创造(客户)需求,例如对汽车养护用品、燃油添加剂、附件精品进行连带销售等,以满足客户不同层次的需求。

在进行需求分析之前,服务顾问首先要理解构成需求的5个方面:客户的目标和愿望、客户的困难、问题的解决方案、客户购买的产品或服务、客户对产品或服务的要求和标准。服务顾问在进行需求分析时,要更加关注客户的目标、愿望及困难。很多情况下客户的终极需求即不是产品,也不是服务,而是问题或困难的解决方案,服务顾问应该有"主动销售"的意识,关注客户的需求,切实为客户解决问题,让客户感到满意,从而为长期维系客户奠定基础,这也是需求分析的意义和价值所在。

(二)需求分析的理论基础与需求挖掘

在整个消费过程中,大部分客户未必真正清楚自己的需求,这就需要服务顾问帮助客户挖掘其已知和潜藏的需求,进而帮助客户找到最佳的问题解决方案。

1. 需求的冰山理论

如图6-1所示,客户就如一座冰山,水面上的是语言、表情以及行为、情绪等,水面下的是客户的真实的动机、原因、企图、听闻、理由、经验等。客户表达的往往是表面的需求,就像冰山一角(表面需求),其实客户的更大需求或让其做出购买决定的需求往往是冰山下面的需求(深层次需求),这就是客户需求的冰山理论。人们总是习惯于在主观上作判断,往往过于相信自己的眼睛,根据看到的表象来判断客户的需求,并认为它是正确的,而忽视了客户的真实需求。只有尽可能广泛、准确地判断客户对产品、服务、价格等方面的需求,才能针对客户的需求,提出合理的、易于让客户接受的方案。

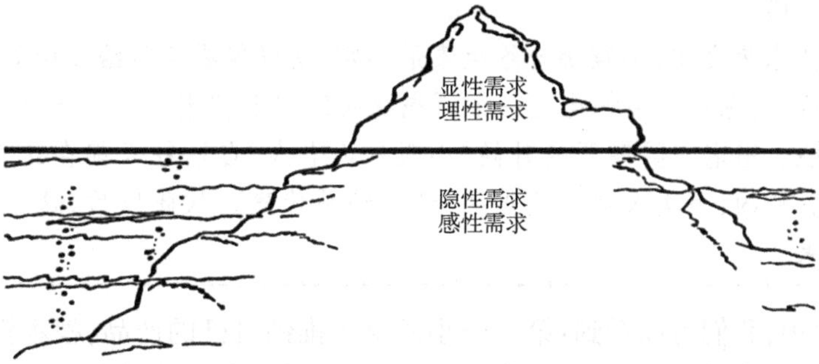

图6-1 需求的冰山理论

客户需求根据外在表现不同,可分为显性需求和潜在需求(包括隐性需求和未知需求),显性需求指的是客户知道而且愿意表达出来的需求,潜在需求是指客户知道但不愿意表达的,或未明确表示但内心存在的需求,甚至是并不自知但确实存在的需求。

2. 客户需求挖掘

让我们来先看一个生活中关于需求分析的案例。

婆婆为儿媳妇买水果

一位老人每天去菜市场买菜买水果。一天早晨，她提着篮子，来到菜市场。遇到第一个卖水果的小贩，小贩问：您要不要买一些水果？老人于是问："你有什么水果？"小贩回答她说："我这里有李子、桃、苹果、香蕉，您要买哪种呢？"老人告诉小贩她正要买李子。小贩赶忙介绍道："我这个李子，又红、又甜、又大，特别好吃。"老人仔细一看，果然如此。但老人却摇摇头走了。

老人继续在菜市场转，遇到第二个小贩。这个小贩也像第一个小贩一样，问老人买什么水果，老人回答说要买李子。小贩接着问："我这里有很多李子，有大的，有小的，有酸的，有甜的，您要什么样的呢？"老人说要买酸李子，小贩连忙说："我这堆李子特别酸，您尝尝？"老人一咬，果然李子很酸。老人受不了了，但越酸越高兴，马上买了一斤李子。

但老人没有回家，继续在市场转，遇到第三个小贩。同样地，小贩问老人买什么(探寻基本需求)，老人回答买李子。小贩接着问："您买什么李子？"老人回答要买酸李子。但他很好奇，又接着问："别人都买又甜又大的李子，您为什么要买酸李子？"(通过纵深提问挖掘需求)老人说："我儿媳妇怀孕了，想吃酸的。"小贩马上回答："您对儿媳妇真好！儿媳妇想吃酸的，就说明她想给你生个孙子，所以你要天天给她买酸李子吃，说不定真给你生个大胖小子！"老人听了非常高兴。

小贩又问："那您知不知道孕妇最需要什么样的营养？"(激发出客户需求)

老人不懂科学，连忙说不知道。小贩告诉老人，其实孕妇最需要的维生素，因为她需要供给这个胎儿维生素。所以光吃酸的还不够，还要多补充维生素。

他接着问："那您知不知道什么水果含维生素最丰富？"(引导客户解决问题)。

老人摇了摇头。

小贩说："水果之中，猕猴桃含维生素最丰富，所以您要经常给儿媳妇买猕猴桃才行！这样的话，确保你儿媳妇生出一个漂亮健康的宝宝。"老人一听很高兴，马上又买了一斤猕猴桃。当老人要离开的时候，小贩告诉老人，自己每天都在这里摆摊，进的水果都是最新鲜的，下次来就到这里买，还能给她优惠。从此以后，这个老人每天在他这里买水果。

在这个故事中，我们可以看到：第一个小贩急于推销自己的产品，根本没有探寻顾客的需求，自认为自己的产品多而全，结果什么也没有卖出去。第二个小贩有两个地方比第一个小贩聪明，一是他第一个问题比第一个小贩高明，是促成式提问；二是当他探寻出客户的基本需求后，并没有马上推荐商品，而是进一步纵深挖掘客户需求。当明确了客户的需求后，他推荐了对口的商品，很自然地取得了成功。第三个小贩是一个销售专家。他的销售过程非常专业，即首先探寻出客户深层次需求，然后再激发客户解决需求的欲望，最后推荐合适的商品满足客户需求。

通过上面案例中销售人员的表现，可以看出需求分析的精妙之处，巧妙的需求分析可以为自己带来很好的销售机会。同时，进行需求分析要充分运用技巧，否则有很多需求是无法被轻易发现的。

由此可见，要善于运用需求的冰山理论，帮助客户挖掘不同类别层次的需求（表6-1）。对于显性需求，客户明确表达要什么，我们可以“听”到；而对于隐性需求，客户内心渴望，却未明确表达，我们可以通过“听”和“看”进一步分析，通过“问”确认客户需求，对于未知需求，客户其实并不知道自己的真实需要，我们可以通过听、看、问来深入挖掘。

需求层次的分类与表现 表6-1

需求层次的分类	具体表现
显性需求	买些李子
隐性需求	买些酸的李子
未知需求	买了更具营养的猕猴桃

（三）需求分析的基本方法

详细的需求分析是满足客户需求的基础，也是保证对产品或服务进行针对性介绍的前提。服务顾问要能够在与客户交流时通过看、听和问来帮助客户明确需求。需求分析一般可以从察言观色（看）、提问挖掘（问）、认真倾听（听）三个方面来开展。

1. 察言观色

这里所说的察言观色指的是服务要以客户的需求为中心，时刻关注客户的感受。察言观色能够帮助服务顾问揣摩对方心理，寻找双方共通之处，是建立与人沟通的良好前提。

例如，在沟通的过程中注意观察对方的衣着、年龄、神态、谈吐、动作等，才能在沟通过程中有共同语言、有的放矢，顺利进行需求分析。可以适当地投其所好，不吝赞美，因为人性最深切的渴望就是获得他人的赞赏，如果对方能够视你为知己，那问题就有可能得到较好解决。

在进行交流时，不仅要细致观察对方，也要注重自身的仪态。在与客户交谈时，保持一定的礼仪距离，眼睛要有神，与客户保持恰当的目光接触。将两手在前面轻轻地握在一起，两肩自然放松，说话时挺直腰板。可适当运用肢体语言来增强表达的效果，但注意不要将手背在后面或将手插在裤袋里，不要拨弄手指和笔等物品，同时避免叉腰和跷腿。

2. 提问挖掘

在需求分析环节要学会运用正确的谈话技巧，适当地进行提问挖掘，才能进行快速、有效的沟通，从而把握客户的需求，确认在观察客户阶段时预测的推介目标。

在与客户交流的过程中，接待人员要创造积极、正面的谈话氛围，应向客户传递“能够做什么”，而不是“不能做什么”，让客户感觉到我们是真心地帮助他。服务顾问常常需要帮助客户表达需求，可使用清晰简单的语句来提问，鼓励客户发言，使客户感受到“被尊重”，并且尽量避免使用负面语言，如“我不能”“我不会”，可以改用这类语言来表达：

“您好，请问我能帮您做些什么？”

“我们能为您做的是……”

“您好，此次除了做维修之外，还需要我帮您做些什么？”

有时为了更好地了解客户的诉求或事情的背景，服务顾问希望客户说出其感受、疑惑与担忧，可用“您想”“您感到”“您认为”等字眼，引导对方进行描述。比如，在客户反映油耗问

题时,当了解了几个问题后,可以尝试问:

"那您认为它应该是怎么样的呢?"

用这种方法去了解客户在内心有什么潜在期望或隐性需求,才能获得一些意想不到的资源或信息,这对解决客户遇到的问题非常重要。

尽量鼓励客户充分、自由地表达需求,并随时引导客户针对车辆的需求提供想法和信息以供参考,分析客户的不同需求状况。

当客户主动表达需求时,适时地作出回应,并不时微笑、点头、不断鼓励客户发表意见。

3.认真倾听

对于服务接待,只有做到认真倾听才能获取需求信息,倾听的最终目的是达成交易双方的共识。在倾听的过程中,须注意以下要点:

(1)留心聆听客户的讲话,适当运用点头、微笑和恰当的肢体语言。

(2)要经常使用基本的礼仪用语,不给客户压力,体现对客户人格、情感的尊重和关怀,帮助客户建立表达的信心和意愿。

(3)听到客户有不同意见时,要表现出友好的态度,不急于反驳。

(4)确认客户的陈述,当客户表达的信息不清楚或模糊时,应及时澄清,防止双方理解不一致,造成误会。

(5)协助客户整理需求,边听边记录重点。

(6)协助客户总结需求,并向客户反馈得到的信息,跟客户确认要点。

总之,需求分析是维修业务中顾问式服务的重要环节,客户前来维修企业有可能是维修车辆、维护车辆、购买精品、购买保险、参加活动、问题咨询等目的当中的一项或几项,服务顾问要了解客户明确的需求,帮助客户发现潜在的需求,从而提供更好的服务,帮助客户解决问题,提高客户满意度。

二、倾听

了解客户的需求是以客户为中心的基础,以这种观念进行服务会取得更长远、更良好的效果。服务顾问在接触客户时,既要学会问,又要学会听,倾听与提问是沟通的重要工具。需求分析的主要方法就是采用积极的倾听和有效的提问。服务顾问会比其他岗位的员工接触到更多的客户,虽然客户各式各样,但他们都有期望得到优质服务的需求,而优质的服务必然是建立在良好沟通基础之上的。所以,积极倾听与有效提问是服务工作必不可少的技巧之一。

在沟通的四大媒介(听、说、读、写)中,花费时间最多的就是"听"。据统计,工作中每天有3/4的时间用于言语沟通,其中有一半以上的时间是用来倾听的。人的一生有54%的时间用于"听",20%的时间用于"说",16%的时间用于"读",10%的时间用于"写"。

绝大多数人天生具备听力,但听得懂别人说话的能力,则是需要后天不断学习的。

所以,在沟通的过程中,倾听是最重要的环节之一,良好的倾听是有效沟通的开始。尽管每个人都想当然地认为自己能够轻松地倾听他人说话,但实际上做到真正的倾听是比较困难的。在某种程度上,你是在听他人说话,你可以听到同事或者朋友告诉你些什么事情,但可能会忘记时间、地点等信息。因此,相对于真正意义的倾听问题而言,完整、全面的倾听是困难的,甚至是少见的。

下面来看一则小故事。

完整的倾听很重要

一位女士走进一家餐厅,点了一份汤,服务员端上来后很礼貌地走开了。

服务员刚走开,这位女士便将服务员叫过来说道:"对不起,这碗汤我没法喝,因为……"还没等顾客说完,服务员马上说了声对不起,并重新为这位顾客上了一碗汤。

可是,这位女士仍旧说:"对不起,这汤我没法喝,因为……"这位服务员一时有点不知所措,并解释说:"尊敬的女士,您点的这道菜是本店最拿手的,深受顾客欢迎,您对我们的服务有什么不满吗?"

"先生,我只是想问一下,喝汤的勺子在哪里?"

看完上面的故事,对你有什么启发?

故事中的服务员如果能耐心听完顾客的意见,事情就不会变得这样复杂。

1. 倾听的意义

1)给予对方高度的尊重

倾听是一种态度,是一种尊重。与你沟通的顾客在说话时,如果你能集中注意力,认真倾听,对方会感觉到被尊重,从而更容易放下顾虑,向你敞开心扉。

2)获得信息

在汽车售后服务过程中,掌握信息是开展业务的前提,只有认真倾听,才能获得充分的信息,进行需求分析,为接下来的服务奠定基础。

3)分享快乐、获得友谊

认真倾听,表示你愿意接受对方,可以分享对方的喜悦与快乐,愿意成为对方的朋友。懂得倾听的人会为自己赢得友谊,带来乐趣。

4)听取意见、改善服务质量

在倾听的过程中,可以收集、反馈客户的意见与建议,这些意见可以帮助服务顾问改进服务质量,更好地满足客户需求,促进公司业绩的增长。

5)改善人际关系

善于倾听的人往往会给人留下有礼貌、关心人、理解人的良好印象,有助于积累更多的客户资源。同时,也可以和同事之间也能建立良好的人际关系,帮助自己在职场中获得更大进步。

2. 倾听的层次和类型

美国谈判学会会长杰勒德·尼尔伦伯格说过,"倾听是发现对方需求的重要手段"。真正的倾听不仅是在他人讲话时保持安静,也不仅仅是像录音机一样复述对方的谈话内容,而是要求你理解对方在说什么,以及对方的想法、情感和需要。真正的倾听意味着要把自己的想法和判断放在一边,于是通常容易出现的问题是,你潜意识里只会听进对方的一部分谈话,特别是你认可的部分,而很多你不认可甚至反对的观点则被下意识地过滤了。在商业谈判、汽车营销与售后服务领域里面,这些下意识的倾听行为,会蒙住你的眼睛,使你把握不准对方的真实想法和底线,容易失去交易机会。

1)倾听的层次

倾听包括五个层次,如图6-2所示。

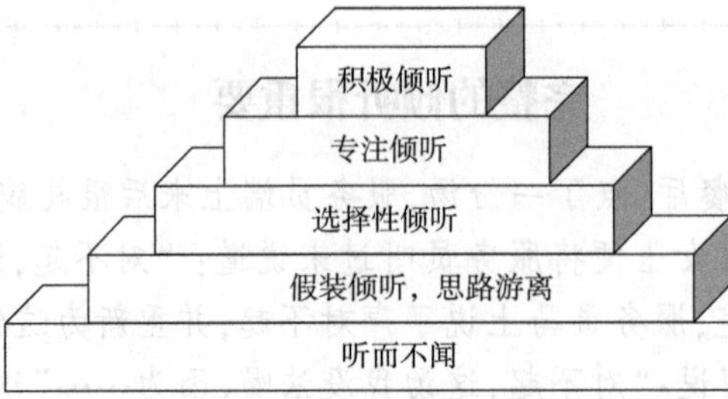

图6-2　倾听的五个层次

各个倾听层次的具体表现见表6-2。

倾听层次的具体表现　　表6-2

层　次	表　现
听而不闻	不做任何倾听努力
假装倾听	做出倾听假象
选择性倾听	只听自己感兴趣的内容
专注倾听	认真倾听,并与自己的亲身经历作对比
积极倾听	用心倾听,认真理解对方讲话的内容和情感

可以看出,真正的倾听是一种情感的活动,它不仅仅是用耳朵听对方讲话,还需要通过面部表情、肢体语言,以及适当的言语来回应对方,传递给对方一个你很想听他说话的信息。所以说,倾听并不是一个消极被动的过程,它需要思维的参与,这种参与是一个积极的过程,也就是积极倾听。

2)倾听的类型

倾听有两种类型,包括主动式倾听与被动式倾听,详见表6-3。

倾 听 的 类 型　　表6-3

类　型	具体描述
主动式倾听	主动倾听是从发讯者的观点来了解信息的含义,倾听者依据已有的知识和经验,主动地从发言者的话语中寻找所需信息,构建完整的知识体系的方法。其特点是思维具有活跃性、理解具有双向性和交往具有情感性
被动式倾听	被动倾听中是吸收或记忆所听到的语汇,实际上是一种倾听的假象

倾听的基础是听清楚别人说什么,即听事实,其次还要听情感。听情感是被很多人忽视的一个层面,它需要听谈话者在说话时表达了什么样的情感需求,是否需要给予相应的回应。客户的情感需求值得服务人员更多加以关注并作出恰当回应。如果倾听的结果和没听到一样,客户的这种情感需求就很难被满足。

3. 积极倾听能力的培养

1)营造有利于倾听的环境

谈话双方相互尊重、相互配合,创造良好的倾听环境,最好是安静、没有干扰、空气清新、光线充足的场所。

2)集中精力,专注倾听

集中精力倾听,不要一边干别的事情一边倾听。倾听时尽量调整好身心状态,疲惫的身体、无精打采的神态、消极的情绪以及信手涂鸦或随手把玩东西(笔、钥匙串)等不良习惯,都可能让客户觉得不受尊重。

3)目光接触,适当回应

在倾听的过程当中,要运用眼神、表情等非语言沟通手段表示自己在认真倾听。可不时与对方进行眼神交流,并通过点头、微笑等方式及时作出回应,也可以不时地说“是的”“明白了”“是这样啊”“继续说吧”“对”等语言来表示自己在认真倾听。同时,也要关注对方的身体语言、面部表情、语调、情感等所传递的一些重要信息。

4)保持耐心,不随意打断谈话

随意打断谈话会打击客户说话的热情和积极性。如果当时客户情绪不佳,而你又打断了他们的谈话,那无疑是火上浇油。要等待或鼓励发言者把话说完,有些人语言表达可能会有些零散或混乱,但如果有足够的耐心,是可以获得重要信息的。

5)谨慎反驳,站在对方的立场

客户在谈话过程中表达的某些观点可能有失偏颇,也可能不符合事实,但切记不要直接反驳或批评他们的观点,哪怕听到你不能接受的观点,也让对方先把话说完,不一定要同意对方的观点,但可以表示理解,站在对方的角度去倾听诉求,更不要用自己的价值观去指责或评判对方的想法,要与对方保持共同理解的态度。

6)做好记录,找重点

有时候客户的语言不单零散,还可能带有一些情绪,可适当记录,记下关键点,将注意力集中在发言者的内容和观点上,抓住发言者的有效信息,寻找重点或中心概念,忽略一些无关紧要的部分。

4.积极倾听的常用技巧

通过适当的表达方式检查自己对信息的理解程度,及时明确语意不清之处,这样也能让说话者感到你在积极主动地聆听及反馈。积极倾听的技巧主要有探查和复述。

1)探查

探查是指对谈话者刚才所说的话题或听者所关心的话题进一步提问。探查是为了获得更多的信息,使谈话者说得多一些或使听者找到更合适的发问。

探查主要有详细式探查、阐明式探查、重复式探查、复述深入式探查四种。

(1)详细式探查指当谈话者的话题中没有包含足够的信息或部分信息没有被理解时所用的探查方式。例如“关于这一点,你能再讲讲吗?”

(2)阐明式探查指当信息不清楚或模糊时所用的探查方式。例如“不愿意做免费的车辆健康检查是有些什么顾虑呢?”

(3)重复式探查指在谈话者回避话题或没有回答先前的问题时用的探查方式。例如“再跟您确认一下,本次要不要换空调滤芯?”

(4)复述深入式探查指在鼓励谈话者进一点深入地讲述同一话题时所用的探查方式。例如“您说您对我们不满意是……?”

2)复述

复述主要是将听到的信息反馈给谈话者并表达理解和接受对方的意思。

对于重要信息,可以把听到的内容用自己的话再复述一遍,确认理解正确与否,还可以通过总结归纳,确保你没有误解或歪曲客户的意见。

例如:“您刚才的意思我理解的是……”

“如果我没理解错的话,您希望的是……”

“您的话是不是可以这样来概括……”

总之,积极倾听一定要进入所听的内容及其感情,才能达成较好的沟通效果。在日常学习、生活、工作中都要注意培养积极倾听的习惯,也可通过倾听与复述训练,提高自己的倾听能力,为进入职场打下良好的基础。

表6-4中罗列了一些常见的参考表达范例,以及其含义和目的。

积极倾听的表达方式、含义及目的 表6-4

专业表达	含义	目的
是吗	表示理解	用表情姿势告诉客户你在听,让客户放心,鼓励客户讲话
是这样啊		
那可太糟了	表示认同	使客户放心,获得信赖
我明白您的想法了		
这个问题是从什么时候开始的?	询问	询问客户车的状况,详细确认客户的想法和意图
请再详细描述一下可以吗?		
是最近两天才出现的吗?	确认	明确自己的理解是否正确
就是……的意思,我的理解没错,是吧?		
您询问的是……问题,对吗?也就是……	总结	总结讲话中的先要内容,确认客户和你的理解是否一致
您说的总结起来就是……对吧?		

三、提问

(一)提问的目的和作用

要了解对方的想法和意图,掌握更多的信息,倾听和提问都是必要的,二者相辅相成。倾听也是为了提问,而提问则是为了更好地倾听。

好的问题才能产生好的答案,下面来看一个故事。

关于祈祷与抽烟的提问

有一个教士问主教:“我在祈祷时可以抽烟吗?”这个请求遭到主教的断然拒绝。另一个教士也去问他的主教:“我在抽烟时能祈祷吗?”于是,他的请求得到了允许。

可见,提问是一个非常重要的技巧,不同的发问方式可能会产生不同的效果。恰当的提问有助于发现和收集客户的信息,让服务顾问更好、更有效地为客户服务;反之,一个不恰当的问题有可能使客户马上就离开。

服务顾问的服务技能高低,服务经验是否丰富,关键在于其提问的质量。高质量的提问可使服务顾问和客户都受益。提问的目的和作用有以下几点:

(1)引起他人注意,为他人的思考提供既定的方向。例如“今天天气不错,是吧?”“最近工作怎么样?”

(2)获取需要的信息。例如“这个需要多少钱?”“你今天几点能过来取车?”

(3)传达消息,说明感觉。例如“你真的确定新更换的这个配件也是有两年质保的吗?”

(4)引起对方思考。例如“你是否曾经在高速公路驾驶时也出现过这个问题呢?”

(5)鼓励对方继续讲话。例如“除了刚才所提到的,你还有什么其他想法吗?”

(6)消解沉默。当出现冷场或僵局时,可用提问打破沉默。例如“我们换个话题好吗?”

(7)得出结论。例如“我们难道还不应该采取行动吗?”

总之,提问的功能很多,且与特定的场合有关。在什么条件下提问,产生什么样的作用,关键看提问者如何运用提问,以及想达到什么目的。

(二)提问的类型

1. 封闭式提问

封闭式提问是为了帮助客户进行判断,客户只能回答“是”或“不是”,不提供其他信息和细节。

封闭式问题的优点是节省时间,能控制谈话方向;缺点是由于限制回答,并且获取的信息有限,需要通过多次提问来了解信息。问得不好会使被提问者产生被盘问的感觉,可能引发冲突或被拒绝。

例如,“您的爱车一直是在4S店做维护吗?”

“来之前您有没有做过预约?”

“用不用为您保留更换下来的旧件呢?”

2. 开放式提问

开放式提问是指不用“是”或“否”来回答的问题,被提问者可提供充分的信息和细节来回答或评论。

开放式提问的优点是信息全面,气氛友好 ,缺点是回答很浪费时间,并容易偏离方向,缺乏重点,难以找到问题核心。

开放式提问一般采取“5W1H”的提问方法,如图6-3所示。

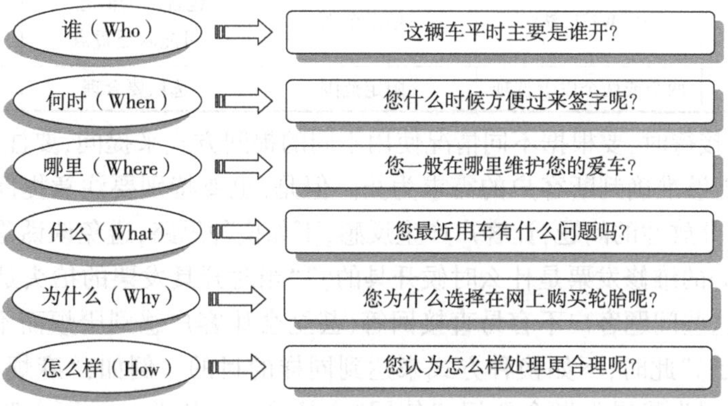
谁(Who)
这辆车平时主要是谁开?
何时(When)
您什么时候方便过来签字呢?
哪里(Where)
您一般在哪里维护您的爱车?
什么(What)
您最近用车有什么问题吗?
为什么(Why)
您为什么选择在网上购买轮胎呢?
怎么样(How)
您认为怎么样处理更合理呢?

图6-3 “5W1H”提问法

3. 选择性提问

选择性提问是指用选择疑问句来提问，提问者一般会提供两个或两个以上可能的答案供对方选择的句式。

选择性提问的特点是一般只能在提问者给定答案范围内进行回答，这非常有利于引导话题，快速获取答案，避免得到的回答范围太过发散，不方便解决或满足。当然，选择性提问的关键在于提供的选项是否合适，若方案不是客户所需，则可能会引起冲突。

例如，客户在休息区等候车辆维修时，服务人员会提供饮料服务，我们如果这样问："请问您想喝点什么？"万一客户说想喝店里并没有提供的酸奶、柠檬水、蜂蜜水等，则容易引起尴尬。此时最好采用选择性提问。"我们这里有红茶、绿茶、咖啡和冰水，请问您要哪一种？"

选择式提问在维修业务接待中的问诊环节使用较多，有助于服务顾问获得重要信息。例如：

问："您的车有哪方面的问题？"（开放式提问）

答："车子抖动。"

问："感觉是哪个部位抖动？"（开放式提问）

接下来用一组选择性提问：

- 是冷车起动时抖动，还是其他情况下也抖动？
- 是高速行驶时抖动，还是怠速时抖动？
- 是踩加速踏板时抖动，还是减速制动时抖动？

……

这样更容易获得故障诊断所需要的信息。

几种常见的提问类型对比见表 6-5。

不同提问类型对比　　表 6-5

提问类型	问句特点	优　点	缺　点	效　果
封闭式提问	"是"或"不是"	答案明确	信息有限，需多次提问	结束话题
开放式提问	"5W1H"法	信息全面	包含多余信息，可能缺乏重点	打开话题
选择式提问	两个或两个以上选项	限定范围	选项要合理	引导话题

在进行业务接待时，要根据不同情况使用不同的提问方式来提问，要注意不同提问类型交替使用，直到能够准确判断客户的需求为止。但是，也要特别要注意提问的目的，有时候与其提出一连串开放性的问题，让客户产生反感，不如换种思路，避免谈话陷入僵局。

例如询问"您的维修发票是什么时候开具的？""当时开具发票的抬头是什么？""当时是谁接待的？"等，这些问题客户不容易直接回答，甚至会让客户感到厌烦而不愿意回答，于是答复"我早忘记了。"此时，不如换种方式来达到同样的目的。例如，"麻烦出示一下上次的维修发票好吗？因为我得先做个登记。"使用"麻烦您……因为……可以吗？"的语句，先说明原因，让客户知晓需要予以配合才是对自己有利的，然后采用封闭式提问让客户不好意思直接回绝。

(三)提问的技巧

(1)提出的话题要能吸引对方,提出的问题要尽量具体,不能太过笼统,问题不要太大或抽象,以免对方难以开口或一开口就无法讲下去。

(2)一次只提问一个问题,使问题清晰、明确,便于回答。

(3)明确目标——提问究竟想要得到什么。提问时要先理清思路,正确表达,避免重复提问相似的问题。

(4)对自己没有把握的或拿不准的问题,可以用提问的方式引导对方自己说出结论。如“您其实是希望我们怎么做呢?”

(5)为了引起对方对某个问题的关注,可以问:“这件事您早就知道吧。”这样能引起对方的兴趣。

(6)如本人不愿意表达自己的看法,这样问:“您的朋友是怎样看待这个问题的?”

(7)提出相反的问题,可以使交谈进一步展开,如“事情不是这样的吧?”“有这么回事吗?”等。

(8)适当留出思考时间,必要的沉默能使人有思考的余地。一旦过于冷场时,可以适当转换话题,再引发新的提问。

(四)“SPIN”提问法

开放式提问与封闭式提问仅仅是发现顾客的需求、满足顾客的需求,而需求分析的真正目的是要将客户的隐性需求开发成显性需求。这时,就会用到“SPIN”提问法,通过这种提问方式强化客户的需求。

S(Situation Questions),即询问客户现状的问题,比如“您驾龄多久了?”“您这个车平时是谁在开?”“您经常在颠簸路面上驾驶吗?”需要注意的是,现状问题不能多问,只问那些必要的、最可能出现的现状问题,两三个即可,否则会使客户产生反感和抵触情绪。

P(Problem Questions),即难点性问题,了解客户现在所遇到的困难,比如“是不是油耗比以前高了?”“是不是经常去维修厂,维修费用也随之上涨?”等。需要注意的是,不能见到什么都问有没有困难,必须建立在现状问题的基础上,确保所问的困难问题是客户现实中的问题。

I(Implication Questions),即暗示或牵连性问题,对客户形成心理暗示,暗示客户这个问题现在很严重了,不是他认为的是个“小问题”,必须得马上去解决了,不解决会给他带来很大的麻烦。可让客户想象一下现有问题将带来的后果,并引发客户思考更多的问题。

N(Need Pay-off Questions),即解决方案的问题,告诉客户关于方案的价值,比如“这些问题解决以后能给你带来什么好处”,让客户把注意力从问题转移到解决方案上,并且让客户感觉到这种解决方案将给他带来价值。

下面来举一个工作中的例子,运用“SPIN”提问法向客户推荐专用燃油添加剂。

S(现状):张先生,最近用车还好吗?跑长途都经常去什么地方?

P(难点):那地方的汽油您用起来怎么样?

I(暗示):油品不佳会带来很多问题,比如……

N(方案):防止发生这类问题,可以有两种方法,一是……二是……

四、报价与异议处理

(一)如何进行报价

报价是交易谈判的一个重要阶段,交易条件的确立是以报价为前提的。报价不仅表明了谈判者对有关交易条件的具体要求,也集中反映了谈判者的需要与利益。通过报价,谈判双方可以进一步了解和分析彼此的意愿和目标。服务顾问在业务接待过程中免不了要向客户进行维修服务报价,而价格往往是企业与客户之间比较敏感的问题之一。因此,大家都会对报价这一环节有所担心,那么,如何更好地进行报价呢?

1. 价格感知

虽然很多时候客户都会抱怨价格高,但现实生活中并非价格越低越受欢迎,有的人也会认为高价位才是品质的保证和身份的象征。消费者对于价格的感知很大程度上来源于自己的购买经验。比如,顾客多次购买了某种价格高的商品,回去使用后发现很好,就会不断强化对"价高质高"的判断和认知。反之,当顾客多次购买价格低的商品发现不如意后,同样也会增加"便宜没好货"的判断和认识。事实上,对"贵"与"不贵"的判断,不完全是价格多少的对比,而是通过产品或服务的价格与价值来进行对比。消费者内心会对该商品的价值和所对应的价格作出衡量,下面来看看对鞋子价格判断的几种情形:

A. 路边小店,不是名贵品牌,标价200元;(感觉可能贵了)

B. 超市大卖场类似的鞋子,标价150元;(可以,物有所值)

C. 大商场名牌鞋,打完折后价格为300元。(不贵,物超所值)

所以,当价格大于利益时,价格判断为贵,消费者认为不值;当价格与利益基本对等时,价格判断为值得;当价格小于利益时,价格判断为不贵,消费者认为超值。

因此,价格是以价值为基础的,在报价时客户经常对价格产生异议,有可能是服务顾问没让其认可该商品或服务的价值,只有让客户意识到价格与价值相对平衡时,客户才会认可给出的报价。

2. 报价技巧

向客户介绍维修项目时,要避免过早提出或讨论价格,应等客户对产品的价值有了起码的认识后,再与其讨论价格,即"先价值,后价格"。报价的技巧是要向客户仔细传达这个商品或服务本身的价值,要让客户觉得物有所值,甚至是物超所值。常见的报价方法如下。

1)"三明治"法

指把想要标明的价格分成三步来实现,就好比一个"三明治"的三个层次一样,第一层指产品给客户带来的价值(利益好处);第二层指产品价格(价格);第三层指产品的后续价值(利益好处)。

可见,"三明治"法不急于先直接说出价格,而是通过多宣传产品的价值来减轻客户的敏感度。也就是说,将价格置于所提供的服务项目中,在话语描述的中段(好比是三明治的2/3处)来呈现,服务顾问要恰如其分地强调所提供的服务项目是符合客人利益的,以减弱直观价格的分量,增加客户接受该价位的可能性。当然,在接近末尾的谈话部分可以用“赞美+鼓励”的方式来向客户进一步呈现使用产品的后续价值。

例一:这次维护我们建议您再做一个发动机积炭清洗,长期行车再加上经常堵车,发动机出现积炭是在所难免的,而且积炭会吸附燃油,让燃烧不完全的燃油再次变成积炭,一层一层地堆积,恶性循环,越变越厚,如果不加以预防和清除会引起车辆油耗增加、动力下降等问题,现在只要花费500元,就能帮助您省油并恢复爱车的动力。并且,我们这里有专业的技师和专用设备来处理,能清洗得很干净,避免将来发动机发生大的故障,导致维修费用很高。此外,现在维护好车辆还能减少尾气排放的恶化,有利于环保,像您这样的有识之士肯定是懂的。

例二:我们这款车辆内饰清洁剂是专用的,不伤真皮表面和其他内饰材料,不但能够起到清洁作用,还能消毒杀菌。只要800元,等下我们的专业美容技师就能让您的车内焕然一新,到时候去接您的客户或朋友都更有面子。如果家里的老人和小孩经常坐这个车,对他们的健康也是非常有利的。

服务顾问在向客户解释维修项目的时候,如果客户一开场就直截了当地询问价格,就可以采用这样的“三明治”报价法,在完成整个产品的价值信息传递后再与客户讨论价格问题。事实上,很多客户在此阶段还不完全清楚维修服务的价值所在,对价值的评判还不全面,无法做到客观、公正,此时如果马上回应客户有关价格的问题,他们往往会凭直觉判断价格太高。此时,如果服务顾问继续向客户介绍有关维修项目的内容,客户往往无法静下心来细听,因为他们在心理上已经由于价格因素产生了一种抗拒和排斥感,这是客户消费心理的必然表现。

当然,如果客户执意首先问价格,这个时候可以采用模糊回答的方法来转移客户的注意力,可以告诉客户“维护项目的价位有好几种,这要看您的需求……请让我先给您介绍一下……”“这取决于您选择哪些项目组合”,或者告诉客户,“建议您最好还是先检查一下,看看您爱车目前的状况,再决定做哪些必要的维护”。不要让顾客停留在对价格的思考上,而是要回到关于服务项目的价值这个问题上去。

2)价格分割法

价格分割是一种心理策略,报价时采用这种技巧,能制造买方心理上的价格便宜感。价格分割包括两种形式:

(1)用较小单位报价,把价格按使用时间或计量单位分到最小,把价格化整为零。这种方法的突出特点是细分之后并没有改变顾客的实际支出,但可以降低消费者对价格的敏感度。例如,“您这款帕萨特换一块原厂蓄电池620元,但最少可以使用3年,等于每天才0.5元,却可以使您不用担心车辆无法起动的尴尬,特别是当您需要接待重要客户时,您认为值不值得呢?”这样一来,价格同样还是620元,但是消费者的感觉就会发生变化,使消费者更愿意接受这个产品价格。当遇到看上去很贵的价格,可以对价格进行分解,转变为消费者的更容易接受的参照价格。

(2)用较小单位的商品价格进行比较 。例如,“每天少抽一支烟,就可以买一份……”“使用这种产品每天只花0.2元,0.2元只够……”这样用小商品的价格去类比大商品的价格,会给人以亲近感,拉近与消费者之间的距离。

3)消费变投资法

消费变投资法是将报价转换为客户的投资,从侧面打消客户的疑虑的方法。例如“彻底清洗喷油嘴,可增加发动机功效,降低油耗,省下的汽油钱是维修费用的好几倍。”

4)其他报价方法

有的时候,还可以采用附带数量条件的报价技巧,鼓励对方增加一次性购买的数量来降低单次成本,按照不同的组、不同的配置、不同的设计来分别报价。例如,单次维护的价格是1000元,公司活动优惠是一次性购买多次维护套餐,每次单价变成800元等。假如公司刚好推出特殊优惠活动,报价时也可以强调优惠活动的限时限量性,制造一定的紧迫感,促成客户尽快下单。

3. 价格异议的处理

在实际工作中,关于价格问题的异议,很多时候与服务质量并没有太大关联。出于本能反应,客户总是希望能够得到优惠,且价格与客户的利益有直接关系,因而价格异议也是最常见、最容易被提出的客户异议。当客户与服务顾问之间出现价格异议时,可以运用相关的原则和方法来处理,以达到双赢的目的。

客户总是希望用最低的价格买到优质的服务,显然一般是很难达到的。服务顾问要处理好客户的价格异议,就要注意以下原则。

(1)如果客户为累计消费金额或来店次数达到一定限额的客户,可以推荐使用积分卡或会员卡,主动为客户提供折扣,以促使客户继续来店消费。

(2)如果在服务过程中,服务顾问没有服务失误,而客户仍希望得到优惠,则服务顾问不可轻易答应客户的要求,可以考虑推荐客户成为会员或利用一定的技巧为客户做好解释工作。

例如服务顾问在向客户解释维修项目时,首先要向客户说明各个维修项目的必要性和危害性,即向客户传达自己对客户安全的担忧。客户对维修项目的必要性认识越深刻,讨价还价的可能性也就越低。

此外,还可以利用价格分割的概念,把客户的注意力从庞大的总数,转化为细分以后的较小金额,从而使客户更客观、清楚地衡量他所能得到的价值。服务顾问向客户解释维修项目时,应逐项向客户介绍维修项目及价格。通过成本的分解,让客户明白每一项维修都是必要的,自己选择的维修服务项目实际上是客户选择范围内最划算的。

服务顾问向客户解释时,还可以采用总体计算法,从满足某一方面需求的总体费用上着手。如推荐客户定期对车辆进行维护和车辆状况检查,保证车辆的良好状态和行驶安全,延长车辆的使用寿命,从而降低车辆的整体使用成本。

(二)如何对待客户异议

很多情况下,我们会碰到客户出现各类异议,不只是前面所述的价格异议,客户产生异议的原因是多种多样的,还可能是质量方面、等待时长方面的……提供服务过程中的任何一个举动,都有可能导致客户不赞同、提出质疑或拒绝。如果不能成功处理异议,会严重影响客户体验,降低客户满意度。

1. 正确看待客户异议

一般情况下,在遇到客户异议时,都会让人感到挫折与“头疼”,但换个角度看,客户的异议也是具有积极意义的。

(1)从客户提出的异议,能判断客户是否有需要。

(2)从客户提出的异议,能了解客户对自己及自己建议的接受程度,从而能迅速修正服务方式。

(3)从客户提出的异议,能获得更多的信息。

异议是客户的必然反应,同样也是不可回避的。要处理好客户异议,就要对异议有正确的看法和态度,将异议看成是一个交易得以进行的信号和机会,所以说,“客户服务是从客户的拒绝开始的”。当服务的实际情况与客户期望有差距时,异议能够帮助我们发现不足之处,促进服务水平的进一步提高。

2. 客户异议的分类

客户异议的分类方法有多种,最常见的是将异议分为真实的异议与隐藏的异议两类。

1)真实的异议

真实的异议是指客户表达目前没有需要,或对产品与服务不满意,或对产品与服务持有不同看法,且包含了误解、怀疑和不满等情绪,例如客户质疑“听说这款车老爱出小毛病,原来真的是这样”“这款车被召回过,是不是质量有问题”“我当初听销售说,你们这款车省油,结果不是这样”等。

处理这类异议时,应该首先消除客户的误解,然后强调车辆或服务的优点、利益,以减少对方的不满。

2)隐藏的异议

隐藏的异议是指客户将真实的异议隐藏,而提出各种真的异议或假的异议,借此创造解决隐藏异议的有利环境。例如客户希望降价,但却提出其他如品质、外观、颜色等方面的异议以降低产品的价值,从而达成降价的目的。

处理这类异议时,需要通过询问、察言观色等方式,了解客户真正的意图,对症下药地解决。

3. 处理客户异议的原则

1)正确对待

当客户出现异议时,应采取积极的弥补措施,而不是一味地辩解,加剧客户的不满。异议处理不好就有可能升级成为客户投诉的触发点。

2)把握恰当的处理时机

(1)预先处理:事前准备,在觉察到客户会提出某种异议时,主动提出来解释并纠正不恰当的观点,防患于未然,是消除客户异议的最好时机。

(2)立即处理:绝大多数异议需要立即回答,尤其是对于客户特别关心事项的异议,处理后才能继续进程或促进成交。

(3)延后处理:有些异议急于回答是不明智的,可以暂时保持沉默。如异议显得模棱两可、含糊其辞、让人费解;或异议显然站不住脚、不攻自破;或异议超出了个人能力水平,涉及较深的专业知识的;或解释也暂时不容易被客户理解等。经验表明,与其仓促答错十题,不如从容地答对一题。

(4)不处理:还有一些异议是无法回答的奇谈怪论、容易造成争论的话题、可一笑置之的戏言、明知故问的发难等，对于这类异议可以不加处理，保持沉默、装作没听见，按自己的思路说下去；或者答非所问，悄悄转换话题，插科打诨幽默一下，然后不了了之。

3）尊重客户

对于客户提出的异议，无论对错都不应表现出轻视、不耐烦、走神等情绪，要双眼正视客户，面部略带微笑，表现出专注的样子。应注意，服务人员不能语气生硬地对客户说"您错了""您连这也不懂"，这样会贬低客户，挫伤客户的自尊心。可以语气委婉地对客户说："您有这样的想法，是可以理解的，请让我给您解释一下。"

4）避免争辩

不管客户有多少意见，与客户争长论短都是不明智的，因为争辩不是说服客户的好方法，对解决问题也无益。遇到这种情况时，服务接待可以先表示认同，拉近与客户的关系，然后再寻求异议化解方法。例如转移客户的注意点，把对方不知道或没有提到的好处告诉客户。

4. 客户异议的处理步骤

客户的问题和异议为成交提供了机会，因此，服务顾问要学会把握机会，耐心聆听并解答客户异议，为客户提供满意的答案。有效解决客户异议可按图6-4所示的四个步骤进行。

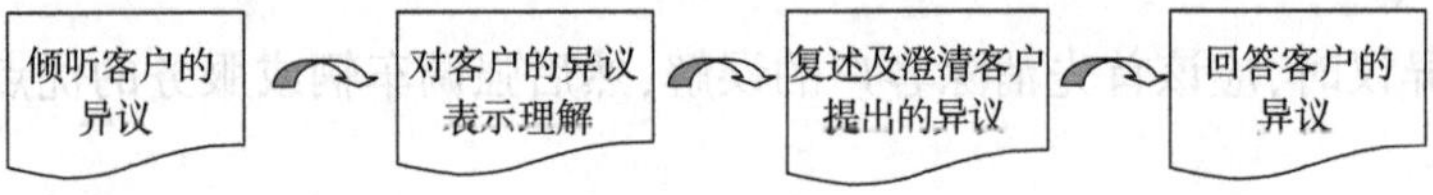

图6-4　有效解决客户异议的步骤

1）倾听客户的异议

耐心倾听，可以使客户感到自己是受重视的。通过倾听也可以明确客户的意见是真实的还是一种拒绝的托词。如果是后者，应进一步分析挖掘客户深层的意思。

2）对客户的异议表示理解

如果客户提出的异议是合情合理的，则应该承认客户的担忧，先表示理解和认同，再设法清除异议。

3）复述及澄清客户提出的异议

通过复述，能给自己多争取一些思考的时间，并针对性地提出澄清。例如"您的意思是说因为价格有点高，所以您不愿意做这个维护项目了吗？"如果客户回答"是"，则进一步重点说明与之相应的利益。

4）回答客户的异议

客户固然希望自己的异议被尊重和解答。但在某些特殊情况下，可以采取方式巧妙地推迟或回避回答。

五、客户关系管理及投诉应对

（一）客户关系管理

1. 客户关系管理的概念

市场是由需求构成的，需求的多少决定了企业的获利潜力，企业对需求满足的品质决定了企业获利的额度。客户对产品和服务的满意程度是企业发展的决定因素,客户满意是企业效益的源泉。因此,"以客户为中心"成为当今企业管理的中心和基本观念。

随着企业竞争的重点从以产品为中心向以客户为中心转移,众多企业将客户看成重要的资源,采取多种方式对客户实施关怀,以提高客户的满意度,客户关系管理(Customer Relation Management,简称 CRM)由此产生。CRM 以客户满意为中心,一切从客户利益出发,目的就是维持客户的忠诚,只有长期忠诚的客户才能成为企业获利的源泉。据统计,开发一个新客户的成本是留住一个老客户的 5 倍,而 20% 的重要客户可能带来企业 80% 的收益,即"二八定律"。

因此,留住老客户比开发新客户更为经济有效。过去一段时间,企业总是将精力集中在寻找新客户上,而忽略了现有客户身上蕴含的巨大商机。企业有必要挖掘这些客户的需求并满足他们,从而提高客户服务水平,达到留住最有价值客户的目的。如今,CRM 的观念已经被普遍接受,且有相当一部分企业已经建立起了自己的 CRM 系统。

下面是一则关于 CRM 的经典案例。

泰国东方酒店成功的秘密

企业家余先生到泰国出差,下榻于东方酒店,这是他第二次入住该酒店。清晨,余先生一出房门,一名漂亮的泰国小姐微笑着向他打招呼:"早,余先生。"

"你怎么知道我姓余?"

"余先生,我们酒店的系统里有您的光临记录,我们酒店规定,每一层的当班服务员都要记住每一位光临的客人的名字。"余先生很吃惊,尽管他频繁往返于世界各地,也入住过无数高级酒店,但这种情况还是第一次碰到。

余先生愉快地乘电梯下至餐厅所在的楼层,门一开,又一名泰国小姐站在那里,"早,余先生。"

"啊,你也知道我姓余,你也背了上面的名字,怎么可能呢?"

"余先生 ,上面打电话说你下来了。"原来她们腰上挂着对讲机。

刚走进餐厅,服务生就微笑着问:"余先生还要老位子吗?"余先生再次感到惊讶,心想尽管我不是第一次在这里吃饭,但最近的一次也有一年多了,难道这里的服务员记忆力那么好? 看到余先生惊讶的目光,服务生主动解释说:"我刚刚查过记录,您在去年的 6 月 8 日在靠近第二个窗口的位子上用过早餐。"余先生听后兴奋地说"老位子! 老位子!"服务生接着问:"老菜单? 一个三明治,一杯咖啡,一个鸡蛋?"现在余先生已经不再惊讶了,"老菜单,就要老菜单!"余先生非常愉悦地回答。

上餐时,服务生附赠了余先生一碟小菜,由于这种小菜余先生是第一次看到,就问:"中间这个红色的是什么?"此时,余先生注意到一个细节,那个服务生看了一下,就后退一步说那个红色的是什么。又问,"那么旁边这个黑色的呢?"他上前又看了一眼,又后退一步说那黑色的是什么。原来,后退一步就是避免服务生的口水溅到菜里。

当余先生退房离开的时候,刷完卡后,前台把收据折好放在信封里,还给余先生的时候说,“谢谢您,余先生,真希望第三次再看到您。”

3 年过去了,余先生回国后一直没有再去泰国。有一天,他收到从东方酒店寄来的一张贺卡,信封上贴着一枚 6 元的邮票。打开后上面写着,“亲爱的余先生,3 年前的 4 月 16 日您离开以后,我们就没有再看到您,公司全体都非常想念您,下次您经过泰国一定要来看看我们。”同时,贺卡下面写的是“祝您生日快乐”。原来东方酒店写信的那天恰好是余先生的生日。

这样的服务无疑赢得了顾客的心,余先生感动万分,发誓以后到泰国绝不会去别的酒店,一定要住东方酒店,并要把这家酒店推荐给他的亲朋好友。

通过上面这个小故事可以看到,东方酒店非常重视培养忠实客户,并且建立了一套完善的 CRM 体系,使客人真正体会到“宾至如归”的感觉。正因为这些周到、贴心的服务,迄今全世界已有约 20 万人曾入住过这家酒店。用酒店人员的话说,只要每年有 1/10 的老客户光顾,酒店永远会客满。如今,东方酒店已成为世界十大酒店之一,要订房至少提前 3 个月才能订到。

2. 客户关系管理的意义

CRM 的核心是企业将“以客户为中心”的理念体现到企业运营的每一个环节中,处处为客户着想,让客户从满意到感动,从感动到忠诚。所以,CRM 的意义就在于全员、全过程、全方位、全面地服务于客户,提高客户满意度和忠诚度,从而保留和吸引更多的客户,最终提升企业利润。

1)客户满意度

客户满意度是指一种以客户为核心、以信息技术为基础,由客户依据自身感受,对企业为其提供的真诚服务,给予企业的综合评价。

客户满意度指数(Customer Satisfaction Index,简称 CSI)是当前国内外通行的质量与经济考核指标。

$$CSI=\frac{\text{客户评价}}{\text{客户期望值}}$$

一般认为,影响客户内心期望的因素有两个:保健因素和满意因素。

(1)保健因素。

保健因素只能降低客户的不满情绪,而不能提升客户的满意度。

汽车维修业务中的保健因素有:将车辆的故障排除;在预定交车的时间之内交车;对故障进行正确的判断;维修的质量合乎标准。

(2)满意因素。

满意因素代表着客户内心所期望的能获得产品或服务的情境。

汽车维修业务中的满意因素有:客户能够被理解;客户感到受欢迎;客户感到自己很重要;客户感到舒适。

经调查表明,大多数客户在将车辆送修之前几乎总是看到维修服务的缺点:工时费用高、配件费用高、送车和取车费时、费力,以及修车时没有车可开等。上述因素基本上都是客户满意度的负面条件。因此,维修服务的目的就是在于增加满意因素,赢得客户的信任,让客户满意。

2)客户忠诚度

客户忠诚度是从客户满意度概念中引出的概念,是指客户满意后而产生的对某种产品品牌或公司的信赖、维护和希望重复购买的一种心理倾向。客户忠诚度是指客户忠诚于企业的程度,体现了客户行为的持续性。

客户忠诚度是企业取得竞争优势的源泉,因为忠诚的客户趋向于购买更多的产品、对价格不太敏感,而且主动为本企业传递好的口碑、推荐新的客户。因此,拥有长期忠诚客户的企业比拥有低单位成本、高市场份额但客户流失率高的对手更有竞争优势。CRM 的目的就是通过合适的客户保持战略,不断强化客户的关系持续意愿,最终建立客户忠诚,从而实现长期、稳定的客户重复购买。因此,客户忠诚是企业实施 CRM 所追求的根本目标。

对于汽车售后服务企业来说,如果一个客户因为服务体验不佳而不再去原来的维修厂,那么企业失去的其实不止一个客户,这意味着企业可能失去了大量其他没有见面的客户,也就是不满意客户的所有朋友和熟人。可见,一次不满意的服务将带给企业极大的负面效应,其损失也是难以估量的。

3. 客户关系管理的内容

为赢得客户的高满意度,建立与客户长期良好的关系,在客户关系管理中应开展多方面的工作。

1)客户分析

客户分析工作主要是分析企业的客户是谁,以及客户的基本类型。不同类型的客户对服务具有不同的需求特征。

2)企业对客户的承诺

承诺的目的在于明确企业需提供怎样的产品和服务。对于汽车维修企业来说,企业要承诺在一定的时间内,以一定的价格,高质量地完成汽车的维护和修理服务。企业对客户承诺的宗旨是令客户满意。

3)客户信息交流

客户信息交流是一种双向的信息交流,其主要功能是实现企业与客户的相互联系、相互影响。从实质上讲,客户管理的过程就是企业与客户信息交流的过程。实现有效的信息交流是建立和保持企业与客户良好关系的途径。

4)与客户保持良好关系

为建立和保持与客户的长期稳定关系,首先需要良好的基础,即通过企业的服务取得客户的信任。企业要区别不同类型的客户关系及其特征,评价关系的质量,采取有效的措施保持企业与客户的长期友好关系。

5)客户反馈管理

客户反馈在衡量企业承诺目标实现的程度和及时发现企业在为客户服务过程中的问题等方面具有重要作用。投诉是客户反馈的重要途径,正确处理客户的意见和投诉,对于消除客户不满,维护客户利益,赢得客户信任具有重要意义。

4. 客户关系管理的运作形式

在汽车维修行业中,能通过高质量的售后服务维系客户和提高客户忠诚度并不是一件容易做到的事情。很多情况下,客户对品牌没有忠诚度,却会对离家不远的维修站具有忠诚度。因此,国内外厂家无不下大力气提高在售后服务领域的管理力度,都在探索如何以CRM为龙头,架设起一道连接客户的桥梁。

基于一套有效的CRM系统,厂家和经销商才能积极与客户沟通,了解其在使用汽车过程的问题并帮助解决,同时为客户提供针对性的维修、维护等增值服务,甚至带来进一步购买需求。

伴随着信息技术发展应运而生的CRM系统软件,不仅为企业提供了一个收集、分析、利用客户信息的系统,更为现代企业提供了全新的商业管理战略工具,帮助企业充分利用其客户资源,提高客户满意度和忠诚度,保留和吸引更多的客户,提升企业利润,帮助企业在激烈的市场竞争中立足和发展。

1)客户信息管理

客户信息管理是客户关系管理的基础,信息技术的优势在更加有效地管理客户关系方面扮演着原动力的角色。CRM的核心内容是利用信息技术对客户资源进行集中式管理,把经过分析和处理的客户信息与有关客户的各种业务领域进行无缝接合,让市场营销、产品销售、客户服务和技术支持等各部门的管理能共享客户资源,使企业可以根据客户的喜好和需求提供有针对性的服务。例如,汽车维修企业CRM部门通过客户档案了解到客户的生日,并在客户生日当天为客户送上祝福和小礼品;根据客户车辆的行驶里程提醒客户安排定期维护等个性化的服务,这都是能够打动客户和留住客户的方式。CRM能使客户更为方便地获得企业提供的服务,就如同家门口的杂货店,随时想要都可以去取,客户可以自己选择采用何种沟通方式(电话、网站、传真、电子邮件、面对面等)与企业接触并取得服务信息。此外,联网的信息系统还能使客户的需求得到快速响应,第一时间帮助客户解决困难。任何客户都不愿被怠慢,立即响应是对客户很好的尊重,也能为企业带来更高的利润。

2)客户关系维护管理

服务运营作为围绕客户产生很高利润并直接影响客户满意度的行为,是CRM的主要组成部分。通过客户关怀行动、车友俱乐部、车主交流会、服务满意度回访、投诉处理、道路救援、事故紧急救援等形式,可以使客户与售后服务企业之间的关系变得更加亲切和贴近。

当然,以信息技术为基础的CRM并非只是一套软件系统,而是以全员服务意识为核心贯穿所有经营环节的一整套全面、完善的服务理念和服务体系,是一种企业文化。

(二)投诉应对

随着CRM在汽车行业售后服务中的地位愈发重要,客户投诉的处理工作也愈发受到重视。调查数据表明,在对商家不满的顾客中,只有1/15的顾客选择了投诉,这也意味着一次投诉,背后往往有15次失误。

在售后服务过程中,由于服务人员的服务水平、车辆的维修质量或者与客户的沟通能力参差不齐,常常会造成客户的抱怨和投诉。投诉是一种激烈形式的沟通,对服务接待的沟通技巧是一项重大考验。

1. 客户投诉的概念

1)相关名词

(1)客户期望。客户期望是指客户对某一产品或服务提供商能够为自己解决问题或提供解决问题方案能力大小的预期。

(2)客户满意。客户满意是指"客户对其要求已被满足程度的感觉",是人们在接受了产品或服务,包括其所携带信息的刺激以后,所具有的一种肯定的心理状态。简单地说,客户是否满意显示了客户的期望和获得的服务之间的关系。当服务质量低于客户期望时,表现为客户不满意;当服务质量等于或高于客户期望时,表现为客户满意。

(3)客户抱怨。客户抱怨是指客户购买商品或服务时,对商品本身和企业的服务都抱有良好的愿望和期盼,如果这些愿望和期盼得不到满足,就会失去心理平衡,由此产生的不良情绪。

(4)客户投诉。客户投诉是指客户对产品质量或服务不满意,或认为自己的合法权益受到侵害,而向企业、政府或第三方机构提出书面或口头上的异议、抗议、索赔和要求解决问题等行为。

客户投诉是客户不满意的一种表现,客户不满意的直接原因在于客户的期望和服务的实际感知之间存在差异,即预期的服务和实际感知的服务之间存在差距。

在汽车维修企业中,客户对产品质量、维修质量、服务质量或价格等项目感到不满而产生抱怨,要求厂家负责处理或提出相应弥补措施 ,或诉求其他相关单位协助安排处理的过程就是投诉。

2)抱怨和投诉的关系

客户抱怨和客户投诉的区别是:客户抱怨不一定要求有处理结果,而客户投诉则要求必须有处理结果。

投诉是客户面对产品或者服务存在某种缺陷而采取的公开行为,实际上投诉之前就已经产生了潜在抱怨,潜在抱怨随着时间推移就变成显性抱怨,而显性抱怨如未得到有效处理,可能会直接转化为公开的行为,即投诉。例如,客户去汽车维修企业修车,一次没修好,客户还不会想到要去投诉,但随着返修一次、两次还是未能修好,而且建议更换的零部件也花钱换了,故障还是未能排除。这时抱怨就会变成显性抱怨,再转变成潜在投诉,最终形成投诉。

2. 积极面对投诉

客户可能会打电话投诉,也可能进行当面投诉。这时,客户首先找的人很有可能就是服务顾问。投诉客户在表达投诉时可能会不礼貌,甚至说得很难听,很容易引起冲突。这时,就需要服务顾问以专业态度来对待。

首先,客户投诉说明对我们仍然有信心,仍然希望问题得到解决;其次,从客户投诉中我们可以发现问题,例如可以知道产品/维修质量是否已达到客户的期望?服务作业是否符合客户的需要?客户还有什么需求被我们忽略了?并以此提升和改善服务质量,让客户更满意。有些情况下,如果投诉处理得好,投诉客户还会转变为忠诚客户。

投诉一般会产生两种结果:一种是企业妥善解决了客户的投诉,可以提升企业的形象,客户可能会回头;另一种是投诉处理得不好,不但会丢失客户,还会给公司带来负面影响。

投诉是客户的基本权利,面对客户投诉,服务顾问应当尊重并沉着面对,争取客户的信任,赢得客户的认同,展现主动、积极的服务形象,并借此机会与客户建立友好的关系,发展忠诚客户。

3. 投诉的类型

在汽车维修企业中,涉及服务态度、服务承诺、维修质量、等待时间、配件等方面的问题都有可能引起客户投诉，归纳起来有下面一些类型。

(1)按投诉原因分类，可将投诉分为对价格的投诉、对服务环境的投诉、对服务态度的投诉、对产品(服务)质量的投诉、对配件供应时间的投诉等。

(2)按投诉的诉求分类，可将投诉分为要求道歉、要求折扣(或者补偿)、要求退换(包括返工)、要求赔偿等。

(3)按投诉责任的划分类，可将投诉分为我方责任和客户责任(客户操作不当，理解不正确造成的投诉)。

(4)按投诉人的情绪和性格表现分类，可将投诉分为和善型、计较型、纠缠型、取闹型、暴怒型等。

(5)按后果等级分类，可将投诉分为①轻微投诉：通常只要口头解释或者致歉；②中等投诉：通常除了口头致歉之外，需要给顾客进行折扣或者优惠；③严重投诉：需要退换、无偿返工，被迫大幅减免顾客的费用；④重大投诉：除了上述处理之外，通常需要赔偿或者公开致歉，否则会招致更为严重的后果，甚至涉及媒体曝光、法律纠纷等。

4. 处理客户投诉的原则

(1)不回避，第一时间处理。

(2)保持良好心态，积极面对。

(3)先处理情绪，再处理事情。

(4)换位思考，表情恰当，对客户表示理解。

(5)探察投诉的原因，界定控制范围。

(6)不作过度的承诺。

(7)必要时应坚持原则。

(8)力争取得上级授权，妥善处理，避免投诉升级。

(9)必要时由上级领导出面，由团队协作处理。

5. 投诉应对的基本方法

处理客户投诉是一件比较麻烦的事情，可使用四阶段处理法来应对(表6-6)。

投诉四阶段处理法　　表6-6

<table>
<tr><th>阶　段</th><th>处理步骤</th><th>处理方式</th><th>注意点</th></tr>
<tr><td rowspan="5">感性阶段
(客户情绪激动)</td><td>安抚客户，
积极面对</td><td rowspan="5">消气
隔离</td><td rowspan="2">客户期望引起重视，获得其他客户的认同；
应离开公众视线，避免扩大影响</td></tr>
<tr><td>让客户适当
发泄不良情绪</td></tr>
<tr><td>真诚致歉，
理解与关怀客户</td><td rowspan="3">到经理办公室或单独的办公室</td></tr>
<tr><td>积极倾听，
探察客户真实意图</td></tr>
<tr><td>登记投诉事件，
表示重视</td></tr>
</table>

续上表

阶 段	处理步骤	处理方式	注意点
中性阶段（客户相对理智）	提问	运用各种提问方式，引导话题	先听、后讲； 不要抢话，不急于反驳； 不直接下结论
	了解事情原委	认真记录，分析客户需求	抓住重点，寻求解决突破口
理性阶段（客户冷静下来）	解释澄清	争取获得客户谅解	措辞得当，不推卸责任
	满足客户合理要求	适当的优惠、额外赠送、补偿等	表示请示上级，争取时间
	提供解决方案	提出可供客户选择的方案	合乎情理，较为圆满的解决方案
后续阶段	跟踪回访	确认客户满意程度，发展忠诚客户	提高服务水平，预防为主
	总结预防	总结经验教训，制定预防措施	

技能实训

(一)需求分析的情景模拟练习

训练内容：通过情景模拟，运用提问和倾听技巧进行需求分析演练。

训练形式：分小组角色扮演、点评、总结

情景案例：1. 客户王某春节假期欲同家人一起到哈尔滨自驾旅游。

核心需求点——这是他首次长途自驾去冰雪地区。

2. 客户陈先生去做机油维护，在店等候时专门去逛了一下精品区。

核心需求点——陈先生的孙子两岁了，下周过生日。

3. 客户杨女士因为车辆的各种小故障到店维修了几次，对自己老款车型的外观和性能都有点不太满意了。

核心需求点——追求时尚、完美的她是都市白领，最近刚升职。

目标要求：通过观察与沟通探寻得出模拟客户的需求和动机。

评价方式：以表6-7所列内容对情景模拟演练进行评价。

情景模拟演练评分表 表 6-7

指标项目		评价要点		完成情况（得分）
技巧 1	察言观色（寻找共通点）	观察衣着、年龄、神态、谈吐、动作等，与客户打开话题		
技巧 2	提问挖掘（确认需求）	提问方式结合使用	开放式提问：收集信息 封闭式提问：快速决策 选择式提问：有目标地引导	
		提问顺序有一定逻辑性	过去：需求动机 现在：消费需求 将来：利益标准	
技巧 3	认真倾听（达成共识）	聆听、阐明、复述、反馈、总结；肢体语言、目光接触、微笑、点头、回应等		
总分				

（二）客户异议、抱怨或投诉时的情境表达模拟练习

训练内容：根据背景案例设计应对客户的情境表达，并进行演练。

训练形式：分小组轮流活动，进行角色扮演和情景模拟，并进行点评与总结。

案例背景：1. 车主刘先生向某 4S 店抱怨，自己的车辆刚到店进行过制动维护，现在感觉制动踏板还没有维护前好用，急制动时有异响，非常怀疑这家店的维修水平和配件质量。刘先生要求该维修店给个说法。

2. 某客户因为车辆抖动厉害的问题到店进行维修处理，第一次来做了积炭清洗后不久，发现问题依然存在。第二次到店返修时又更换了火花塞，提车后发现问题还是没有解决好，第三次到店检测后说还需要更换点火线圈。客户对此提出异议，认为因为同一个问题三番五次到店都没有修好，每次来了还要花钱更换配件，要求减免本次维修费用并赔偿重复到店的交通损失和误工损失。

3. 因车辆水箱故障报警，车主张某将车放到某店维修。但是提车 3 日后，张某在某高速公路上驾驶，车辆水箱再次出现故障报警，而后公司派了两个维修员前去维修但没有修好，就将车拖回店内。维修店检查之后发现是发动机出了问题。投诉人要求维修水箱，并处理好发动机存在的问题。

经过专业技术鉴定，张某车辆水箱报警是由于店里的技师维修不当引起的，水箱中污垢也没有清理，该维修店表示愿意负责此次发动机故障的责任，并将客户的车维修好。

表达范例：

✐"你们是怎么修车的，同样的一个问题被你们修了好几遍，你们到底会不会修车？"

✐"××先生/女士，您先别着急，有什么事情您先和我说，我看看有什么可以帮您的？"

✐"经确认，您所反映的问题确实是我们的工作没有做到位，给您带了不便，我们会积极

给您解决，你看我们准备用……方法或者是……方法解决，我们一起商量一下哪种方案更理想，好吗？”

“十分抱歉给您造成不便，我们会对您的爱车再做一个全面检测，请放心，我们会尽快给你答复。”

“我对这两种方案都不太满意。”

“这样啊，为了更好地达到您的要求，我可以问一下，您认为哪些地方您不满意？或者您有什么解决的建议吗？”

目标要求：1. 礼仪得当，安抚客户情绪、致歉。

2. 言语得当，表达及时为客户解决问题的意愿。

3. 运用积极倾听和有效提问的方式了解事情原委。

4. 提出适当的解决方案。

评价方式：以表6-8所列内容对情境表达模拟练习进行评价。

情境表达模拟练习评分表 表6-8

指标项目	评价要点	完成情况（得分）
应对合宜 技巧运用	积极倾听，了解客户需求	
	礼仪得当、反应敏捷、语言流畅	
	提问技巧运用得当	
	理解到位，表达设计合理、有逻辑	
	配合默契、模拟真实、形象	
总分		

模块小结

（1）在业务接待的过程当中，了解客户需求的过程称为需求分析。通过分析客户的需求和期望，才能发掘需求背后的感性和理性需求动机，提供符合客户潜在需求的产品和服务，切实为客户解决问题，让客户感到满意，从而奠定维系客户和提升业绩的基础。

（2）根据需求冰山理论，需求可以表现为显性需求和潜在需求，其中潜在需求又包括隐性需求和未知需求。要善于运用需求冰山理论，帮助客户挖掘不同类别层次的需求。

（3）在需求分析环节要学会从察言观色、认真倾听、提问挖掘等三个方面来开展快速、有效的沟通，准确把握客户的需求。

（4）需求分析是维修业务当中顾问式服务的重要环节，要特别注意接待流程中的一些关键点，例如在提出服务项目的建议时，在说明服务内容及价格时，当服务项目有增加或变动时等，以便更好地发现和满足客户需求。

（5）倾听与提问是沟通的重要工具，积极倾听与有效提问是服务接待工作必不可少的技巧之一。

（6）倾听包括五个层次，在平时工作中要做到积极倾听，认真理解对方讲话的内容和情感，培养积极倾听的能力。积极倾听的技巧主要有探查和复述。

（7）提问分为封闭式提问、开放式提问和选择性提问。使用开放式的问题进行提问，可以打开话题，让客户畅所欲言；使用开放与封闭式的提问方式，可引导客户正确表达其需求。在不同的情况下，要使用不同的提问方式来提问，做到不同提问类型交替使用，直到能够准确判断客户的需求为止。

(8)"SPIN"提问法要了解客户现在所遇到的困难，通过暗示或牵连性问题，强化客户的需求，然后提出解决问题的方案，将客户的隐性需求开发成显性需求。

(9)报价是交易谈判是不可逾越的阶段，其中价格异议是最常见、最容易被提出的客户异议。维修服务中的报价技巧极为重要，向客户介绍维修项目时，要避免过早提出或讨论价格，应等客户对产品的价值有了起码的认识后，再与其讨论价格。

(10)客户产生异议的原因是多种多样的，要注意分析异议产生的原因，区分真实的异议和隐藏的异议。客户出现异议有可能是获得成功交易的信号和机会，也有可能升级成为客户投诉的触发点。因此，要把握处理客户异议的原则，正确面对客户异议。

(11)处理客户异议的方法有多种，应根据不同情况采取忽视法、补偿法、太极法、询问法、顺应法、直接反驳法等技巧。

(12)CRM 的核心是企业将"以客户为中心"的理念体现到企业运营的每一个环节中，全员、全过程、全方位、全面地服务客户，提高客户满意度和忠诚度，增加交叉销售和向上销售的机会，进而提升企业利润。

(13)CRM 的内容包括对客户进行分析，明确企业对客户的承诺，直接、高效地与进行客户信息交流，与客户保持良好关系，管理客户反馈等。CRM 可以帮助厂家提高车主对售后服务的满意度和对汽车品牌的忠诚度，为厂家带来更多的增值服务利润。

(14)汽车维修行业是个特别强调客户售后服务的行业，基于一套有效的 CRM 系统，厂家和经销商才能及进与客户沟通，了解其在汽车使用过程中遇到的问题并帮助解决，为客户提供具有针对性的维修、维护和个性化用车需求等服务。

(15)投诉是客户不满意的一种表现，是由于预期的服务和实际感知的服务之间存在差距而导致的一种激烈的沟通形式。

(16)投诉是客户面对产品或者服务存在某种缺陷而采取的公开行为。客户在投诉之前可能积蓄了潜在抱怨，潜在抱怨增加或没有改善就转变为显性抱怨。而显性抱怨如未能得到有效处理，就产生了投诉。

(17)要积极面对客户投诉，客户投诉说明对企业仍然有信心，仍然希望问题得到解决。妥善解决客户的投诉，可以维系和稳定客户，提升企业的形象。

(18)服务顾问是面对处理客户投诉的第一人。服务顾问是最了解客户的人，其最了解客户的性格、职业、车辆的情况，因此，要树立服务顾问的责任感。在服务顾问接待环节，如果处理得当，可以"大事化小，小事化了"。

(19)遇到处理起来比较棘手，或超出了服务顾问自身能力范围的投诉时，必须及时上报处理。若处理不好，投诉便会升级，客户的期望值必然相应提高，解决问题的难度会进一步增加。

(20)解决投诉处理不是一件容易的事情，需要经过专业的学习与训练。但服务顾问在维修业务接待中，也要把握客户投诉的处理原则和投诉应对的基本方法，在遇到投诉客户时，按照客户情绪发展的感性阶段、中性阶段和理性阶段的处理思路来沉着应对。

思考与练习

(一)填空题

1. 构成需求的5个方面是:客户的目标和愿望、客户的困难、________、________以及客户对产品或服务的要求和标准。

2. 需求分析一般可以从察言观色(看)、________和________ 三个方面来开展。

3. 维修业务接待员需求分析的主要方法是________和________。

4. 在日常学习、生活中可以通过________与________训练来提高倾听能力。

5. 探查主要有________、________、________与复述深入探查四种。

6. 通常处理价格异议的技巧有:________、________、________、________、________和________等方法。

7. 客户异议的处理步骤包含:________、________、________以及________四步。

8. 影响客户内心期望的因素有两个:一是________,二是________。

(二)判断题

1. 服务顾问进行客户需求分析的终极目标就是以最短时间了解客户到店的目的。( )

2. 成功的服务顾问不仅能够探寻出客户深层次需求,还能激发客户解决需求的欲望,最后还会推荐合适的商品来满足客户需求。( )

3. 当客户指责或批评服务顾问所服务的品牌时,服务顾问应该第一时间制止,以维护品牌的声誉。( )

4. 当服务顾问回答不了客户的问题时,应在第一时间告诉客户"我不清楚",避免耽误客户的时间和降低自身工作效率。( )

5. 优秀的服务顾问不仅能及时客户的情感需求,还会及时、恰当地回应顾客的情感需求。( )

6. 服务顾问在接触客户时,既要学会问,又要学会听,倾听与提问是沟通的重要工具。( )

7. 倾听与提问两者相辅相成;好的倾听会成就好的提问,好的提问也可以促成更好的倾听。( )

8. 报价是交易的前提条件,所以通常报价越早,达成交易越快。( )

9. 反驳客户容易使自己陷于与客户的争辩中,所以服务顾问不能反驳客户。( )

10. 客户抱怨不一定要求有处理结果,对客户抱怨处理可以随意而为。( )

(三)简答题

1. 简述积极倾听的要点。

2. 简述"三明治"报价法的要领。

3. 简述处理客户异议的原则。

4. 简述处理客户异议的技巧。

5. 简述CRM的意义。

6. 简述处理客户投诉的原则。

(四)分析题

1. 请举例分析"SPIN"提问法是如何强化客户的需求的。

2. 车主孙先生投诉,因为车辆故障问题,他的车辆在你所在的维修店维修了几次,花费约18000元。其中,进行了发动机3次开箱维修,但是维修后至今,车辆冷起动时发动机依然会出现异响,故障灯一直亮,汽车处于异常状态。假如你是该维修店的负责人,应如何妥善处理该投诉?

(五)论述题

1. 论述冰山原理对汽车品牌4S店服务人员的启示。

2. 论述如何进行客户关系管理。

模块七　综合练习

学习目标

1. 能说出车辆的维护类型、维护周期及其意义，并能够按标准流程的要求执行车辆维护的业务接待；

2. 能列举出故障维修类车辆的问诊思路，能按标准流程的要求执行一般故障维修类车辆的业务接待；

3. 能说出事故车辆业务接待的特点，正确指引事故车辆客户实施理赔，并能按标准流程的要求执行事故车辆的业务接待。

建议课时

6课时。

通过前面几个模块的学习，我们逐步熟悉了从事汽车维修业务接待工作需要具备的各项基本知识与技能，包括礼仪、沟通、服务标准与流程、配件、保险、保修政策、DMS操作等方面的内容。那么，为了更好地建立起专业能力与职业素养，在本模块需要针对三种典型的维修服务接待项目，对前面学习过的知识进行综合运用与练习。

一、维护车辆接待

对于汽车维修企业来说，有一项经常性的业务就是为客户提供车辆的日常维护。随着私家车的日渐增多，车辆的日常维护成为客户对售后服务的一大需求。因此，应当依据科学的维护方法和技术规范，定期或按里程对车辆进行维护，提前消除故障隐患，保证车辆始终处于最佳运行状态。

（一）车辆的首次维护接待

情境导入：

客户王女士购置了一辆新车，不久后由店内的首次维护招揽专员预约进店做首次维护。王女士预约到店时间为次日上午10:30，且想在店等待维护完工后再提车离开。次日，该客户如约而至，提前10分钟到达本店等候接待。本次接待分派给了该店的服务顾问小杨。

1. 主任务1——首次维护接待部分流程练习

请根据以上情境来实施服务接待流程的练习,要求分角色扮演客户与服务顾问,按前面学习过的接待流程进行分段练习。

本次流程演练从客户到达开始,直到把客户送入休息区等候时结束。客户的车辆并无其他故障。

2. 接待练习实施要点

1)准备工作

服务顾问应事先做好预约准备工作,各项工作符合前面学习过的规范和要求,要准时等候预约客户到来,避免出现预约客户没有人按时接待的情况。如果客户如约来到维修服务企业,发现一切工作已准备就绪,服务顾问正在等待他的光临,这会让客户产生受到重视的愉快心情,同时也是对维修企业建立良好信任的开端。

因此,维修业务接待员应当准备好良好服务礼仪及服务技巧,接车时所用到的工具与表格(夹板、名片、车辆防护用具、车辆预检单、DMS等),不仅可以体现出对客户的关注与尊重,还能为客户展示高水平的业务素质。

2)评价细则与注意事项

(1)仪容仪表规范:

①正确着装并佩戴胸牌;

②精神饱满并面带微笑。

(2)迎接客户:

①主动上前迎接顾客;

②使用礼貌的语言欢迎客户并做自我介绍,递送名片。

(3)预约确定:

①针对预约进店顾客,主动与预约顾客确认预约项目;

②针对非预约车辆,主动询问顾客及车辆基本信息,并宣传预约的好处。

(4)环车检查:

①是否主动邀请客户陪同进行车辆预检;

②是否对车辆进行防护;

③环车检查流程完整,是否遵循检查的原则与顺序;

④是否在预检单上完整填写了客户信息、车辆信息及查车结果等内容;

⑤是否对车辆进行问诊,包含维护信息或有无车辆故障;

⑥主动询问客户的用车感受,仔细倾听客户的诉求,发掘客户需求;

⑦双方是否对检查结果进行签字确认。

(5)与客户确定维修项目,记录好客户的其他需求:

①说明维修项目;

②估时估价;

③熟练操作DMS,制作并打印维修委托书后签字确认。

(6)引导休息:

①是否在将客户送入休息区等待前确保各项事宜交代清楚且无遗漏;

②客户是否明确与自己的联系方式，以免在等待期间需要沟通交流；

③是否说明维修期间会根据情况主动告知维修进度。

3. 分任务

情境导入：

> **分任务1-1** 王女士向负责接待的服务顾问小杨表示自己不太懂车，不清楚什么时间应该做怎样的维护。
>
> **分任务1-2** 在与王女士的交流过程中，服务顾问发现客户对车辆特别爱惜，特别是在外观和内饰的清洁方面。
>
> **分任务1-3** 接待好王女士之后，下一位预约客户张先生因为临时有事不能如约到店。

思考如果在接待过程当中客户出现以下情况时该如何处理？

(1)根据分任务1-1，分小组演练接待过程中为客户讲解并制定车辆使用维护计划。

(2)根据分任务1-2，分小组演练对车辆外观与内饰养护精品的介绍和使用建议，注意运用适当的销售FAB法技巧。关于FAB法请参考下文中相关知识链接。

(3)根据分任务1-3，分小组练习预约改期的电话沟通。

完成任务的小组之间相互观摩，并点评各小组人员是否较好地运用了前面学习过的沟通技巧与电话礼仪等方面的内容，要注意语言应简洁明了与通俗易懂。

4. 相关知识链接

1)向客户说明车辆维护的必要性

汽车在运行过程中，由于使用时间、承受荷载、行驶速度、道路状况、燃料和润滑材料的品质、驾驶技术、环境和气温等多种因素的影响，各运动机构和配件必然逐渐产生不同程度的松动、磨损和机械损伤。汽车的动力性、经济性、可靠件、安全性等都会随之变差，如不及时进行技术维护，汽车的使用寿命就会缩短。因此，适时、合理地进行维护，使车辆经常处于完好的技术状况下，从而保证车辆安全、优质、高效的运行是非常必要的。客户在车辆的使用过程当中，由于驾车方式和行驶条件的不同，对车辆维护的需求也有所不同。应根据客户车辆的品牌、特性、使用时间、配置和使用条件适时进行维护，当使用条件恶劣时还需要增加维护频次。因此，必须依据科学的维护方法和技术规范，定期或按里程对车辆进行维护，提前消除故障隐患，保证车辆始终处于最佳运行状态。

2)车辆日常维护的内容

车辆的日常维护内容包括清洁、紧固、润滑，目的是保持车辆干净、整洁、防止水和灰尘腐蚀车身及配件。在车辆行驶一定的里程后，要对车辆各部件连接处的螺栓进行检查、调整，发现有松动的地方要按要求及时拧紧，防止发生事故，保证行车安全。以润滑为例，润滑包括发动机润滑、变速器润滑、差速器润滑、轮毂润滑等，从而保证车辆各运动部件正常运转，减小运转阻力、降低温度。所选用的各种润滑材料也要遵从各汽车生产厂家要求的品质等级，否则会影响机件使用寿命，甚至造成更为严重的恶性后果。

如今，各品牌的车辆往往是通过自己品牌授权的售后服务网点进行维护，提供的维护产品也更加有针对性，服务也更为专业化，可以更好地保证车辆正常运行，延长使用寿命，降低使用成本。

3）首次维护

首次维护是对车辆进行检查和调整，不同的品牌和车型应按照各自的技术规范要求来进行首次维护作业。车辆的首次维护是根据车辆的使用时间和行驶里程确定的，不同品牌或同一品牌下装配不同发动机的车辆，首次维护的时间和里程有所不同。有的车型为了使车辆磨合效果更好一些，在出厂的润滑油里添加了磨合剂，但在行驶一定里程或时间段后就必须要更换。

一般新车按照随车提供的维护手册或电子维护手册中规定的首次维护里程进行首次维护。例如，在正常使用条件下，上海大众的新车行驶了5000km（或6个月）后应当进行首次维护。

首次维护的项目主要有更换机油、机油滤清器以及各部位的清洁、检查和调整，详见表7-1。

首次维护参考内容　　表7-1

项　目	具体内容	要　求
更换	发动机机油及机油滤清器	符合运行条件的机油、机滤
清洁	前风窗玻璃落水槽排水孔	清洁无堵塞
	清洁空气滤清器罩壳和滤芯	
系统检查及液面检查	冷却系统	确保液面高度，无异常、无泄漏，必要时适量补充
	助力转向系统	
	驻车制动系统	
	风窗玻璃清洗、前照灯清洗系统	
自诊断	读取各系统储存器内是否有故障信息	故障的排除及故障码删除
发动机、底盘、变速器各部位	转向横拉杆	检查间隙，连接是否牢固
	车身底部：燃油管、制动液管、排气管	是否损坏、是否泄漏，固定是否牢靠
	螺栓：底盘螺栓	按规定扭矩检查并紧固
	发动机舱	检查固定与密封状况，是否有损坏或泄漏
	变速器壳体	
照明电器和用电设备	组合仪表的指示灯、示廓灯、近光灯、远光灯、前雾灯、后雾灯、转向灯、危险报警闪光灯、制动灯、倒车灯、牌照灯、阅读灯、化妆镜灯、套箱照明灯、行李舱照明灯、点烟器、喇叭、电动车窗升降机、电动外后视镜和暖风空调系统等	检查车身内外照明电器和用电设备的使用功能
车轮与轮胎	车轮固定螺栓	按规定扭矩检查并紧固
	轮胎气压、磨损状况	符合规定的气压值、无异常磨损

首次维护是品牌授权服务点做好服务营销的一次重要机会，除了要按照规定的项目和规范进行操作外，还应当做好以下工作：一是向客户介绍如何更好地使用车辆的各项功能；二是让客户了解本售后服务点的服务内容和优势；三是让客户了解将来用车的整个维护计划。

当然，在接待客户的过程当中，要关注客户已经提出的需求，同时也应随时关注客户的心态并做好需求分析，发现客户潜在的、暂时没有直接提出的需求，抓住营销机会，提升业绩,例如采用 FAB 法营销促进手段。

FAB 法是针对客户需求意向,进行有选择、有目的,按照一定的逻辑顺序,逐条进行阐述,形成完整而又完善的劝说。

F 指属性或功效(Feature),即自己的产品有哪些特点和属性。例如“在同类产品中,它的选材更为天然环保,对人体无害。”

A 指优点或优势(Advantage),即自己与竞争对手有何不同;例如“它是由原厂专业研发提供的,特别适合您的爱车。”

B 指利益与价值(Benefit),即所阐述的优点所带给客户的利益。例如,指出对客户的个人切身利益,“这样的方案可以恢复车辆的性能,您就可以放心驾驶了。”

总之,就是将一个产品分别从三个层次加以分析,从“它是什么”,到“它能做什么”,然后是“它能为客户带来什么利益”,用来说服或打动客户,促进成交的一种销售技巧。

(二)车辆的定期维护接待

定期维护是指用户按一定的行驶里程或使用间隔时间,定期对车辆进行检查和维护。对车辆进行定期维护可以更好地保证汽车的性能和运行情况。

车辆的技术性能会随着行驶里程的增加以及各种环境因素的影响而发生变化,导致汽车的动力性、经济性和可靠性逐渐变差。由于车辆各易损、易耗件需要更换或补充,客户定期到售后服务点按标准规范对车辆进行维护和检查,可以及时更换易损、易耗件,发现和消除早期的故障隐患,防止故障发生或损坏扩大,恢复车辆的性能指标,提高车辆的完好率,有效地延长汽车的使用寿命。

例如,每隔一定的时间,就应对润滑系统、燃油系统、点火系统等进行维护,否则会引起油耗升高。定期维护的时限一般按照随车提供的维护手册或电子维护手册中所规定的定期维护里程或时限,按周期或里程进行维护。

情境导入:

又过了一段时间,服务顾问小杨发现之前接待过的首次维护客户王女士的车辆已经行驶接近 2 万公里了。于是小杨通过电话主动预约王女士到店做 2 万公里的定期维护。

电话中该客户提供了以下的信息和要求:

a. 王女士想在当天上午 10:00 送车到店,希望店里能够安排接送车或班车将其送到市内某地点办事,下午 18:30 左右到店取车;

b. 王女士还想了解一下本店近期有没有针对本车型的会员养护优惠活动;

c. 王女士结账时想使用之前赠送的 100 元代金券;

d. 王女士在用车过程中暂时没有发现什么问题。

1. 主任务 2——定期维护分步流程与全流程演练

请根据以上情境来实施服务接待任务的练习,要求根据任务进行小组角色扮演(主要角色为服务顾问和客户),练习案例中的接待任务,各小组可以分步轮流演练八大流程之一,分别实施各项分任务,熟练之后再合起来进行全流程演练。

(1)分任务 2-1——电话预约流程;

(2)分任务 2-2——客户接待流程;

(3)分任务 2-3——车辆预检流程;

(4)分任务 2-4——维修确认流程;

(5)分任务 2-5——维修作业流程;

(6)分任务 2-6——质检与交车准备流程;

(7)分任务 2-7——结算交付流程;

(8)分任务 2-8——服务跟踪流程;

(9)综合任务 2-9——全流程演练。

以上任务要注意按照前面模块中汽车维修业务接待标准流程的要求执行。

2. 接待练习实施要点

1)准备工作

(1)根据实训条件配置车辆,准备好客户车辆的个性化设置。

(2)准备好电话沟通的信息记录工作。

(3)通过任务背景明确客户本次到店的主要目的,充分了解客户的要求和期望。

(4)准备好服务接待的仪容仪表。

(5)提前准备好维修接待的相关工具与表格,包括预检单、结算单等。

(6)提前准备好各流程中可能使用到的道具,如客户物品、旧件等。

(7)准备好 DMS 运行,或根据任务背景提前做好模拟维修工单。

(8)准备好参与观察小组同学的记录工作,以备交流分享。

2)注意事项

企业的服务顾问对外是车辆维修企业给客户第一印象的窗口,对内是生产车间、配件仓库等联系的中枢,是生产运作中非常关键的岗位。接待人员要事先做好充分的准备,要能预测客户对信息、环境、情感等方面的需求,关注到客户的这些需求之后还必须去加以满足。服务顾问应按流程执行任务,并注意以下工作内容的要点:

(1)热情接待客户,受理客户的服务需求项目。

(2)对于仅做一般日常维护的车辆,接待时做预检要体现专业和高效。车辆预检时重点集中在全车外观检查、主要功能检查和个性化设置的记录等方面。

(3)根据车辆的使用状况确定有无其他维修需求,受理客户的附加要求。

(4)确定维护工期和费用、配件供应方式及价格。

(5)做好车辆交接登记,正确填写单据,签字确认并及时传递到维修车间。

(6)负责车钥匙的保管和传递登记手续。

(7)负责完工车辆的出厂验收和客户交接。

(8)负责提前与客户联系交车时间。

(9)负责客户结账、付款、车辆交付、约定跟踪回访时间等工作。

(10)建立客户档案,负责对客户的跟踪服务。

3)任务演练参考评价标准

在任务执行的过程当中可以参照表 7-2 检验各个工作环节的完成情况。

某汽车品牌汽车维修接待实操评分要点及标准 表7-2

序号	评分要点	标准要求	评分标准	分值	得分
接待准备					
1	服务顾问仪容、仪表、礼仪规范	按照本品牌对服务顾问的要求做好仪容、仪表和礼仪规范，树立良好的首轮效应	按东风雪铁龙网点员工着装标准着装，保证整洁、无破损，佩戴工作牌(2分)	5	
			检查仪容、仪表，保证面部各部位干净、整洁、无异味(1分)		
			始终保持饱满的精神面貌和微笑的面容(2分)		
接待过程					
2	迎接客户	服务顾问主动出迎，为客户打开车门，并进行自我介绍，询问客户有何需求	服务顾问主动出迎，为客户打开车门(2分)	5	
			应用标准用语主动进行自我介绍(如"您好，我是东风雪铁龙××4S店服务顾问×××，请问有什么可以帮助您的?"或者类似的语言)，并递送名片(3分)		
3	了解客户需求，问诊，记录故障现象	服务顾问应认真听取客户故障描述和维修需求，并通过一些专业的技巧和提问引导客户详细描述故障现象并在预检单上进行检查记录	服务顾问认真听取客户对故障的描述和维修需求(1分)	5	
			服务顾问通过沟通技巧引导客户更详细地描述故障，如"什么时候有异响，什么路况或速度"等(2分)		
			针对客户故障描述给出合理的解释，并在预检单上进行检查记录(2分)		
4	环车检查	服务顾问对车辆进行防护，获取客户及车辆信息，并对客户车辆进行环车检查，检查车辆外观和随车工具(附件)及发动机舱等，根据入场前环车检查的要求进行检查和记录，双方签字确认	当着客户的面为车辆使用防护用具(1分)	20	
			获取客户及车辆信息(2分)		
			确认用户维修及维护需求(2分)		
			检查车辆外观并在预检单上正确记录(共计6个检查项，每项0.5分)(3分)		
			检查车辆发动机舱并在预检单上正确记录(共计7个检查项，每项0.5分)(3.5分)		
			随车工具及车辆附件检查(共计9个检查项，每项0.5分)(4.5分)		
			提醒客户贵重物品随身携带，询问用户是否有其他需求(1分)		
			车辆环车检查结果告知客户，双方签字确认(1分)		
			引导并陪同用户到休息区，并递送茶水或饮料(1分)		
			服务顾问完善预检单中的项目检查记录(1分)		

续上表

<table>
<tr><th>序号</th><th>评分要点</th><th>标准要求</th><th>评分标准</th><th>分值</th><th>得分</th></tr>
<tr><td colspan="6">维修项目解释及派工单签订</td></tr>
<tr><td>5</td><td>维修项目确认</td><td>依据预检单确认派工单维修项目</td><td>根据预检单,准备派工单,初步确立维修项目、备件以及维修工时,在 DMS 上进行记录,并将备件名称、备件费用以及工时简明扼要地记录在预检单上(5 分)</td><td>5</td><td></td></tr>
<tr><td rowspan="3">6</td><td rowspan="3">维修项目说明</td><td rowspan="3">向客户说明本次维护的工作内容,费用及时间</td><td>邀请客户到接待前台(1 分)</td><td rowspan="3">5</td><td></td></tr>
<tr><td>向客户说明所报故障的生成原因及故障处理方法(2 分)</td><td></td></tr>
<tr><td>说明本次维修内容、维修预估费用及预估交车时间(若涉及维护项目,要根据维护表单进行项目解释)(2 分)</td><td></td></tr>
<tr><td rowspan="7">7</td><td rowspan="7">派工单签订</td><td rowspan="7">维修项目确认及派工单签订</td><td>在 DMS 上对实际开具的派工单进行修改和完善,并打印(2 分)</td><td rowspan="7">10</td><td></td></tr>
<tr><td>利用派工单再次与用户核实维修项目,有无遗漏,并说明维修费用为预估费用,实际费用已结算单为准(2 分)</td><td></td></tr>
<tr><td>征询客户(自费维修)更换下来的旧件是否带走(1 分)</td><td></td></tr>
<tr><td>征询客户是否需要免费洗车(1 分)</td><td></td></tr>
<tr><td>征询客户若在维修过程中有新增的维修项目该以何种方式确认(1 分)</td><td></td></tr>
<tr><td>派工单确认无误后,双方签字确认(1 分)</td><td></td></tr>
<tr><td>引导客户到休息室休息等候,告知客户将立即派工,并会随时跟踪车辆维修进展后及时告知客户(2 分)</td><td></td></tr>
<tr><td colspan="6">车辆交付过程</td></tr>
<tr><td rowspan="7">8</td><td rowspan="7">维修内容解释及发票开具</td><td rowspan="2">车辆检查</td><td>检查确认车辆内外的清洁度(1 分)</td><td rowspan="7">15</td><td></td></tr>
<tr><td>确认旧件是否按客户的要求进行处理(1 分)</td><td></td></tr>
<tr><td rowspan="2">确认书面工作</td><td>检查所有单据是否齐全(1 分)</td><td></td></tr>
<tr><td>核对维修费用,包括备件费、工时费(1 分)</td><td></td></tr>
<tr><td rowspan="3">打印结算单</td><td>利用 DMS 完成并打印结算单(1 分)</td><td></td></tr>
<tr><td>涉及维护的项目在《质量担保和维护手册》进行维护的记录,并加盖服务站印章(1 分)</td><td></td></tr>
<tr><td>面带微笑,礼貌地通知客户提车(1 分)</td><td></td></tr>
</table>

续上表

序号	评分要点	标准要求	评分标准	分值	得分
车辆交付过程					
8	维修内容解释及发票开具	向客户详细说明维修及维护的费用和内容	耐心地说明每个维修、维护项目的工作过程和结果(2分)	15	
			详细说明维修费用,特别是优惠或免费费用(2分)		
			利用《维修保养质检单》,向客户建议近期要做的维修,并提醒客户下次维护的历程和时间(2分)		
		维修费用结算	请客户在结算单上签字确认(1分)		
			向客户说明付费方式,并陪同客户结算(1分)		
9	车辆交付	交车准备	将所有单据(派工单、维护表单、维修维护质检单、结算单、发票)整理好后,同《质量担保和维护手册》一同交给客户(2分)	15	
		交车说明	向客户说明更换下来的旧件已按要求处理(1分)		
			向客户说明在维修、维护中已做过的调整,并烦请用户按自己的驾驶习惯调整(2分)		
		意见征询	征询客户对本次服务满意程度,以及意见和建议(2分)		
			向客户强调如有任何问题可与服务顾问本人联系,并递送名片(3分)		
		与客户道别	当这客户的面取下车辆防护五件套(3分)		
			将客户送至服务站门口,致谢,目送客户离开(2分)		
综合评价					
10	综合评价	根据参考学员整体表现和回答问题的情况给予综合评价	考试过程中学员的整体表现(5分)	15	
			单据填写(5分)		
			回答问题(5分)		

3. 分任务

情境导入:

> **分任务2-10** 在车辆预检过程中,服务顾问小杨发现客户的右后轮胎侧壁有明显的鼓包,并且在与客户交流时得知,王女士一家人近期有外出长途自驾游的经历。

思考如果在接待过程中遇到这样的情况该如何处理?

然后执行分任务2-10,根据以上情境,尝试运用前面所学的需求分析、报价与沟通技巧等知识向客户提出更换轮胎与四轮定位项目的建议,分小组演练并分享点评。

4. 相关知识链接

(1)车辆长时间高速行驶或跑长途之前应做哪些检查?

车辆长时间高速行驶或跑长途,其各部件都需要长时间、大负荷运转,如果对车辆平时的维护检查不到位,或车辆行驶里程较长,都需要进行比较细致的检查,对于不可靠的部位一定要进行修理。需要检查车辆各油、水液面(机油、变速器油、防冻液转向助力油、制动油)是否正常,以及机油、变速器油、防冻液转向助力油、制动油等是否存在泄漏或渗漏之处;检查制动管路及其他液体管路的完好情况,布置是否得当,不松旷、不干涉;底盘的重要紧固螺栓是否紧固有效;转向系统的传动连接是否可靠有效;轮胎外观状况及有无破损或老化,胎压是否正常,备胎和随车工具是否齐全完好。此外,对于发动机和变速器的运行情况也要进行检查,同时对制动系统和转向系统的性能进行检查;最后,应加满玻璃水。

(2)为什么要做四轮定位?

简单来说,四轮定位是为了保障车辆在行驶、转弯状况下的安全性及稳定性。车辆轮胎安装具有一定的倾斜度(前束和车轮倾角等),以达到最佳行驶的效果。车辆经过一段时间的使用,四轮定位的有些数据出现问题后,驾驶员会感觉到转向盘出现转向沉重、发抖、跑偏、不正、不归位等现象,专业技师需要及时对此数值进行重新检测、调整,确保客户车辆始终处在良好的行驶状态,以减少轮胎、悬架系统零件的摩擦。当然,有些数据出现问题后,驾驶员不会产生任何感觉,等检查时发现轮胎异常磨损时,轮胎已经需要更换了,这会给客户带来不必要的损失。所以服务顾问应建议客户根据自己爱车的使用情况,适时到汽车品牌售后维修服务网点调整四轮定位。

(3)为什么要做轮胎动平衡与轮胎换位?

如果轿车的驱动方式为前驱,则前轮负荷大于后轮,车辆行驶一定里程后,各不同部位的轮胎在疲劳和磨损程度上就会出现差别。因此,服务顾问应建议客户根据行驶里程数或道路情况适时地进行轮胎换位。由于道路情况复杂,道路上任何情况都可能对轮胎及钢圈产生影响(如碰撞路肩,高速通过坑洼路面等情况,容易引起钢圈变形),因此服务顾问应建议客户在换位的同时做轮胎动平衡,特别是当车辆出现高速行驶抖动的现象时。

(4)为什么轮胎不能补?

当轮胎被异物穿刺时,首先应该检查轮胎受损的部位及损伤程度,根据实际情况确定维修方案。如果轮胎的侧面或胎面被异物穿刺的孔的直径较大,此时为了客户的安全,服务顾问应建议客户更换轮胎而不采取补胎。如果对这种轮胎进行修补,会极大地增加车辆行驶爆胎的风险。为了保证客户的行车安全,各品牌授权的维修网点一般也不提供补胎服务。

(5)为什么要定期更换发动机传动带和张紧轮?

传动带和张紧轮是发动机上非常重要的一对相互配合的旋转件,随着车辆的使用逐渐会磨损或老化,皮带表面会变硬,摩擦系数大大降低,运转时会产生噪声。当发动机负荷突然增大或高速运转时,传动带有可能断裂,将会对发动机和驾驶员的安全造成非常严重的后果,因此服务顾问应建议客户严格按用户手册的规定定期更换传动带与张紧轮。

(6)防冻液亏损能加水吗?

防冻液出现亏损,实际上是一个比较严重的问题,如果损耗过快,表明存在泄漏故障,需要检查维修。防冻液亏损加水主要有两点不妥之处：

①加水会稀释防冻液，从而改变或降低防冻液的防冻能力。

②加水会导致带入杂质，使防冻液变质或引起冷却液管道堵塞。

所以，防冻液出现亏损不可加水。如果外界温度在冰点以上，为了保证车辆正常行驶，可以添加纯净水或蒸馏水。因此，要在外界温度低于冰点之前更换防冻液。如果情况紧急，条件有限，需要应急处理（如在野外），只能找到自然水添加时，应在事后尽快清洗冷却系统，更换防冻液，以免产生水垢，阻塞冷却液管道。

(7)玻璃水的作用是什么？可否用水代替？

专用的玻璃清洗液具有清洗效果好、不易结冰、无腐蚀性等优点。所以服务顾问应建议客户尽量使用玻璃水清洗而不要用水来代替。尤其是在冬天，用水清洗可能造成结冰，会损坏喷水系统的零部件。夏季长期用水清洗也会造成喷水系统内形成水垢、出现锈蚀等问题，导致清洁效果变差，且有可能给驾驶带来危险。当然，只要不是在冬天，如果急需清洗又没有玻璃水时可以临时用水代替，但要注意之后要及时换成玻璃水。

(8)为什么要定期清洗空调蒸发箱，对空调系统清洁杀菌？

车辆内部空间相对较小、较为潮湿，因此蒸发箱容易滋生细菌。车辆的蒸发箱如果不定期清洗和杀菌，就像给每一位乘车人都带上了使用了一年以上的口罩，严重影响乘车人的身体健康。此外，汽车空调在循环过程中，车内烟气，人体汗气，灰尘等都在潮湿的蒸发器表面聚集，容易产生异味。空调系统内部环境湿热，使细菌、病菌（螨虫、葡萄球菌、感冒病毒、乙肝病毒等）大量滋生。这些有害物质随着空气在车内循环，通过呼吸系统进入人体，将不利于乘车人的身体健康。

作为汽车维修业务接待人员，如果能够较全面地掌握好类似的车辆维修、维护知识，并能用通俗易懂的方式向客户作好解释说明，不仅能够为客户的用车提供保障，还可以提高维修企业的经济效益。

总之，在快节奏的工作生活当中，客户期望车辆的日常维护项目能够在确保维护质量的同时，服务更加高效便捷，节省维护等待时间和整体维修时间。这对业务接待人员的素质要求和业务熟练程度也提出了相应的要求，售后服务应以专业的方式来接待客户，设法超越客户的期望，提高客户对汽车售后服务企业的满意度和忠诚度。

二、一般维修车辆接待

对于有一般维修需求的车辆来说（主要是指那些不涉及事故车辆的维修），除了做常规维护外，到售后维修服务点的目的还有可能是保修、召回、技术升级，或者是没有具体维修范围的车辆，需要技师提供支持或必要的诊断才能决定维修项目等情况。

与定期维护车辆接待有所不同的是，此类接待一般需要服务顾问与客户商议制定合适的维修方案。因此，通过预检和问诊能更加明确客户需求，更迅速地制定有针对性的解决方案，同时有针对性地实施服务营销。

（一）维修方案说明专项练习

与客户沟通是为了成功地说服客户，并就某一问题与客户达成共识。因此，在与客户沟通时要遵循一定的原则和应用一定的交流技巧。

首先要明确客户的需求。要鼓励和引导客户表达自己的想法,通过分析、归纳客户信息,提炼出客户的主要需求。针对客户需求,结合实际情况,提出能够为客户着想的和具有吸引力的最佳维修方案。

其次是说服客户接受解决方案,结合本公司的情况,说明这种方案能够带给客户的利益,使客户相信能够得到更省钱、更省时、更方便、更舒适、更安全和更可靠的服务。

我们可运用 FBI 营销手段为客户提供服务。

F(Feature,特性):我们这套方案是由专业技师制定的,符合工作要求,很适合您的车辆。

B(Benefit,利益):这样的方案可以保证修好您的车辆,恢复车辆的性能。

I(Impact,个人切身利益):采用这个方案,您的车辆可以被很快修好,您就可以放心驾驶了。

如果客户有不同意见,也要表现出友好的态度,正确对待客户的疑虑。在处理客户的疑虑时要有诚意,要站在客户的立场上理解和尊重客户的想法,才会收到好的沟通效果。对于情绪激动的客户要平和对待,绝对不要与客户发生争执。

总之,要根据客户的消费倾向选择推荐对客户最有利的维修方案,与客户达成共识。如果客户对服务顾问的描述进行了应对,服务顾问必须及时对客户的选择作出关注的回应并表示赞赏。如果客户接受了服务顾问的营销,此时服务顾问要及时进行准确报价、估时。报价时可采用“三明治”的方法进行。先说好处,再报价格。

1. 接诊车辆案例

分任务 3-1 某客户反映车辆在行驶时会出现转向盘异响,转向时响动更为严重,类似橡胶摩擦的声音。目前是冬天,客户车辆已经过保修期。

经技师检查,故障原因为防尘套老化并和转向柱摩擦。建议立刻更换转向柱防尘套。

分任务 3-2 某客户车辆的空调刚补充过制冷剂不到两周,突然发现无法制冷。经技师检查后确认是空调双重压力开关损坏导致的空调系统异常,需要更换空调。

(1)根据分任务 3-1 进行情境演练,2 人一组,进行角色扮演。

(2)根据分任务 3-2 进行情境演练,2 人一组,进行角色扮演。

2. 练习要点

(1)与客户确认故障现象。

(2)向客户解释故障原因,说明故障给客户带来的安全隐患,以及问题解决的必要性。

(3)向客户说明解决问题的方案,同时要突出技师解决问题的专业性和配件的质量保证。

(4)向客户报价并说明预计完工时长及取车时间,包括工时费、材料费和总计费用。

(5)应对客户提出的问题,例如是否可以优惠、能否提前交车等。

(6)待客户同意维修方案后签订维修工单并送客户到休息区等候。如果客户不同意维修,尽量采用适当的营销技巧促成交易。如果客户坚持,对涉及安全行车的项目要尽到告之义务,必要时签署免责协议。

(二)接待故障类车辆的问诊专项练习

通过预检和问诊环节可以更好地获取客户车辆信息,为车间技师提供更好的故障诊断信息,为正确制定维修方案奠定基础。

服务顾问在日常的接待过程中,除了需要具备保修政策、礼仪、沟通、流程、服务标准、营销和销售知识及技能外,还需要掌握车辆不同系统的专业知识,提升预检和问诊的能力,以更好地建立专业形象,获得客户的信任。

请根据以下案例完成故障车问诊主任务4。

案例一:某客户打电话来反映车辆无法起动,发动机无法起动。

1.分任务4-1——发动机故障问诊

参考问诊引导:

(1)发动机故障灯:□亮 □不亮;颜色为:________;

(2)仪表其他指示灯:□亮 □不亮;

(3)当前行驶里程为________公里;

(4)近期发动机:□有异常出现 □无异常出现,补充说明:________;

(5)加注燃油标号情况:________;

(6)此故障出现的频率为:□经常出现 □偶然出现,补充说明:________;

(7)定期维护情况:________;

(8)车主驾驶习惯为:□较为柔和正常转速 □经常高转速,补充说明:________;

(9)车辆通常在(□郊区 □城区 □城乡接合部)行驶,并且(□长途 □短途)较多;

(10)其他异常情况:____________________。

案例二:某客户反映车辆在行驶过程中听到左前底部有异响并送修,请根据底盘项目的问诊思路向客户了解并记录故障。

2.分任务4-2——底盘故障问诊

参考问诊引导:

(1)异响出现时车辆处于(□行驶 车速____,□怠速 □加速)状态;路面状况(□平整 □颠簸);行驶方向:□直行 □转弯(□左转 □右转),□都存在;补充说明:______________;

(2)首次出现异响的时间是________,最近一次听到异响的时间是________;

(3)异响产生的故障频率为(□持续发生 □不是特别频繁 □比较频繁 □特别频繁,补充说明:__________________;

(4)异响的部位为(□车身 □前部 □车身中部 □车身后部 □左 □右 □其他,补充说明:______________;

(5)此前车(□出现 □未出现)过“事故/剐蹭”,补充说明:____________;

(6)报警灯是否亮起(□没有 □有红色 □有黄色 □有其他),补充说明:____________;

(7)异响的类型为(□哨声 □轰鸣声 □敲击声 □其他类型),补充说明:________;

(8)异响产生时为(□冷车 □暖车)状态出现;

(9)异响产生时(□无 □伴有),补充说明:________抖动现象;

(10)天气情况为(□晴天 □雨天 □雪天),补充说明:________。

案例三:在车辆行驶过程中仪表板的自动变速器故障警告灯(黄色齿轮形状)有时会点亮,一旦自动变速器故障警告灯点亮,自动变速器就进入档位锁止状态。

3. 分任务4-3——电气系统故障问诊

参考问诊引导:

(1)仪表面板报警灯(□长亮 □闪烁 □不亮),补充说明:________;

(2)仪表其他显示灯(□亮 □不亮),补充说明:________;

(3)发动机工况:□均匀加速 □急加速;

(4)发生故障时车辆挡位:________;

(5)发生故障时为(□冷车 □热车),水温补充说明:________;

(6)道路状况:□高速公路 □城市 □城乡接合部路段;

(7)故障现象为:□持续 □偶尔出现;

(8)此前(□出现过 □未出现过,补充说明:________)变速器故障;

(9)定期维护情况:________;

(10)其他异常:________。

(三)一般维修类车辆接待综合练习

情境导入:

> 某客户预约到店做定期机油维护,同时向服务顾问抱怨,车辆在行驶过程中,特别是经过不平整路面时,车辆前部会出现异响,希望能够解决这一问题。
>
> 经过问诊和车辆预检后,服务顾问发现底盘的左前和右前减震支柱的橡胶套已老化开裂脱落。送车间技师经过详细的检查后发现,确实是由于减震支柱胶套脱落导致异响,因为胶套减震器密封不良,有灰尘杂质或异物进入等造成了异响,并且影响了在不平路段时行驶的减震缓冲。提出的解决方案是更换并安装两前减震支柱胶套。整个维护和维修过程总共需要大约3个小时完成。
>
> 在拆检维修过程中还发现发动机局部有轻微漏油现象,建议更换机油滤清器密封垫及热交换器密封垫,需要服务顾问与客户联系维修增项事宜。

1. 主任务5—— 一般维护类车辆全流程演练

(1)根据情境案例中的接待任务,分小组分角色练习服务接待流程,演练从客户如约到店至维修完成、送别客户结束。

(2)注意设计客户背景资料,做好接待各项准备工作。

(3)练习完成后选代表公开演练,并点评分享。

2. 接待练习实施要点

一般情况下,有维修需求的车辆对服务顾问的专业性和熟练程度要求更高,服务顾问在维修业务接待过程中除了按照厂家要求的服务流程作业外，还要有意识地注意以下几个环节。

1）接车环节

在该环节，服务顾问要重点从客户接待的角度帮助客户快速放松心情，消除客户的紧张和不配合行为，为后续的接待工作奠定基础。该环节重点考察的是服务顾问的礼仪技能、沟通技能和协调能力。

2）车辆检查环节

在该环节，服务顾问重点要从车辆的状况和存在的问题入手，利用专业的汽车知识和车辆使用知识发现客户车辆存在的问题，为维修项目的确认和提升单车产值奠定基础。该环节重点考察对客户的需求分析和销售能力、客户沟通能力、客户关怀意识等。

3）故障原因确认环节

在该环节，服务顾问重点要通过自身的技术经验或借助车间技师的帮助准确地确认客户车辆的故障原因，确保一次诊断率，为后续车间的维修奠定基础，同时也为提高客户的满意度打下基础。

4）完成维修工单环节

在该环节，服务顾问的重点是通过方案说明，获得客户的认可。通过维修企业工单制作系统完成客户的合同工单，包括客户的基本信息、车辆的基本信息、车辆检查的基本信息、维护维修的基本信息、配件的信息、工时的信息、费用的信息、时间的信息、服务顾问的相关信息等。一般要打印出维修工单，并将其中的一联交给客户作为取车凭证。

5）客户方案说明环节

在该环节，服务顾问的工作重点是对车辆的检查、故障的确认、客户的需求等相关因素进行分析，并在汇总后为客户制定详细的工作方案，包括维修项目的说明、费用的说明、维修时间的说明、交车时间的说明、特殊情况、注意事项告知等内容，向顾客解释所有项目维修预计费用，并进行必要的价值引导表达，为顺利签订维修工单奠定基础。

在该环节中，服务顾问要随时关注客户的心态并作好需求分析，抓住营销机会。

6）维修作业环节

服务顾问的工作重点是关注车辆作业的进展情况，并注意与车间技师的沟通及维修进度的跟进。及时保持与客户的沟通，如增项的处理、客户的关怀、维修进度的保障等。

7）增项处理环节

处理好增项服务是服务顾问为客户提供优质服务过程中必不可少的环节之一。服务顾问要负责追加项目和同客户的联系，须在了解到增项内容后及时与客户沟通，说明维修增项的必要性，以及更换零配件情况、增项的价格和需要花费的时间等，规范填写增项工单并取得客户授权。

8）质检与交车准备环节

在该环节，服务顾问的工作重点是逐一检查维修工单约定的项目是否完成、完成的质量效果等。服务顾问是维修成果检验的最后一道把关者，在车间质检的基础上，站在客户的角度上进一步确认车辆已达到交车的状态，减少返修，避免出客户异议或投诉等情况，提高客户满意度。

服务顾问应着重从以下方面加以检查:确认所有的维修项目已经完成,确认故障已经排除,检查车辆维护信息是否复原,是否还有其他报警信息,恢复接车时客户的车辆状况和个性化设置,检查车辆的清洁状况。

9)结算交付环节

在该环节,服务顾问重点要带客户检验维修后车辆的状况。服务顾问要邀请客户一同验收车辆,在验收过程中展示维修的效果、车间对客户车辆的爱惜、专业的维修技术等内容,以提升客户的满意度。

服务顾问要向客户边展示边说明,并陪同顾客到收银台结算,约定跟踪回访时间,提醒顾客下次维护时间及里程,当顾客面取下车辆防护用具,移交钥匙,致谢并送别客户。

着重对上述环节进行训练,有助于进一步服务顾问提升自身的职业能力。总之,服务顾问在完成接车的整个流程中要注意流程完整性,以及服务意识、客户意识、质量意识、合作意识、营销意识、价值创造意识、自我提升意识的提升。

三、事故车辆接待

在汽车维修企业中,除了非事故类的车辆维修与维护之外,事故风险所造成的车辆维修需求量也不断增加。事故车辆的维修业务接待与传统的维修维护类业务接待有相同之处,但也有着自己的特点,对业务接待人员的综合素质要求也较高,不仅要求服务顾问很强的接待能力,还要求其熟知汽车构造和维修工艺等专业知识,以及相关的法律法规与保险知识。

情境导入:

服务顾问小赵之前主要做一般维修接待工作,但是近期由于公司业务需要,被调到事故组接待处理事故车辆。但小赵对事故车辆接待的业务流程不太熟悉,公司领导下达给他的任务就是要尽快熟悉并掌握相关业务,能独立完成事故车的业务接待工作。于是小赵为自己拟定了一份近期学习的任务计划书。

学习任务计划书:

(1)事故车车险理赔流程;

(2)理赔方式;

(3)客户打电话来求助时如何指引;

(4)事故车维修接待的特点;

(5)事故车维修接待的注意事项;

(6)理赔接待的注意事项。

(一)主任务6——事故车理赔相关知识

根据以上背景信息,假设你是服务顾问小赵,请尽快完成学习,以便更好地投入工作。

1.理赔流程

通过前面模块的学习,我们已经掌握了机动车保险理赔方面的基本知识,在事故车辆接待综合练习之前,先来回顾一下关于车险理赔的流程。

对于保险公司来说,事故车处理通常由报案、事故现场查勘、定损、维修、索赔核算、赔付结案等环节组成,如图 7-1 所示。

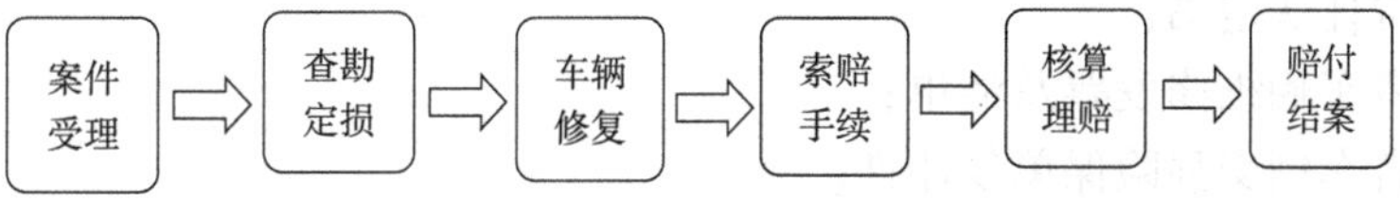

图 7-1 车险理赔的流程

一般来说,如果两车事故较小,可以进行快速理赔;如果损失较大,则应在现场报警,并注意保护现场,因为现场的所有痕迹会影响交警对事故责任的判定。

对于被保险人一方来说,理赔流程有以下六步。

1)报案

(1)发生事故后要及时报案,并通知保险公司。若是交通事故还要向公安机关交通管理部门报案。

(2)查勘人员到现场后,根据要求填写车辆出险登记表及出险通知书。

2)定损

携带车辆出险登记表,并通知理赔定损人员到维修点确定修理项目,定损后开具定损单。

3)维修车辆

(1)将事故车辆和定损单一起交至维修点,维修方按定损单所列项目进行修理,并为客户出具维修完成后的提车证明(包括维修工单、维修合同等)。

(2)车辆维修完毕,客户支付修理费后提车,并向维修方索要维修凭证、维修发票、工时材料清单(需盖维修企业公章)等。

4)开具事故证明

若事故损失不大,保险公司一般无须公安机关交通管理部门开具的事故证明;若损失较大,索赔时保险公司需要客户提交事故证明。

5)递交单证

将出险通知书、定损单、维修发票、维修工单、工时材料清单、事故证明、赔款结算单递交至保险公司理赔部。

6)领取赔款

递交索赔单证后,等待保险公司的领取赔款通知。在收到该通知后,带身份证和车辆出险登记表到保险公司领取赔款。

2. 常见交通事故索赔资料

1)通用材料

(1)身份证;

(2)行驶证与驾驶证;

(3)索赔申请书;

(4)修车发票及清单;

(5)银行账号;

(6)转账授权书。

2)涉及第三者车辆所要提供的材料

(1)事故责任认定书;

(2)第三者车辆维修发票及清单;

(3)第三者车辆交强险保单复印件。

3)涉及物损所要提供的材料

(1)公安机关交通管理部门开具的证明;

(2)物损发票;

(3)物损清单。

4)涉及人伤所要提供的材料

(1)公安机关交通管理部门开具的证明;

(2)医疗费用发票;

(3)医院开具的伤残证明;

(4)如涉及死亡的,需要医院开具的死亡证明。

3. 理赔方式

车辆维修后,根据汽车维修企业或4S店与保险公司有无合作关系引导客户进行理赔。如保险公司和维修方无合作关系,车辆维修后应由客户先行垫付维修相关费用,待维修方开具维修发票后,客户可到保险公司进行索赔。如保险公司和车辆维修方有合作关系,可根据相关协议规定,维修相关费用由维修方代为理赔。

当车辆发生单方事故时,可以委托4S店制订一套出险、查勘定损、事故车辆维修到保险代赔服务的出险流程。为客户代理索赔的流程基本与一般程序相同,只有以下五个方面略有不同。

1)报案

可以向所投保的保险公司报案或直接向4S店报案。

2)参与定损

4S店与保险公司的查勘定损员一起确认事故车的损失、维修项目及具体金额,双方保持协商一致。

3)收齐单证

收集客户证件资料(驾驶证、行驶证、身份证、保单复印件等),作为代理索赔时的提交材料。

4)维修结算

如果客户的车险能够覆盖事故维修费用,则保险车辆维修完毕后,客户可直接提车,维修金额由4S店代赔。

5)理赔和赔付

4S店的理赔专员提交所有相关单证材料到保险公司后,由其代为领取赔款。

4. 来电报案沟通指引

由于客户对保险索赔流程的了解不同,当车辆出险时,有些客户会主动和保险公司联系,也有客户会和自己品牌的4S店联系。当客户主动和4S店联系时,服务顾问要做好与客户的沟通、安抚与引导工作,让客户先冷静下来,不要慌张,然后再询问详细的事故相关信息和客户保险信息,以便更好地指导客户进行车险理赔。

服务顾问经常会遇到客户在遭遇事故时打电话来报案或求助，此时，便要从客户给出的信息中判断案件类型，并耐心指导客户妥善处理。发生单方事故时，可直接报保险公司；发生双方事故时，应先报交警再报保险公司。如果客户需要拖车服务，服务顾问要确定客户事故车辆所在的位置及现场人员的联系方式，并及时安排拖车。

下面给出几类不同事故的沟通要点和参考表达方式。

1）单方事故——前/后风窗玻璃单独破碎

沟通要点：

如果是前/后风窗玻璃单独破碎，服务顾问需要告知客户此事故定损需携带的相关单证，并预约客户到店时间。

参考表达：

"请您带齐保单、身份证原件、行驶证原件及相关事故证明。"

"请问您什么时候到店维修车辆，我帮您预约，以便更好地为您服务。"

2）单方事故——标的车辆停放期间被撞

沟通要点：

告知客户立即报保险公司及相关物业单位，并保护好现场。告知客户报案方式及流程，10分钟后回访客户。

参考表达：

"请报×××保险公司和×××单位，并在现场等候查勘，保险公司电话为×××××，稍后我会再和您联系。"

3）单方事故——标的车辆撞击静止物（无须赔付第三者）

沟通要点：

告知客户立即报保险公司及相关物业单位，并保护好现场。告知客户报案方式及流程，10分钟后回访客户。

参考表达：

"请您不要将车驶离现场，请报×××保险公司，并在现场等候查勘，保险公司电话为×××××，稍后我会和您联系。"

4）单方事故——标的车被水淹没

沟通要点：

告知客户立即报保险公司，并保护好现场。告知客户报案方式及流程，联系救援人员到现场，10分钟后回访客户。

参考表达：

"请您千万不要点火起动车辆，避免扩大损失，请报×××保险公司，并在现场等候保险查勘，保险公司电话为×××××。"

"我们会派拖车和专人到现场协助您处理，稍后会有人和您联系。"

5）单方事故——标的车辆自燃

沟通要点：

告知客户立即报保险公司及消防和交警处理，并保护好现场。告知客户报案方式及流程，联系救援人员到现场，10分钟后回访客户。

参考表达：

“请报×××保险公司、消防部门和交警，并在现场等候保险查勘。”

“请注意自身安全，我们会派人到现场协助处理，请您保持手机畅通，会有人和您联系，请稍等一会儿。

“保险公司电话为×××××，道路交通事故报警电话为122，消防报警电话为119。”

6）双方事故——人伤案件

沟通要点：

告知客户立即报保险公司及交警处理，并保护好现场。告知客户报案方式及流程，10分钟后回访客户。

参考表达：

“请您不要移动现场，请交警及×××保险公司处理，并在现场等候保险查勘。”

“道路交通事故报警电话为122，保险公司电话为××××××，稍后我会和您联系。”

7）双方事故——有人伤案件

沟通要点：

告知客户立即报×××保险公司及交警处理，并保护好现场。将伤者送往医院。告知客户报案方式及流程。联系救援人员到现场，10分钟后回访客户。

参考表达：

“请您不要将车辆驶离现场，请报×××保险公司、交警和医院，并在现场等候查勘。”

“急救电话为120，道路交通事故报警电话为122，保险公司电话为×××××。”

“我们会派人到现场协助您处理，稍后会有人和您联系。”

8）盗抢案件

沟通要点：

告知客户立即报保险公司及相关物业单位，通知当事人将资料（保单原件、全车钥匙、附加费本、行驶证复印件等）拿到保险公司办理手续。联系保险专业人员援助，10分钟后回访客户。

参考表达：

“请您报×××保险公司和派出所处理，我们会派人协助您处理，稍后会有人与您联系。”

9）特殊案件——单方事故离开现场

沟通要点：

向客户耐心解释保险条款及保险公司的理赔政策，并让客户感到你的诚意，并劝客户返回现场等待查勘，协助客户报案。

参考表达：

“该案件需查勘现场，请您返回现场等候。”

“请您报×××保险公司处理，保险公司电话为×××××。”

“我们会派人协助您处理，稍后会有人与您联系。”

10）特殊案件——双方事故离开现场

沟通要点：

向客户耐心解释保险条款及保险公司的理赔政策，并让客户感觉到你的诚意，协助客户报案。

参考表达：

"我们会派人协助您处理，稍后会有人与您联系。"

总之，发生道路交通事故后首先要做的是及时报案。发生道路交通事故除了要向公安机关交通管理部门报案外，还要及时向保险公司报案。一方面让保险公司知道投保人发生了道路交通事故，另一方面也可以向保险公司咨询如何处理及保护现场，保险公司会告知客户如何向对方索要事故证明等。

(二)主任务7——事故车辆的维修接待练习

情境导入：

某客户因驾驶不慎，倒车碰擦到墙壁，造成后保险杠及行李舱局部损坏，无人伤亡。该客户打电话来店内求助，假设你是服务顾问小赵，请尝试指导客户报案，并负责接待该车随后到店的维修业务。

(1)根据情境案例中的接待任务，分小组、分角色练习服务接待流程，即从客户打进电话，到进店报修直至维修完成送别客户结束；

(2)注意设计客户背景资料，做好接待各项准备工作；

(3)练习完成后选代表公开演练，并点评分享；

(4)请在接待过程中对照事故车辆接待的注意事项，突出事故车辆接待的特点。

1. 事故车辆接待的业务特点

事故车辆的业务接待也是按照业务接待的标准流程来进行的，但这类接待又有以下特点。

1)事故车辆的出险与到店接待

事故车辆到达维修点后，应按正常流程填写接车单，做好车辆外检，填写车辆外观检查表，对车辆信息、外观、受损部位、行驶里程、油表指示情况等进行核查。检查随车工具并清点登记，在登记完成后提醒客户收取车上贵重物品并登记客户留存在车内和行李舱内的贵重物品。个别损伤前/后保险杠的车辆还需登记前后车辆牌照数目，发生大事故的车辆还需登记回厂后散落的部件，对于重点部位最好要拍下进厂照片，登记后让客户签字确认。

服务顾问还要认真细致地做好如下工作，以便后续理赔顺利。

(1)确保客户所投保项目和资料在有效期内。

当已投保车辆保险的事故车辆到店进行售后维修时，服务顾问应先请客户提供保险资料，核对投保人所投保的项目及各种资料是否均在有效期内，如不符合，可告之客户不能办理委赔事宜；如果符合条件，则按公司的有关规定进入事故车辆维修办理流程。

(2)收集相关单据并填写理赔单据收集表。

服务顾问应按照相应保险公司的规定，收集事故车辆理赔所需要的相关单据并填写理赔单据收集表，一式两联，客户联用于接车后但单据未收集齐全时给客户作提醒；自存联则用于自己留存作单据跟踪，交车时请客户作签字确认。

表7-3列明了进行事故车辆理赔时客户应收集的单据。

进行事故理赔所需要的单据　　表 7-3

序　号	单　据
1	公安机关交通管理部门出具的事故证明或派出所出具的证明
2	被保险人身份证原件或复印件(正反两面)
3	车主行驶证、驾驶证
4	有被保险人签字或盖单位公章的委托书
5	保险公司出具的事故出险通知书
6	车辆事故定损核价单
7	事故车辆维修发票(对于无法确认准确的理赔金额时,应暂不开发票,待保险公司确定核赔金额后再开发票)
8	保险单正本复印件(要在有效期内)
9	对银行按揭购买的车辆,需要有对应银行开具的证明

2)车辆定损核价

无论是自付费维修,还是走保险理赔流程,对于事故车辆的接待,其服务内容的确定都会涉及一个必要的步骤:定损评估。根据事故对车辆的损坏情况,可分为单独外观损伤车辆和复杂损伤车辆两个不同的类型。对于单独外观损伤车辆,如果损伤部位比较直观,可以根据车辆预检结果来做初步的定损,或者是在技师的帮助与支持下进行初步定损。而对于复杂损伤车辆来说,服务顾问可能无法进行直观的定损,需要车间技师对车辆进一步拆解后,才能确定要更换或修复的全部项目。此时,服务顾问要开具含有事故相关部位及相关工时的工单,并将该车通过车间派工,分配给相应的技师进行车辆拆解。目前,很多维修企业和保险公司也会用到 Audatex 这个专业的定损评估系统,它是国际通行的第三方事故车在线估价平台,可以利用系统进行方便、直观的图形化定损,其对事故车辆的估时和估价也更为快速、高效、透明、公开,如图 7-2 ~ 图 7-4 所示。

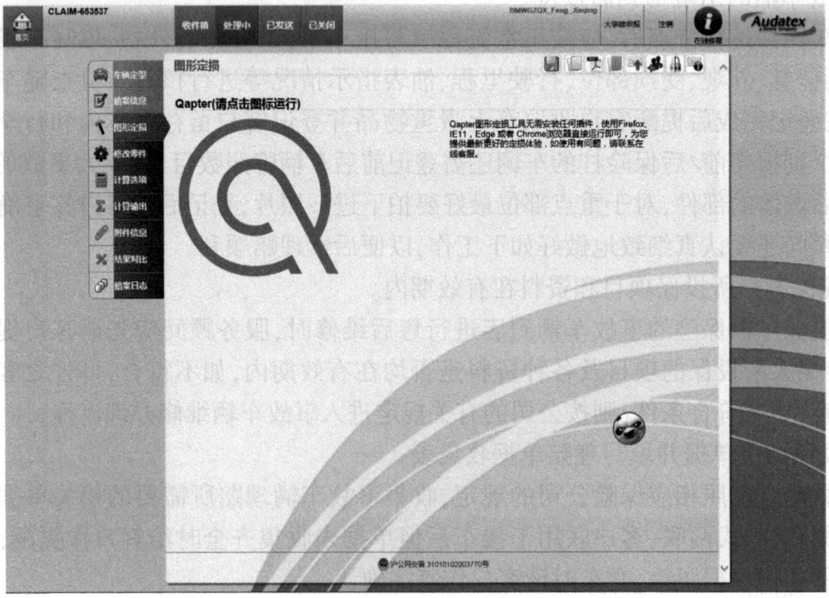

图 7-2　Audatex 系统图形定损界面

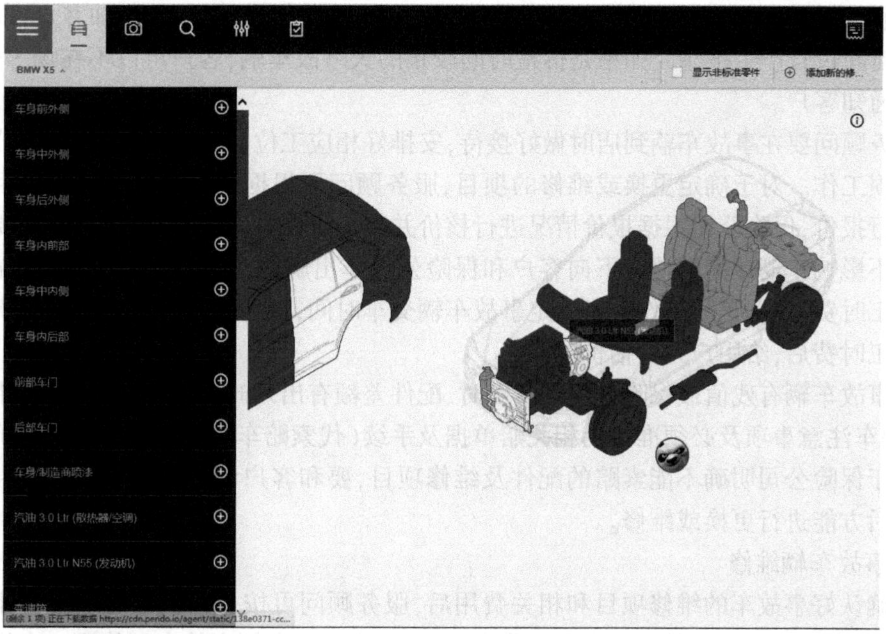

图 7-3 Audatex 系统定损部位界面

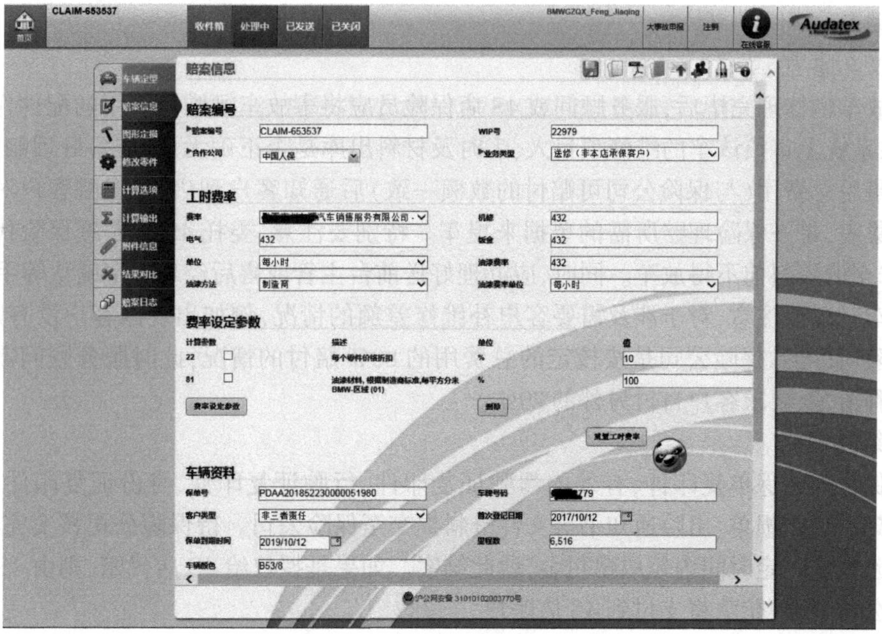

图 7-4 Audatex 系统定损处理界面

客户车辆出险，向保险公司报案后，保险公司会安排查勘人员去现场查勘。如事故车辆损坏不严重，且损坏部分较清晰，可当场定损；如损坏较严重，则要到维修店进行拆检定损。

对于进店时还需要拆检定损后才能维修的车辆，需要做以下工作：一是和客户签订拆检定损协议，告知客户定损流程，并提醒客户拆检后如果不能在本店维修，则需要按照怎样的标准来收取拆检报价费用；二是根据事故规模的大小预估拆检时间，并告知客户，以免客户因拆检时间过长产生报怨。如果是拆检时间较长的大事故车辆，客户可以不在场等候，等定损时再通知客户。

服务顾问要在事故车辆到店时做好接待，安排好相应工位，并协助客户和保险公司做好拆检定损工作。对于确定更换或维修的项目，服务顾问要根据配件价格和工时费用向保险公司进行报价，保险公司根据报价情况进行核价并确定维修方案。此外，服务顾问要在确保维修后不影响车辆性能的情况下向客户和保险公司作出解释，根据事故车实际情况确定事故车辆工时费，根据车间工作容量确定事故车辆交车时间，在和保险公司确定最终事故车辆配件和工时费后，给用户开具估价单。

遇事故车辆有残值或保险公司维修工时、配件差额有出入时，服务顾问应告知用户自负金额、提车注意事项及必须准备的相关赔单据及手续（代索赔车辆），并让用户在估价单上签字。对于保险公司明确不能索赔的配件及维修项目，要和客户沟通、商议好，必须由客户同意支付后方能进行更换或维修。

3）事故车辆维修

在确认好事故车的维修项目和相关费用后，服务顾问可按公司正常的维修程序开列作业工单，确定需要更换配件的库存及订货事宜，然后将事故车辆交给车间修理。在维修过程中，如发生维修项目变动或增加，应立即向保险专员报告，由其与保险公司协商后，才能作相应的变动。

4）交车事宜

事故车辆修理完毕后，服务顾问或4S店保险员应将事故车辆维修所用的配件作业单整理好，在系统上审核该车的维修项目人、工时及材料出库是否正确无误，准备好理赔资料，在核算出最后总费用（与保险公司可赔付的数额一致）后通知客户到店，并提醒客户对照理赔单据收集表，带齐保险理赔所需的单据来提车。特别要注意，委托4S店办理保险代赔车辆的，在未交清资料前不得放车。同时，应办理好送前台主管或售后经理签字确认等手续。

交车时还要注意，对于涉及需要客户补维修差额的情况，例如出现因客户没有购买“不计免赔险”而导致保险公司是按核定的总费用的80%赔付的情况，此时服务顾问需事先与客户解释清楚，要求客户自付另外的20%。

5）结算理赔

被保险人将保单复印件、有效的驾驶证复印件、行驶证复印件、身份证复印件、维修发票、维修清单、定损单、出险通知书等文件资料提交至保险公司。待保险公司核实完毕后，通知被保险人在约定时间内领取赔付金，就此结案。如果是授权给4S店代赔，则由4S店代为向保险公司索赔，赔款将支付到4S店账户。

（三）理赔接待的注意事项

1. 需要注意的问题

（1）对于“两无”事故车，客户无法提供理赔要件，不能代办。

（2）涉及物损和双方、多方事故的，原则上4S店将不予代办，但可代跑保险理赔相关手续。若客户要求强烈，服务顾问可在请示售后服务经理和4S店总经理同意后，符合代办条件的由客户垫付维修额30%～50%的费用。待保险索赔回款后，可将客户先期垫付的部分返还给客户。

（3）对公安机关交通管理部门出具的事故责任认定需认真核对，同时依照相应保险公司的规定事项，留意保险理赔中的免赔情况，特别要注意免赔部分应由客户承担。

（4）礼貌提醒告知客户，若未能完全提供资料，在维修完成交车时，无法全额退还预收维修款。

（5）对于涉及人伤的事故，公安机关交通管理部门短期难以结案的，也要礼貌告知客户。修复车辆后交车时要同时结账，且资料会完整提供给客户。客户可以自己向保险公司索赔，也可由服务顾问协助客户向保险公司索赔。

（6）对于外地的保险索赔，应全额收取维修款，出具相应维修资料和发票，请客户自行理赔。

（7）保险代办只针对签订代办委赔协议的保险公司，其他保险公司不得办理委赔，但可帮助客户可代跑保险理赔相关手续。

技能实训

任务一：分小组回顾汽车维修业务接待标准流程中的主要工作内容与要求（表7-4），并与其他小组分享。

汽车维修业务接待工作流程、内容及要求 表7-4

组　别	流程项目	主要内容	要　求
第1组	预约服务		
	客户接待与预检诊断		
第2组	维修确认		
	维修作业		
第3组	质量检验		
	交车准备		
第4组	结算交付		
	跟踪回访		

任务二：维护类车辆的业务接待及角色扮演综合练习。

训练内容：按照流程要点进行全流程演练。

训练形式：分小组角色扮演循环演练、点评并总结。

情境案例：如表7-5任务卡所示，请自行设计客户信息资料。

维护类车辆业务接待任务卡 表7-5

客户信息		拓展任务卡
客户姓名		1.某客户新购置的车行驶达首次维护里程，预约到售后维修点进行首次7500km维护。 2.某客户的私家车未预约，到店进行40000km常规维护。 3.某客户送朋友的车到4S店做定期维护，目前的行驶里程为31200km。 4.某客户公司的车辆已达60000km，送售后维修点进行常规维护
联系电话		
车牌号		
车型		
车架号		

目标要求：

(1)根据情境，提前设计准备好所有演练道具(三件套、预检工具及需要填写的表格、单据等)；

(2)扮演客户的同学要提前模拟好客户的其他需求。

评价方式：选代表公开演练，并由其他小组给予评价反馈，完成表7-6。

演练项目评价表 表7-6

演练项目：	
优　　势	改　　进

任务三：一般维修类车辆的业务接待任务及角色扮演综合练习。

训练内容：按照流程要点进行全流程演练。

训练形式：分小组角色扮演循环演练、点评并总结。

情境案例：如表7-7任务卡所示，请自行设计客户信息资料。

一般维修类车辆接待任务卡 表7-7

客户信息		拓展任务卡
客户姓名		1. 客户车辆以40～60km/h的速度行驶时，过有坑等不平路面时感觉底盘有异响，经技师检查后发现是发动机支座老化开裂导致，更换左右侧两个发动机支座后，问题得以解决。 2. 客户反映车辆在行驶过程中出现摇摆和异响，经技师检查是由于转向横拉杆球头损坏所致，需要更换两侧转向横拉杆球头。 3. 客户反映仪表指示发动机故障黄灯亮起，到店检查后发现是控制单元DME电子模块损坏，需要更换。 4. 客户车辆车速在20～50km/h时，行驶起来或原地变更方向就会感觉到底盘处有异响，检查后确定是转向机内部故障，需要更换转向机。经编程处理后问题得以解决。客户车辆在保修期内
联系电话		
车牌号		
车型		
车架号		

目标要求：

(1)根据情境提前设计准备好所有演练道具(三件套、预检工具及需要填写的表格、单据等)；

(2)扮演客户的同学要提前模拟好客户的其他需求。

评价方式：选代表公开演练，并由其他小组给予评价反馈，完成表7-8。

演练项目评价表 表 7-8

演练项目：	
优　势	改　进

任务四：事故类车辆的业务接待任务及角色扮演综合练习。

训练内容：按照事故车辆接待的流程要点进行流程演练。

训练形式：分小组角色扮演、点评并总结。

情境案例：某客户因变更车道碰擦事故造成左后门、左后翼子板、后保险杠饰板左侧变形损伤，本案所涉及的交强险、车损险、第三者责任险和不计免赔险客户均有购买。在第一时间报案处理完事故后，该车交由本店维修，客户不需要本店委托代赔。

目标要求：服务顾问从客户到达开始，到车辆交付结束，维修过程中无增项。可重点演练接车和交车两个重要环节，并注意体现本模块中事故车辆接待业务的特点，并能帮助客户顺利完成理赔。

评价方式：选代表公开演练，并由其他小组给予评价反馈，完成表 7-9。

演练项目评价表 表 7-9

演练项目：	
优　势	改　进

模块小结

(1)车辆在运行过程中受使用条件、承受荷载等方面的影响，其动力性、经济性、可靠件、安全性等都会随之下降，从而影响其使用寿命。因此，合理的维护能使汽车经常处于完好的技术状况，达到安全、优质、高效的运行目的。

(2)车辆的日常维护内容包括清洁、紧固、润滑，目的是保持车辆的干净、整洁，防止水和灰尘腐蚀车身及配件。

(3)车辆的日常维护主要分首次维护、定期维护和一定公里数后的维护等。车辆在不同维护周期进行的维护项目是不同的。

(4)首次维护是用户购车后按规定的里程或使用时间第一次到授权服务点对车辆进行检查和调整。首次维护的项目主要有更换机油、机油滤清器以及各部位的清洁、检查和调整。

(5)首次维护是品牌授权服务点做好服务营销的一次重要机会,要让客户在首次维护时了解本售后服务点的服务内容和优势。

(6)定期维护是指用户按一定的行驶里程或使用间隔时间,定期到售后服务点按标准规范对车辆进行维护和检查,及时更换易损、易耗件,发现和消除早期的故障隐患,更好地保证汽车的性能和运行情况的维护。

(7)对于仅做一般日常维护的车辆,接待时做预检要体现专业和高效。车辆预检时重点集中在全车外观检查、主要功能检查和个性化设置的记录等方面。

(8)接待一般维修车辆,服务顾问需要与客户商议制定合适的维修方案,在制定方案之前最为重要的就是对车辆进行预检和问诊,通过预检和问诊,可以更好地获取客户车辆信息,为车间技师提供更好的故障诊断信息,为正确制定维修方案奠定基础。

(9)由于个体认知存在差异,不同客户对于相同故障的解释和描述也不尽相同,服务顾问要仔细询问并认真倾听客户对故障的描述,记录客户的原话。

(10)了解车辆故障或遇到的问题时,服务顾问要询问客户包括驾驶习惯在内等诸多因素,以及发生故障时的行驶状况、车辆的维修历史、发生故障/症状时有关工作情况和环境条件等详细信息,这对于技师再现故障,并准确找出故障的原因具有很大帮助。

(11)通过车辆预检,可以把车辆存在的问题或隐患结果如实告知客户,为客户提供不同维修方案,阐明不同维修方案的性价比与社会作用,并根据客户的消费倾向推荐对客人最有利的维修方案。

(12)服务顾问在向客户进行方案说明环节,要根据车辆检查情况以及故障确认情况,为客户制定详细的工作方案,包括维修项目的说明、费用的说明、维修时间的说明、交车时间的说明、特殊情况、注意事项告知等方面的内容。

(13)在向客户解释说明维修方案时,可以采用 FBI 营销手段。特别是在涉及费用与利益关系,几种维修方案的对比与可执行性等方面,FBI 法可帮助服务顾问获得客户的认可,从而顺利签订维修委托合约。

(14)对于一般维修作业,处理好增项服务是业务接待中的重要环节之一。服务顾问须在了解到增项内容后及时与客户沟通,说明维修增项的必要性、增项的价格和需要花费的时间,规范填写增项工单并取得客户授权。

(15)在交车时,服务顾问要邀请客户一同验收车辆,并在验收过程中向客户重点展示维修的成果,专业的维修技术,以及在维修过程中对客户车辆的爱护等内容,以提升客户的满意度。

(16)事故车辆的业务接待与传统的维护维修类业务接待有相同之处,但也有着自己的特点,不仅要求服务顾问很强的接待能力,还要求其熟知汽车构造和维修工艺等专业知识,以及相关的法律法规与保险知识。

(17)由于事故对车辆的损坏情况不同,因此要先进行定损评估。对于单独外观损伤车辆,如果损伤部位比较直观,可以根据车辆预检结果来做初步定损,或者是在技师的帮助与支持下进行初步定损。而对于复杂损伤车辆来说,则需要车间技师对车辆进一步拆解后,才能确定要更换或修复的全部项目。

(18)对保险公司而言,车险理赔通常由报案、事故现场查勘、定损、维修、索赔核算、赔付结案等环节组成。

(19)事故车辆维修完成后,可根据汽车维修企业或4S店与保险公司有无合作关系引导客户进行理赔。如保险公司和维修方无合作关系,车辆维修后由客户先行垫付维修相关费用,待维修方开具维修发票后,客户可到保险公司进行索赔;如保险公司和车辆维修方有合作关系,可根据相关协议规定,维修相关费用由维修方代为理赔。

(20)当已投保车辆保险的事故车辆来公司进行售后维修时,4S店服务顾问应先请客户提供保险资料,核对投保人所投保的项目及各种资料是否均在有效期内,以确定客户是否能够办理车险理赔等事宜。

(21)事故车辆修理完毕后,服务顾问或保险员应将事故车辆维修所用的配件作业单整理好,在系统上审核该车的维修项目、工时及材料出库是否正确无误,并准备好理赔资料,以便客户提交保险公司并顺利索赔。

(22)结算理赔时,被保险人需要将保单复印件、有效的驾驶证复印件、行驶证复印件、身份证复印件、维修发票、维修清单、定损单、出险通知书等文件资料提交给保险公司。

(23)当客户主动和4S店联系时,服务顾问要做好客户的沟通以及安抚与引导工作,让客户先冷静下来,不要慌张,然后再询问详细的事故相关信息和客户保险信息,从客户给出的信息中判断案件类型,并耐心指导客户进行处理。

思考与练习

(一)填空题

1. 车辆在运行过程中,由于使用时间、承受荷载、行驶速度、道路状况、燃料和润滑材料的品质、驾驶技术、环境和气温等多种因素的影响,各部机构、配件必然逐渐产生不同程度的________、________和________。

2. 必须依据科学的维护方法和技术规范,________或________对车辆进行维护,提前消除故障隐患,保证车辆始终处于最佳的运行状态。

3. 服务顾问在了解到客户车辆需要有维修增项时,应及时与客户沟通,说明维修增项的________,增项的________和需要花费的时间,规范填写增项工单并取得客户________。

4. 保险公司对于车险理赔一般由________、________、维修、索赔核算、赔付结案等环节组成。

5. 如保险公司和维修方无合作关系,车辆维修后由客户________维修相关费用,待维修方开具维修发票后,客户可到保险公司进行索赔;如保险公司和车辆维修方有合作关系,可根据相关协议规定及维修相关费用由________代为理赔。

(二)判断题

1. 在接待故障车辆时,服务顾问要仔细询问客户报修车辆的状况,应认真倾听客户对故

障的描述,然后根据自己的经验和理解来进行记录。 ( )

2. 由于维修车间完工后都会让车间进行维修质量检验,所以服务顾问的工作重点是带客户结账交车,交车前不需要再做车辆检查。 ( )

3. 当已投保车辆保险的事故车来公司进行售后维修时,服务顾问应请客户提供保险资料,核对投保人所投保的项目及各种资料是否均在有效期内。 ( )

4. 故障车辆报修时,服务顾问应进行专业的问诊,要详细询问车辆的行驶状况、发生故障/症状时仪表有怎样的报警提示,以及行驶路况条件等信息,但该车辆的维修历史不在询问的范围内。 ( )

5. 事故车辆修好后,客户向保险公司理赔部索赔时不需要提供维修发票。 ( )

6. 进行事故车辆接待时,要先进行定损评估,对于复杂损伤车辆需要到维修车间,由技师对车辆进一步拆解后,才能确定要更换或修复的全部项目。 ( )

(三)简答题

1. 简述车辆定期维护的概念和意义。

2. 服务顾问在向客户说明维修方案时,可以采用 FBI 营销手段,请解释 FBI 的含义。

3. 简述一般维修车辆业务接待应特别注意的环节。

4. 简述事故车辆接待的特点。

参考文献

[1] 王彦峰.汽车维修接待实务[M].北京:人民交通出版社股份有限公司,2017.
[2] 马涛,范海飞.汽车维修业务接待[M].北京:人民交通出版社股份有限公司,2016.
[3] 刘韵.汽车服务顾问实战[M].上海:同济大学出版社,2013
[4] 宓亚光.汽车配件经营与管理[M].北京:机械工业出版社,2014.
[5] 王振翼.商务谈判与沟通技巧[M].大连:东北财经大学出版社,2012.
[6] 彭俊松.汽车行业客户关系管理系统:创建客户驱动的汽车企业[M].北京:电子工业出版社,2007.

人民交通出版社汽车类高职教材部分书目

书　号	书　名	作　者	定价（元）	出版时间	课 件
一、全国交通运输职业教育教学指导委员会规划教材　新能源汽车运用与维修专业					
978-7-114-14405-9	新能源汽车储能装置与管理系统	钱锦武	23.00	2018.02	有
978-7-114-14402-8	新能源汽车高压安全及防护	官海兵	19.00	2018.02	有
978-7-114-14499-8	新能源汽车电子电力辅助系统	李丕毅	15.00	2018.03	有
978-7-114-14490-5	新能源汽车驱动电机与控制技术	张利、缑庆伟	28.00	2018.03	有
978-7-114-14465-3	新能源汽车维护与检测诊断	夏令伟	28.00	2018.03	有
978-7-114-14442-4	纯电动汽车结构与检修	侯涛	30.00	2018.03	有
978-7-114-14487-5	混合动力汽车结构与检修	朱学军	26.00	2018.03	有
二、高职汽车检测与维修技术专业立体化教材					
978-7-114-14826-2	汽车文化	贾东明、梅丽鸽	39.00	2018.08	有
978-7-114-14744-9	汽车维修服务实务	杨朝、李洪亮	22.00	2018.07	有
978-7-114-14808-8	汽车检测技术	李军、黄志永	29.00	2018.07	有
978-7-114-14777-7	旧机动车鉴定与评估	吴丹、吴飞	33.00	2018.07	有
978-7-114-14792-0	汽车底盘故障诊断与修复	侯红宾、缑庆伟	43.00	2018.07	有
978-7-114-13154-7	汽车保险与理赔	吴冬梅	32.00	2018.05	有
978-7-114-13155-4	汽车维护技术	蔺宏良、黄晓鹏	33.00	2018.05	有
978-7-114-14731-9	汽车电气故障诊断与修复	张光磊、周羽皓	45.00	2018.07	有
978-7-114-14765-4	汽车发动机故障诊断与修复	赵宏、刘新宇	45.00	2018.07	有
三、交通运输职业教育教学指导委员会推荐教材、高等职业教育规划教材					
1.汽车运用与维修技术专业					
978-7-114-11263-8	■汽车电工与电子基础（第三版）	任成尧	46.00	2017.06	有
978-7-114-11218-8	■汽车机械基础（第三版）	凤勇	46.00	2018.05	有
978-7-114-11495-3	汽车发动机构造与维修（第三版）	汤定国、左适够	39.00	2018.05	有
978-7-114-11245-4	■汽车底盘构造与维修（第三版）	周林福	59.00	2018.05	有
978-7-114-11422-9	■汽车电气设备构造与维修(第三版)	周建平	59.00	2018.05	有
978-7-114-11216-4	■汽车典型电控系统构造与维修（第三版）	解福泉	45.00	2016.1	有
978-7-114-11580-6	汽车运用基础（第三版）	杨宏进	28.00	2018.03	有
978-7-114-11239-3	■汽车实用英语（第二版）	马林才	38.00	2018.08	有
978-7-114-05790-3	汽车及配件营销	陈文华	33.00	2015.08	
978-7-114-05690-7	汽车车损与定损	程玉光	30.00	2013.06	
978-7-114-13916-1	汽车专业资料检索（第二版）	张琴友	32.00	2017.08	
978-7-114-11215-7	■汽车文化（第三版）	屠卫星	48.00	2016.09	有
978-7-114-11349-9	■汽车维修业务管理（第三版）	鲍贤俊	27.00	2016.12	有
978-7-114-11238-6	■汽车故障诊断技术（第三版）	崔选盟	30.00	2017.11	有
978-7-114-14078-5	汽车维修技术（第二版）	刘振楼	25.00	2017.08	有
978-7-114-14098-3	汽车检测诊断技术（第二版）	官海兵	27.00	2017.09	有
978-7-114-14077-8	汽车运行材料（第二版）	崔选盟	25.00	2017.09	有
978-7-114-05662-1	汽车检测设备与维修	杨益明	26.00	2018.05	
978-7-114-13496-8	汽车单片机及局域网技术（第二版）	方文	20.00	2018.05	
978-7-114-05655-9	汽车车身电气及附属电气设备维修	郭远辉	26.00	2013.08	
978-7-114-10520-3	汽车概论	巩航军	29.00	2016.12	有
978-7-114-10722-1	发动机原理与汽车理论（第三版）	张西振	29.00	2017.08	有
978-7-114-10333-9	汽车维修企业管理（第三版）	沈树盛	36.00	2016.05	有
978-7-114-13831-7	汽车空调构造与维修（第二版）	杨柳青	30.00	2017.08	有
978-7-114-12421-1	汽车柴油机电控技术（第二版）	沈仲贤	26.00	2018.05	有
978-7-114-11428-1	汽车使用与技术管理（第二版）	雷琼红	33.00	2016.01	有
978-7-114-14091-4	汽车使用性能与检测技术（第二版）	巩航军	30.00	2017.09	有
978-7-114-11729-9	汽车保险与理赔（第四版）	梁军	32.00	2018.02	有

书　号	书　名	作　者	定价（元）	出版时间	课　件
978-7-114-14306-9	汽车装潢与美容技术（第二版）	全华科友	33.00	2018.05	有
2. 汽车营销与服务专业					
978-7-114-11217-1	■旧机动车鉴定与评估（第二版）	屠卫星	33.00	2018.05	有
978-7-114-14102-7	汽车保险与公估（第二版）	荆叶平	36.00	2017.09	有
978-7-114-08196-5	汽车备件管理	彭朝晖、倪红	22.00	2018.07	
978-7-114-11220-1	■汽车结构与拆装（第二版）	潘伟荣	59.00	2016.04	有
978-7-114-07952-8	汽车使用与维修	秦兴顺	40.00	2017.08	
978-7-114-08084-5	汽车维修服务	戚叔林、刘焰	23.00	2015.08	
978-7-114-11247-8	■汽车营销（第二版）	叶志斌	35.00	2018.03	有
978-7-114-11741-1	汽车使用与维护	王福忠	38.00	2018.05	有
978-7-114-14028-0	汽车保险与理赔（第二版）	陈文均、刘资媛	22.00	2017.08	有
978-7-114-14869-9	汽车维修服务接待（第2版）	王彦峰、杨柳青	28.00	2018.08	
978-7-114-14015-0	客户沟通技巧与投诉处理（第二版）	韦峰、罗双	24.00	2017.09	有
978-7-114-13667-2	服务礼仪（第二版）	刘建伟	24.00	2017.05	有
978-7-114-14438-7	汽车电子商务（第三版）	张露	29.00	2018.02	有
978-7-114-07593-3	汽车租赁	张一兵	26.00	2016.06	
3. 汽车车身维修技术专业					
978-7-114-11377-2	■汽车材料（第二版）	周燕	40.00	2016.04	有
978-7-114-12544-7	汽车钣金工艺	郭建明	22.00	2015.11	有
978-7-114-12311-5	汽车涂装技术（第二版）	陈纪民、李扬	33.00	2016.11	有
978-7-114-09094-3	汽车车身测量与校正	郭建明、李占峰	22.00	2018.05	
978 7 114 11595 0	汽车车身焊接技术（第二版）	李远军、李建明	28.00	2018.03	有
978-7-114-13885-0	汽车车身修复技术（第二版）	韩星、陈勇	29.00	2017.08	有
978-7-114-09603-7	汽车车身构造与修复	李远军、陈建宏	38.00	2016.12	有
978-7-114-12143-2	车身结构及附属设备（第二版）	袁杰	27.00	2017.06	有
978-7-114-13363-3	汽车涂料调色技术	王亚平	25.00	2016.11	有
4. 汽车制造与装配技术专业					
978-7-114-12154-8	汽车装配与调试技术	刘敬忠	38.00	2018.06	
978-7-114-12734-2	车身焊接技术	宋金虎	39.00	2016.03	有
978-7-114-12794-6	汽车制造工艺	马志民	28.00	2016.04	有
978-7-114-12913-1	汽车 AutoCAD	于宁、李敬辉	22.00	2016.06	有
四、新能源汽车技术专业职业教育创新规划教材					
978-7-114-13806-5	新能源汽车概论	吴晓斌、刘海峰	28.00	2018.08	有
978-7-114-13778-5	新能源汽车高压安全与防护	赵金国、李治国	30.00	2018.03	有
978-7-114-13813-3	新能源汽车动力电池与驱动电机	曾鑫、刘涛	39.00	2018.05	有
978-7-114-13822-5	新能源汽车电气技术	唐勇、王亮	35.00	2017.06	有
978-7-114-13814-0	新能源汽车维护与故障诊断	包科杰、徐利强	33.00	2018.05	有
五、职业院校潍柴博世校企合作项目教材					
978-7-114-14700-5	柴油机构造与维修	李清民、栾玉俊	39.00	2018.07	
978-7-114-14682-4	商用车底盘构造与维修	王林超、刘海峰	43.00	2018.07	
978-7-114-14709-8	商用车电气系统构造与维修	王林超、王玉刚	45.00	2018.07	
978-7-114-14852-1	柴油机电控管理系统	王文山、李秀峰	22.00	2018.08	
978-7-114-14761-6	商用车营销与服务	李景芝、王桂凤	40.00	2018.08	
六、高等职业教育汽车车身维修技术专业教材					
978-7-114-14720-3	汽车板件加工与结合工艺	王选、赵昌涛	20.00	2018.07	有
978-7-114-14711-1	轿车车身构造与维修	李金文、高窦平	21.00	2018.07	有
978-7-114-14726-5	汽车修补涂装技术	王成贵、贺利涛	22.00	2018.07	有
978-7-114-14727-2	汽车修补涂装调色与抛光技术	肖林、廖辉湘	32.00	2018.07	有

■为“十二五”职业教育国家规划教材。咨询电话：010-85285962、85285977；咨询QQ：616507284、99735898。